Der Richter
und das unsittliche Gesetz

Eine Untersuchung

von

Dr. iur. Hans-Ulrich Evers

Berlin 1956

Walter de Gruyter & Co.

vormals G. J. Göschen'sche Verlagshandlung / J. Guttentag, Verlagsbuchhandlung / Georg Reimer / Karl J. Trübner / Veit & Comp.

Archiv-Nr. 27 12 56

Satz und Druck: Berliner Buchdruckerei Union GmbH., Berlin SW 29

Vorwort

Die Arbeit beschäftigt sich mit einer Frage, die nach dem ersten, vor allem aber nach dem zweiten Weltkrieg lebhaft erörtert wurde. Entsprechend ihrer Natur ist sie auch jetzt noch nicht zur Ruhe gekommen. Das umfangreiche Schrifttum habe ich bis einschließlich Frühjahr 1955 zu erfassen versucht.

Die Anregung zu der vorliegenden Untersuchung verdanke ich meinem verehrten akademischen Lehrer, Herrn Professor Dr. Erich Schwinge, Marburg. Ihm auch an dieser Stelle für die mir bereitwillig gewährte Hilfe herzlich zu danken, ist mir ein besonderes Anliegen.

Marburg an der Lahn, im Juni 1955

Hans-Ulrich Evers

Inhaltsübersicht

Seite

Abschnitt II

Seite

Die gegenwärtige Gestalt des Problems

Seite

Abschnitt III

Folgerungen

Kreon (zu Antigone).

Du sage kurz und bündig ohne Umschweif' mir:
War dir der Ausruf unbekannt, der dies verbot?

Antigone.

Bekannt! Warum nicht? Offenkundig war er ja.

Kreon.

Und wagtest dennoch wider mein Gebot zu tun?

Antigone.

War es doch Zeus nicht, welcher dies verkünden ließ,
Noch hat auch Dike, die der Unterwelt gesellt
Ist, je gegeben solch Gesetz den Sterblichen.
Auch nicht so mächtig achtet' ich, was du befahlst,
Daß dir der Götter ungeschriebnes, ewiges
Gesetz sich beugen müßte, der du sterblich bist.
Denn heute nicht und gestern erst, nein, alle Zeit
Lebt dies, und niemand wurde kund, seit wann es ist.
Für dieses wollt' ich nicht dereinst aus feiger Furcht
Vor Menschensatzung mir der Götter Strafgericht
Zuziehen. Daß ich sterben werde, wußt' ich ja,
Wenn's dein Gebot auch nicht verhieß. Und nimmt der Tod
Mich vor der Zeit hin, acht' ich das Gewinn für mich
Denn wem so vielfach herbe Not das Leben kränkt,
Wie mir, gewährte diesem nicht der Tod Gewinn?
So kann es mich nicht schmerzen, daß mich dieses Los
Betroffen hat; doch wenn ich meiner Mutter Sohn,
Den Bruder, könnt' im Tode grablos liegen sehn,
Das wäre schmerzlich; jenes macht mir keinen Schmerz.
Und schein' ich dir jetzt töricht, weil ich also tat,
Mag wohl der Torheit immerhin ein Tor mich zeihn.

Sophokles, *Antigone, zweiter Akt,*
in der Übersetzung von Donner, Paderborn, 1906.

Einleitung

Die richterliche Prüfungszuständigkeit

Die richterliche Prüfungszuständigkeit von Gesetzen und Verordnungen war in der Zeit der Weimarer Reichsverfassung umstritten. Das Reichsgericht erklärte sich für befugt, Gesetze und Verordnungen auf ihre Übereinstimmung mit der Verfassung zu prüfen, die verfassungswidrige Norm als nicht rechtsgültig zu behandeln und gegen sie zu entscheiden.

Für das Bonner Grundgesetz ist dieser Teil der richterlichen Prüfungszuständigkeit durch das Normenkontrollverfahren nach Art. 100 GG abschließend geregelt. Im Grundgesetz ist aber die Frage offen geblieben, ob der Richter befugt ist, darüber hinaus Gesetze, auch Verfassungsnormen, die weder wegen formeller Mängel noch wegen eines inhaltlichen Widerspruchs mit einer übergeordneten positiven Norm angreifbar sind, auf ihre Vereinbarkeit mit ungeschriebenen, überstaatlichen und überpositiven Normen zu prüfen.

Die vorliegende Untersuchung beschäftigt sich mit der Frage, ob der Richter ein Gesetz auf seine Vereinbarkeit mit ethischen Postulaten zu prüfen hat, und wie er sich zu verhalten hat, wenn er einen Widerspruch zwischen den Forderungen des positiven Rechts und der Ethik feststellt.

Diese Frage, die Georg Jellinek für unjuristisch hielt[1]), ist in der Zeit nach dem Zusammenbruch des Jahres 1945 in den Vordergrund rechtsphilosophischer und rechtswissenschaftlicher Betrachtungen getreten, weil man eine Reihe von nationalsozialistischen Gesetzen als unsittlich erkannt hatte. Auch wenn man annimmt, das Grundgesetz verhindere wirksam das Zustandekommen eines unsittlichen Gesetzes, verliert das Problem nicht an Bedeutung. Das Grundgesetz wird einmal außer Kraft treten. Es hat sogar einen Zeitpunkt dafür in Art. 146 vorgesehen. Es kann aber auch durch einen skrupellosen Gewalthaber als ein Fetzen Papier beiseitegeschoben werden, wenn er nur die Macht dazu hat. Es besteht das Bedürfnis nach Erörterung der Grundlagen für „eine der schwersten Entscheidungen, vor die der Jurist überhaupt gestellt werden kann“[2]).

Die Erscheinungsformen des unsittlichen Gesetzes

Das Sittengesetz und das positive Recht können von dem Menschen ein bestimmtes Handeln oder Unterlassen verlangen[3]). Beide Normengebilde können miteinander in Widerspruch treten, wenn die eine Ordnung etwas gebietet, was die andere Ordnung verbietet.

1) S. 398, Anm. 2.
2) Schwinge, Methodenstreit, S. 23.
3) Windelband, § 14, 5.

Es ist nach dem Sittengesetz verboten, um unseres Nutzens willen einen hilflosen Menschen zu töten, der Euthanasiebefehl Hitlers vom 1. 9. 1939 gebot dem Arzt dennoch, Geisteskranke zu töten[1]). Das Sittengesetz gebietet uns, dem bedürftigen Nächsten zu helfen, § 1 der Verordnung über den Umgang mit Kriegsgefangenen vom 11. Mai 1940 (RGBl. S. 769) verbot dennoch, mit Kriegsgefangenen in eine menschliche Beziehung zu treten und ihnen ein Stück Brot zu reichen.

Diese Gesetze scheinen wegen ihres Inhalts mit dem Sittengesetz im Widerspruch zu stehen und daher unsittlich zu sein. Andere Gesetze wiederum erscheinen unsittlich wegen der Folgen, die sich an ihre Verletzung knüpfen. So verbot die Verordnung über außerordentliche Rundfunkmaßnahmen vom 1. 9. 1939 das Abhören ausländischer Sender und die Weitergabe der abgehörten Nachrichten. Dieses Verbot ist sittlich indifferent. Aber § 2 dieser Verordnung sah für den Fall der Verletzung Zuchthaus- und Todesstrafe vor, die dem sittlichen Bewußtsein grausam erscheinen, weil sie im Verhältnis zu dem Unrechtsgehalt der Tat zu hart sind. Diese Gesetze werden zuweilen als mit dem Sittengesetz vereinbar bezeichnet, weil sie nichts Unsittliches verlangten, sondern nur ein sittlich indifferentes Unterlassen forderten. In dieser Untersuchung müssen aber auch diese Gesetze berücksichtigt werden. Die Norm richtet sich nicht nur an den Normunterworfenen, sondern auch an den Richter[2]). Da der Richter verpflichtet ist, die Gesetze des Staates anzuwenden, wird von ihm aufgrund eines derartigen Gesetzes verlangt, wegen einer geringfügigen Handlung einen Menschen einer grausamen Bestrafung zuzuführen. Auch darin kann ein Widerspruch mit dem Sittengesetz liegen, was von jener Lehre übersehen wird.

Aufgabe und Umfang der Untersuchung

Soll der Richter ein derartiges Gesetz trotz seines unsittlichen Gehaltes der Entscheidung zugrundelegen, wie es der Positivismus fordert? Soll er ein unsittliches Gesetz als nicht rechtsverbindlich bezeichnen und gegen dieses Gesetz entscheiden, wie es verschiedene Strömungen in der modernen Rechtsphilosophie verlangen? Soll er durch Pseudoauslegung oder Abwandlung des Tatbestandes in verdeckter Form gegen das Gesetz entscheiden, wie dies in der Zeit der Aufklärung der Fall war und gelegentlich auch heute als richtig angesehen wird? Soll der Richter die Mitwirkung an der Entscheidung verweigern und die Akte unerledigt seinem Gerichtsvorstand zurückgeben, wie dies vor allem im Bereich der katholischen Morallehre geboten wird?

Welches Verhalten gefordert werden muß, kann nicht das positive Gesetz allein vorschreiben, weil die Frage nach den Grenzen des positiven

---

[1]) Ob dieser Befehl als geltendes Recht anzusehen war, mag hier offen bleiben; dazu: OGHSt. MDR 1949, 371; OLG Frankfurt SJZ 47, 621; Lange, DRZ 47, 200; Radbruch, SJZ 47, 633; Welzel, MDR 1949, 373; Welzel, ZStR 63, 47 ff.

[2]) Nach M. E. Mayer überhaupt nur an den Richter, Rechtsnorm S. 8 ff.; dagegen mit Recht Coing, S. 238.

Rechts gestellt wird. Es genügt auch nicht, eine Haltung als die ethisch richtige oder vorbildliche aufzuweisen. Denn nicht um die Klärung sittlicher Postulate geht es, sondern um die Stellung des Richters innerhalb der Rechtsordnung des Staates.

Erst die Betrachtung der Wechselbeziehungen, die zwischen Recht und Sittlichkeit bestehen, kann uns Antwort geben. Diese sollen daher im Vordergrund dieser Untersuchung stehen. Dahinter aber steht die Frage, ob der Staatsgewalt Grenzen gesetzt sind, die sie nicht überschreiten kann, ob diese Grenzen derart sind, daß sie auch unmittelbar in den Bestand der positiven Rechtsordnung eingreifen, und ob ein Widerstand gegen die Staatsgewalt „rechtens" ist. Denn die Entscheidung eines Gerichts, die sich über eine klare gesetzliche Norm hinwegsetzt, kann ein Akt des Widerstandes gegen die Staatsgewalt sein, eine „Revolution im Richterzimmer"[1]).

Die Problematik des Widerstandsrechts gegen die Staatsgewalt greift aber bereits wieder weit über die hier gestellte Aufgabe hinaus, weil aktiver Widerstand zum Ziel hat, den Machthaber zu beseitigen und eine neue Ordnung zu setzen. Die richterliche Prüfung soll aber nur unter grundsätzlicher Anerkennung der bestehenden Machtverhältnisse eine Korrektur des geltenden Rechts ermöglichen.

---

[1]) Manigk, S. 20.

Abschnitt I

Die historische und geisteswissenschaftliche Gestalt des Problems

1. Die Prüfungszuständigkeit in rechtsvergleichender Übersicht

A. Vereinigte Staaten von Amerika

In den Vereinigten Staaten von Nordamerika hat jeder Federal Court, jedes Bundesgericht und mit letzter Autorität der Supreme Court (SC) das Recht, ein Landesgesetz oder ein Gesetz des Bundes, das gegen die Verfassung verstößt, als verfassungswidrig und daher unanwendbar zu erklären, seitdem der Chief Justice Marshall in dem Fall Marbury v. Madison im Jahre 1803[1]) dieses Recht in Anspruch genommen hatte. „Ob nach ihrem Ursprung Recht oder Anmaßung, die richterliche Suprematie des obersten Bundesgerichts über die Gesetze des Kongresses und die Gesetze der Staaten, soweit sie der Bundesverfassung widerstreiten, ist heute eine Tatsache, eine unbestreitbare Tatsache, eine Tatsache, die jedermann anerkennt[2])."

Trotz der Möglichkeit einer Verfassungsänderung und trotz des Positivismus in der nordamerikanischen Rechtslehre ist durch diese Ausgestaltung der richterlichen Prüfungszuständigkeit die uns beschäftigende rechtsphilosophische Frage für das amerikanische Rechtsdenken beantwortet.

a) Der Positivismus in Rechtslehre und Rechtsprechung

Die modernen Strömungen innerhalb der nordamerikanischen Rechtsphilosophie, der Realismus und Pragmatismus, gekennzeichnet durch die Namen Cardozo, Pound, Felix Cohen, Bingham, Holmes, einerseits und der an Bedeutung zunehmende Normativismus der Kelsenschen Schule andererseits lehnen übereinstimmend eine ethische Bewertung des Rechts und ein Naturrecht ab[3]).

Wohl findet sich daneben eine Strömung, die ihr Interesse den ordnenden ethischen Kräften im Recht zugewandt hat. Zu ihr sind Mortimer, Adler,

---

[1]) 1 Cranch 137.

[2]) Mangoldt, Verfassung, S. 37.

[3]) Neuy, Studium generale 1954, 95 ff. insbes. 100; Coing, ARSP 38, 546 (über Realismus), aaO. 539 (über Pragmatismus).

Hutelies, Fuller, Hall, Edward, Levi und Bodenheimer zu zählen[1]). An Bedeutung tritt diese Strömung aber gegenüber dem Positivismus zurück, der lehrt: "Today natural law is regarded as nonexistent or as ideal law and is relegated to ethics and political philosophy[2])". Daher gibt es auch nach der amerikanischen Rechtslehre keine naturrechtlichen Schranken für eine Verfassungsänderung.

Umstritten ist zwar, ob der unveränderte Bestand und die gleichberechtigte Vertretung der Bundesstaaten im Senat in der Verfassung unveränderbar verankert sind[3]). Diese Frage ist aber hier ohne Bedeutung. Übereinstimmung herrscht im wesentlichen darüber, daß es keine "implied limitationes der verfassungsgebenden Gewalt gibt[4]). Dem entspricht auch die Praxis des SC. Dieser prüft zwar, ob ein Amendment formell ordnungsgemäß nach Art. V der Verfassung zustandegekommen ist, soweit es sich um „justiciable questions" und nicht um „political questions" handelt, lehnt es aber ab, sich mit der Frage zu beschäftigen, ob eine Verfassungsänderung wegen ihres materiellen Inhalts mit der Verfassung vereinbar sei. Diese endgültige Auslegung der Verfassung sei allein Sache des Kongresses[5]).

Vor die Frage gestellt, ob das Alkoholverbot des XVIII. Amendments der Verfassung als ein naturrechts- und sittenwidriger Eingriff in die persönliche Freiheit[6]) nichtig sei, erklärte der SC, wenn der Kongreß, der Präsident und 36 Einzelstaaten eine Verfassungsänderung angenommen hätten, könne eine Norm nicht sittenwidrig sein[7]).

b) Die Verfassung

Mithin könnte die verfassungsgebende Gewalt durch Amendments die Freiheitsrechte völlig ausschalten. Sie könnte auch dem Sittengesetz widersprechende Normen erlassen. Das ist aber nur eine theoretische, denkbare Möglichkeit. Die unveräußerlichen Rechte der Einzelnen, die bis zum Jahre 1937 für die im ganzen konservative Haltung des SC ausschlaggebend waren[8]), sind so sehr in das Verfassungssystem eingebettet, daß ihre Ausschaltung – nicht ihre Einschränkung – durch ein verfassungsänderndes Gesetz ausgeschlossen erscheint, es sei denn, das gesamte Staatsgefüge werde

---

1) Coing, ARSP 38, 565.

2) Orfield, S. 112; Cardozo, S. 32: „Wenn es wirklich irgendein Recht gibt, jenseits der Souveränität des Staates und dieser übergeordnet, dann ist das kein Recht in einem solchen Sinne, daß es den Richter oder Anwalt angeht." Auch Jerome Frank lehnt das Naturrecht ab (S. 346 ff.); über Frank: Coing, ARSP 38, 554.

3) Bejahend: Munro, S. 77; verneinend: Orfield, S. 84 und 90.

4) Orfield, S. 22.

5) Colemann v. Miller (1939) 307 U. S. 433; über die Begrenzung der richterlichen Prüfungszuständigkeit: Orfield, S. 12.

6) dazu Abbott, Inalienable Rights and the Eighteenth Amendment, 1920, 20 Col. L. Rev. 183 ff., zit. Orfield, S. 110, Anm. 57.

7) Rhode Island v. Palmer (National Prohibition Cases) (1920) 253 U. S. 350; passim wegen des Frauenstimmrechts (XIX. Amendment): Leser v. Garnett (1922) 258 U. S. 130; weitere Entscheidungen auch der Gerichte der Einzelstaaten bei Orfield, S. 23 ff.

8) Grossmann, S. 135.

grundlegend umgewandelt. Auch ist ein Amendment durch die verfassungsmäßig eingeschalteten Hemmungen mehr erschwert als in jeder europäischen Verfassung[1]). Da jedes Amendment außer der Zustimmung von zwei Dritteln der Mitglieder des Kongresses und des Repräsentantenhauses oder eines ad hoc einzuberufenden Nationalkongresses noch der Zustimmung von drei Viertel der einzelnen Bundesstaaten bedarf, dauert es u. U. Jahrzehnte, bis eine Verfassungsänderung durchgeführt ist[2]).

Verfassungsänderungen sind selten. In den über 160 Jahren des Bestehens der Verfassung sind nur 21 Amendments angenommen worden. Dabei sind die ersten 10 Amendments, die „Bill of Rights“, als eine Einheit anzusehen, so daß man nur von 12 Verfassungsänderungen sprechen kann. In Deutschland dagegen sind in der gleichen Zeit nacheinander wenigstens fünf voneinander verschiedene Verfassungen im materiellen Sinne nacheinander in Kraft gewesen[3]). Zum Grundgesetz sind von 1949 bis 1954 bereits drei verfassungsändernde Gesetze erlassen worden. An dieser Gegenüberstellung erkennt man die große Zurückhaltung der Vereinigten Staaten bei Verfassungsänderungen.

Die Verfassung bedeutete aber und bedeutet wohl auch heute noch im amerikanischen Rechtsdenken und vor allem im Rechtsbewußtsein des amerikanischen Volkes mehr als die Norm aller Normen. Sie erscheint als „ein Glaubenssatz von Größe und Erhabenheit und tatsächlich eine Rechtfertigung der Sittlichkeit des Staates“[4]).

Die Verfasser der Unabhängigkeitserklärung vom 4. Juli 1776 und die Schöpfer der Verfassung von 1787 hatten es sich nicht zur Aufgabe gemacht, Lehren des Naturrechts in die Wirklichkeit umzusetzen. Ihnen ging es darum, die Freiheit zu erringen und zu sichern[5]). Aber sie standen unter dem Einfluß der Lehren jener Zeit, daß dem Einzelnen unveräußerliche Rechte vorgegeben sind, in die kein Gesetzgeber eingreifen darf. Die Kolonisten hatten im Kampf gegen England diesen Satz aufgegriffen und propagiert, bis schließlich jeder Mann in den amerikanischen Kolonien davon überzeugt waren[6]).

Zu beachten ist auch der Einfluß des Puritanismus und des Calvinismus, nach deren Lehren der Mensch in erster Linie dem Reich Gottes unterworfen ist, weshalb die Befugnisse der Gesetzgebung beschränkt sind[7]). In

---

1) Mangoldt, Verfassung, S. 37.

2) Ein Beispiel bringt Corwin, S. 94, wonach der Vorschlag für ein Amendment über die Kinderarbeit mehr als 17 Jahre anhängig gewesen ist.

3) Die Verfassung des Heiligen Römischen Reichs deutscher Nation, der Deutsche Bund, die aus dem Norddeutschen Bund hervorgegangene Bismarcksche Verfassung von 1871, die Weimarer Reichsverfassung, das Bonner Grundgesetz.

4) James M. Beck, S. 242; Grossmann, S. 40; Halberkann, S. 49; Orfield, S. 110, er selbst ist aA; Swisher, The Growth of constitutional power in the United States, Chicago 1946, S. 155, zit. Grossmann, S. 39: "Over a period of some centuries of Anglo-American history the word 'constitution' has had peculiarly close association with concepts of liberty, freedom and rightness".

5) James M. Beck, S. 245.

6) Mc. Laughlin, S. 63.

7) Grossmann, S. 8.

der Unabhängigkeitserklärung vom 4. Juli 1776 hat das Dogma von den vorgegebenen Rechten seinen Niederschlag gefunden. Es wird dort festgestellt, "that men are endowed by their creator with certain unalienable rights, that among these are Life, Liberty and the Persuit of Happiness".

In dem Verfassungsentwurf des Jahres 1787 finden sich keine Bekenntnisse zu den Menschenrechten. Hamilton, in dem Bestreben, die Verfassungsvorlage zu rechtfertigen, und für ihre Annahme durch die Einzelstaaten zu werben, erklärt dazu, die "fathers" der Verfassung hätten die Grundrechte nur deswegen nicht aufgenommen, weil sie jeden Gedanken an eine staatliche Gewährung dieser Rechte ausschließen wollten[1]). Bereits aber der erste Kongreß der jungen Vereinigten Staaten leitete eine Verfassungsänderung durch zehn Amendments ein. Diese, "Bill of Rights" genannten Amendments bilden die Grundlage der persönlichen Freiheitsrechte. Sie sind kaum etwas anderes als schriftlich fixiertes Naturrecht[2]).

c) Die Prüfungszuständigkeit bis zum New Deal

Die richterliche Prüfungszuständigkeit ist nicht in der Verfassung normiert. Nach Art. VI par. 2 der Verfassung haben zwar die Richter der Einzelstaaten die Unionsverfassung auch gegen Bestimmungen ihrer eigenen Staatsverfassung anzuwenden. Es bleibt aber offen, wie sich die Richter gegenüber Bundesgesetzen zu verhalten haben, die mit der Verfassung im Widerspruch stehen. Dagegen schreibt z. B. die Verfassung von Kentucky aus dem Jahre 1792 vor: "all laws contrary ... to this constitution shall be void" (Art. XII par. 28).

Die richterliche Prüfungszuständigkeit, die den Zweck hat, die Minderheit in ihren Rechten vor einer Vergewaltigung durch die Mehrheit zu schützen[3]), ergibt sich aus der in den Vereinigten Staaten zu jener Zeit herrschenden Rechtsanschauung. Die von England übernommene Doktrin von der Suprematie des Common Law über das Gesetz wurde in den amerikanischen Kolonien noch angewandt, nachdem sie bereits in England und auf dem Kontinent aufgehört hatte, ein Gewicht als Rechtsprinzip zu haben[4]). Mit dieser Lehre verband sich der auf Vattel zurückzuführende Gedanke, die Verfassung sei das alle Staatsgewalt bindende "fundamental law of the land"[5]).

Die Gerichte in den amerikanischen Kolonien hatten bis zum Ende des 19. Jahrhunderts ihre Entscheidungen gegen die Gesetze, welche die Individualrechte verletzten, naturrechtlich begründet. Nach Inkrafttreten der Verfassungen fanden die amerikanischen Gerichte in diesen und in der "Bill of Rights", vor allem in der Formel vom "due process of law", die positivrechtliche Grundlage, um durch die Rechtsprechung die Freiheitsrechte

---

1) Hamilton, in The Federalist, Nr. 84, zit. Grossmann, S. 39.
2) Grossmann, S. 37.
3) Grossmann, S. 23 ff.
4) Grossmann, S. 59, mit Nachweisen auf S. 60.
5) Grossmann, S. 33.

gegenüber dem Gesetzgeber zu wahren[1]). So lehrte auch James Wilson 1791/92 an der Pennsylvania-University, die Gerichte hätten die Pflicht, ein Gesetz, das gegen die natürliche Gerechtigkeit verstoße, nichtig zu erklären. Diese Pflicht verdoppele sich aber bei den amerikanischen Gerichten aufgrund der Verfassung[2]). Die richterliche Prüfungszuständigkeit wurde "the ultimate safeguard of individual privilege and governmental prerogative"[3]). Die Formel des "Due process of law" erhielt die Bedeutung, „daß es gewisse Prinzipien gibt, die in der Verfassung weder bestimmt noch aufgezählt sind, die aber ihre Sanktion durch das in Freiheit hell erleuchtete Gewissen gerechter Männer erhalten haben". „Es umschließt das Individuum mit dem feierlichen Kreis der Gesetze. Es macht aus dem Richtertum das eigentliche Gewissen der Nation[4])."

So erklärte beispielsweise der SC in dem Fall Pollock v. Farmers' L. & T. Co. (1895) ein Steuergesetz des Kongresses nichtig, da dieses Gesetz ein unvernünftiger und ungerechter Angriff auf das Privateigentum sei. "The present assault upon capital is but the beginning. It will be but the steppingstone to others, larger and more sweeping, till our political contests will become a war of the poor against the rich; a war constantly growing in intensity and bitterness[5])."

Die Prüfung der Gesetze erfolgt in dem ordentlichen Prozeßverfahren aufgrund eines anhängig gewordenen Rechtsstreites. Eine vom konkreten Rechtsfall losgelöste Entscheidung einer Verfassungsfrage in einem besonderen Verfahren gibt es nicht. Der SC versucht, das in Frage stehende Gesetz so auszulegen, daß es noch mit der Verfassung vereinbar ist und erklärt es erst dann nichtig, wenn es nach seiner Überzeugung ohne jeden Zweifel gegen die Verfassung verstößt[6]). Trotz dieser Zurückhaltung, und obwohl der SC bis 1953 nur insgesamt etwa 75 Gesetze des Kongresses aufgehoben hat, stellt Corwin fest, der SC sei „mit Begriffen aus dem Gebiet des Verfassungsrechts so gut ausgerüstet", „daß er fast jedes Ergebnis, das nach seinem Dafürhalten dem Gesamtinteresse des Landes am dienlichsten war, in die Sprache des Rechts übersetzen konnte[7])". Die Richter wenden die Verfassung so an, wie sie selbst sie auslegen. "We live under a constitution, but the constitution is, what the judges say it is", erklärte der vormalige Vorsitzende des SC, Charles Evans Hughes[8]).

---

[1]) Mangoldt, Rechtsstaatsgedanke, S. 53; Verfassung, S. 116.

[2]) Wilson's Work (Andrew' Ed.) II, S. 415 zit. nach Grossmann, S. 73.

[3]) Woodrow Wilson, Constitutional Government in the United States, New York, 1911, S. 142, zit. nach Munro, S. 571.

[4]) James M. Beck, S. 256.

[5]) 157 U. S. 429. 607, zit. nach Grossmann, S. 101, der ebenda weitere Beispiele gibt, weitere Belege aaO. S. 34, 35.

[6]) Carstens, S. 122.

[7]) Corwin, S. 36; Zahlenangabe nach Carstens, S. 128, Krüger spricht 1949 nur von 49 aufgehobenen Gesetzen, NJW 49, 165.

[8]) S. 185; kritisch gegenüber der Verfassungsgerichtsbarkeit Carstens, S. 129.

d) New Deal und die Folgezeit

Nicht durch Amendments, sondern durch eine Neubesetzung des SC, der die Verfassung nunmehr in einem anderen, moderneren Sinne auslegt, ist es vor dem zweiten Weltkrieg zu einschneidenden Änderungen der Verfassungswirklichkeit gekommen. Seit dieser Zeit werden die Bedürfnisse der "dynamic society" unter Einschränkung der liberalen Freiheitsrechte berücksichtigt[1]).

Bis zu Franklin D. Roosevelts New Deal hatte sich der SC zwar nicht völlig den Bedürfnissen der modernen Massengesellschaft verschlossen, aber die New Deal-Gesetzgebung selbst als verfassungswidrig abgelehnt. Die spätere Anerkennung dieser Gesetze durch den SC entbehrt nicht dramatischer Begleitumstände.

Die grundlegenden Entscheidungen des SC gegen das Gesetz wurden zwar auch früher oftmals mit Angriffen auf den Gerichtshof beantwortet. Ihm wurde vorgeworfen, er hemme den Fortschritt und hindere die Durchführung wirtschaftlicher und sozialer Reformen. Auch die Präsidenten Jefferson, Jackson und Lincoln, deren Gesetze durch den SC als verfassungswidrig bezeichnet worden sind, erhoben derartige Vorwürfe. Trotz der verklärenden Darstellung der Überparteilichkeit der Richter am SC im Schrifttum[2]) behaupteten andere, die Einstellung der Richter entspreche jeweils der Einstellung des Präsidenten, der sie ernannt habe. Jedoch hatte das amerikanische Volk letztlich die Entscheidungen des SC anerkannt[3]).

Zu schärfsten Auseinandersetzungen kam es aber, als die New Deal-Gesetzgebung an der Rechtsprechung des SC zu scheitern drohte. Er hatte in kurzer Folge mehrere aufgrund einer besonderen Ermächtigung von Roosevelt erlassene Gesetze zur Durchführung des New Deal als verfassungswidrig erklärt[4]). Roosevelt setzte sich 1937 für die Einbringung einer court reorganization bill beim Kongreß ein. Nach diesem Gesetzentwurf sollte der Präsident ermächtigt werden, für jedes Mitglied beim SC, das über 70 Jahre alt war und noch nicht zurückgetreten war, einen weiteren Richter zu ernennen. Die öffentliche Meinung beschäftigte sich leidenschaftlich mit diesem verfassungsrechtlich statthaften Gesetzesvorschlag. Überwiegend aber lehnte man es ab, den SC mit Richtern, welche zu einer dem Präsidenten genehmen Rechtsprechung bereit waren, zu belasten[5]). Die Vorlage scheiterte bereits im Justizausschuß des Senats, so daß sie nicht einmal mehr an das Plenum gelangte[6]).

---

[1]) Corwin, S. 97; Grossmann, S. 135; diese Entwicklung sah James M. Beck schon mit Sorge voraus, als er 1926 vor den „zerstörenden Tendenzen des mechanistischen Zeitalters" warnte, vor denen er die Verfassung bewahren wollte (S. 382).

[2]) z. B. Munro, S. 573; James M. Beck, S. 263.

[3]) James M. Beck, S. 277; Greaves, S. 164; Carstens bringt S. 129 ff. eine Zusammenstellung der Vorwürfe gegen den SC.

[4]) Loewenstein, AÖR 78, 260 ff., insbes. S. 274; Grossmann, S. 124; anschaulich auch Carstens, S. 105 ff.

[5]) „to pack", Munro, S. 575.

[6]) Loewenstein, S. 275; gleichsam als Nachspiel zu dem Angriff des Präsidenten auf den SC hat im Jahre 1954 der Senat eine Verfassungsänderung angenommen, wonach auch durch die Verfassung die Zahl der Richter am SC auf neun beschränkt werden soll.

Geschützt von der öffentlichen Meinung wurde der SC durch den Angriff Roosevelts in seinem Bestande nicht berührt. Dennoch anerkannte er die im Zuge des New Deal erlassenen Gesetze. Dies war aber mehr auf zufällige Umstände zurückzuführen, da von den neun Richtern in rascher Folge vier ausschieden. Ein Richter verstarb, drei Richter traten unter dem Druck der öffentlichen Meinung, welche gebieterisch die Fortsetzung des New Deal verlangte, zurück. Die frei werdenden Stellen konnte Roosevelt mit jüngeren, seinem Programm zugeneigten Richtern besetzen. Nur einer der Richter am SC, Roberts, war zu der dem New Deal aufgeschlossenen Minderheit der Richterschaft übergetreten[1]). In dieser neuen Besetzung stellte sich der SC auf den Standpunkt, die Verfassung sei nicht starr auf den liberalen Prinzipien des ausgehenden 19. Jahrhunderts aufgebaut, sondern müsse mit den wandelnden Bedürfnissen der Gesellschaft im Einklang stehen[2]). In der Anerkennung der New Deal-Gesetzgebung ist der Einfluß des Pragmatismus und der soziologischen Methode der Rechtsfindung spürbar. Der von den Gesetzen zu erwartende soziale Nutzen wird zum entscheidenden Rechtfertigungsgrund. „Noch niemals hat die Jurisprudenz vermocht, einem starken und billigen wirtschaftlichen und sozialen Bedürfnis auf die Dauer zu widerstehen", stellt C a r d o z o fest[3]). Seit dieser Zeit hat der SC seine Prüfungszuständigkeit weitgehend eingeschränkt[4]).

Die Prinzipien der Verfassung sind der Wirklichkeit und der herrschenden Anschauung angeglichen, aber sie sind nicht aufgegeben. Wie G r o s s m a n n[5]) feststellt, hat sich der SC nicht den Launen und Leidenschaften eines Gesetzgebers unterworfen. Der Konflikt Trumans mit dem SC anläßlich des Stahlarbeiterstreiks im Jahre 1952 zeigt, daß auch heute das höchste amerikanische Gericht fähig und bereit ist, gegen Übergriffe der Verwaltung eine Schranke aufzurichten[6]).

e) F o l g e r u n g e n a u s d e r b i s h e r i g e n H a l t u n g d e s S C

Damit ist für den SC weiterhin der Weg offen, gegen ein unsittliches Gesetz zu entscheiden. Ob er es in jedem Falle tun wird, welche Grenzen er stecken wird, läßt sich nicht mit Sicherheit feststellen.

Der nordamerikanischen Rechtslehre, die sich erheblich vom kontinentalen Rechtsdenken unterscheidet, geht es nicht darum, für diese Frage eine grundsätzliche Lösung herauszuarbeiten. Während hier versucht wird, Prinzipien zu entwickeln, aufgrund deren ein praktischer Fall entschieden werden kann und – damit das Urteil „richtig" ist – nach der Ansicht der Rechtswissenschaft entschieden werden muß, ist für das amerikanische Rechts-

---

1) L o e w e n s t e i n , S. 276.
2) G r o s s m a n n , S. 134.
3) S. 64.
4) C a r s t e n s , S. 121; in der Zeit von 1937 bis 1954 hat der SC nur noch ein Gesetz, den Federal Firearms Act von 1938 für verfassungswidrig erklärt, Tot v. United States 319 U. S. 463, 1943.
5) (S. 135).
6) Anschaulich über diesen Konflikt: L o e w e n s t e i n , S. 267 ff.

denken Recht nur „die Prophezeiung, wie ein Gericht sich verhalten wird"[1]. Regeln und Grundsätze, die von den Gerichten und der Gesetzgebung nicht offiziell anerkannt werden, sind noch nicht Recht geworden. „Sie bedeuten dann nur Standorte oder Ideale, die vielleicht in Zukunft einmal ihren Weg machen werden. Aber Advokat und Richter können sie nicht als Recht anerkennen, ehe sie den Tag ihres Triumphes erreicht haben und der Staat bereit ist, sie durch seine Gerichte und seine anderen Behörden mit den Sanktionen seiner Macht zu unterstützen[2]."

Daher muß auch die vorliegende Untersuchung sich darauf beschränken festzustellen, daß der SC, der trotz der Änderung seiner Rechtsprechung im Zusammenhang mit dem New Deal ein materielles Prüfungsrecht nach den Grundsätzen der Vernunft und des praktischen Nutzens für sich in Anspruch nimmt, gegen ein Gesetz entscheiden wird, das nach seiner Überzeugung diesen Voraussetzungen nicht entspricht. Ob der SC und die anderen Gerichte der Vereinigten Staaten einem solchen Gesetz, das zugleich auch unsittlich sein kann, wegen eines Verstoßes gegen die in der Verfassung verankerten Menschenrechte die Gefolgschaft versagen werden, ist eine Frage des Einzelfalles. Für sie gilt die „Prophezeiung" Cardozos: „Wenn die Forderungen der sozialen Wohlfahrt dringend genug sind und wenn andererseits irgendeine bestehende Regel einen hinreichenden Anwendungsbereich und eine hinreichende Anwendungsfrequenz hat, um genügend Unbequemlichkeiten oder gar Unheil zu produzieren, dann wird früher oder später die soziale Nützlichkeit obsiegen." Wenn eine solche Regel, „mag sie auch auf formell nicht antastbare Weise entstanden und fixiert sein, nach eingehender Prüfung als in ihrer Wirkung und praktischen Konsequenz unvereinbar gefunden wird mit den Zielen, denen das Recht dienen soll, dann muß sie auf irgendeinem Wege, sei es durch Gesetz oder Urteil, revidiert werden. Die Revision ist eine Aufgabe, die Takt und Zartgefühl erfordert. Ängstlichkeit und Bequemlichkeit, die sich um diese Pflicht herumdrücken wollen, sind dabei ebenso wenig am Platze wie grobe oder leichtsinnige Hände, die Sicherheit und Ordnung ungebührlich gefährden würden[3]."

B. Frankreich und die Schweiz

a) Die Lehre von der Gewaltenteilung

Im Gegensatz zu dem SC der Vereinigten Staaten, der aus der Lehre von der Gewaltenteilung seine Zuständigkeit zur Prüfung von Gesetzen auf ihre Vereinbarkeit mit der Verfassung abgeleitet hat, folgert man in der Schweiz und in Frankreich aus der gleichen Lehre, der Richter sei zu einer derartige Prüfung der Gesetze nicht befugt. So hatte bereits Montesquieu gelehrt: "Dans le gouvernement repubicain il est de la nature

---

[1]) Holmes, Collected Papers, S. 173, zit. Grossmann, S. 30; passim Cardozo S. 29.

[2]) Cardozo, S. 33.

[3]) Cardozo, S. 64, 65, zu der Frage, inwieweit Gerichte an Präzedenzien gebunden sind.

de la Constitution, que le juge suives la lettre de loi[1])." Weil die richterliche Gewalt der verfassungsgebenden Gewalt untergeordnet ist, hat sie nicht die Befugnis, Verfassungsnormen auf ihren materiellen Inhalt zu überprüfen; aber auch die Normen der gesetzgebenden Gewalt sind für die gleichgeordnete richterliche Gewalt unüberprüfbar. Die Bezeichnung eines Gesetzes als verfassungswidrig und nichtig würde man als eine unzulässige Einmischung in die Zuständigkeit der legislativen Gewalt empfinden. Nur Gesetze und Verordnungen der Kantone hat der schweizerische Richter auf ihre Übereinstimmung mit der Verfassung zu prüfen, Art. 113, Ziffer 3 Bundesverfassung der schweiz. Eidgenossenschaft vom 29. Mai 1874.

Wohl haben die französische und die schweizerische Verfassung Grundrechtsartikel. Aber gegenüber den Individualrechten, die in der Verfassung der Vereinigten Staaten und ihren Amendments geschützt werden, treten diese Grundrechte an Bedeutung zurück. Weil eine richterliche Kontrolle nicht gegeben ist, können sie durch einfache Gesetze praktisch außer Kraft gesetzt werden. Laboulaye, der das richterliche Prüfungsrecht in den Vereinigten Staaten mit den Verhältnissen in Frankreich vergleicht, sagt dazu: „Allez donc invoquer devant un juge de paix les principes de 1789, inscrits dans la constitution; allez protester au nom de la constitution contre l'arrêté d'un préfet; allez refuser l'impôt que non pas voté vos mandataires; allez enfin nier la validité d'un article du code civile ou pénal, parce qu'il est contraire à la constitution! Les juges vous riront au nez[2])". Daher fehlt in den Verfassungen ein Ansatzpunkt für die Prüfung von Gesetzen auf ihre Übereinstimmung mit dem Sittengesetz.

b) Die Stellung des Richters in Frankreich

In Frankreich gab es zwar vom 14. Jahrhundert bis zur französischen Revolution das Institut der Einregistrierung von Gesetzen durch das französische Parlement, das als Gericht fungierte. Dieses Institut hatte zu einem sich über drei Jahrhunderte hinziehenden Kampf zwischen Krone und Gericht geführt, der aber mit der französischen Revolution sein Ende gefunden hatte[3]).

Bereits durch das Decret vom 16. August 1790 wurden, entsprechend der Lehre Montesquieus die Richter zur unbedingten Gesetzestreue verpflichtet: „Die Gerichte werden weder direkt noch indirekt einen Anteil an der Ausübung der gesetzgebenden Gewalt nehmen, noch unter Strafe, die auf Verletzung der Amtspflicht gesetzt ist, die Ausführung der Decrete der gesetzgebenden Körperschaft, die vom König sanktioniert sind, verhindern oder suspendieren." Auf Grund der positivistischen Haltung der Rechtslehre in Frankreich wird von den Gerichten auch heute eine richterliche Prüfungszuständigkeit abgelehnt[4]).

---

[1]) De l'esprit des Lois, Buch IV.

[2]) Laboulaye, Histoire des Etats Units, Paris 1866, zit. Grossmann, S. 113.

[3]) M. Göhring, S. 64 ff.; James M. Beck, S. 257.

[4]) Apelt, S. 11; Grossmann, S. 116.

Doch gibt es, wie in Deutschland, auch in Frankreich Strömungen, die für eine freiere Stellung des Richters gegenüber dem Gesetz eintreten und sich gegen die Lehre von der Allmacht des Gesetzgebers wenden[1]).

c) Die Stellung des Richters in der Schweiz

In der Schweiz ist der Gedanke einer richterlichen Prüfungszuständigkeit besonders unverträglich mit der Referendumsdemokratie. Das Referendum bestand in einer Reihe von Kantonen bereits seit Jahrhunderten. Seit der Verfassungsänderung von 1874 ist es auch für Verfassungsänderungen der Bundesverfassung obligatorisch (Art. 121), für einfache Gesetze fakultativ vorgesehen (Art. 89 Abs. II).

Eine Volksabstimmung über ein Gesetz ist nach schweizerischer Auffassung eine einheitliche Willensäußerung des Volkes als des Souveräns, dem sich eine Minderheit zu beugen hat. Weil die Mehrheit der Aktivbürgerschaft den Volkswillen repräsentiert, kann sie nach schweizerischem Denken nicht in ihrer Handlungsfähigkeit durch ein richterliches Prüfungsrecht eingeschränkt werden. Der souveräne Volkswille ist als volonté generale seiner Natur nach unüberprüfbar[2]).

Es zeichnet sich in der Schweiz sogar eine Entwicklung ab, die Zuständigkeit des Bundes zu Eingriffen in die Freiheitsrechte zu erweitern. Diese Entwicklung beruht auf der Ausweitung der staatlichen Aufgaben durch die Bedürfnisse der modernen Gesellschaft[3]). Ein Anzeichen dafür ist das Volksbegehren vom 29. Juni 1936. Es war beabsichtigt, den Art. 113 Bundesverfassung abzuändern. Dem Bundesgericht sollte die Zuständigkeit eingeräumt werden, nicht nur wie bisher die Gesetze und Verordnungen der Kantone, sondern auch Bundesgesetze und Verordnungen – ausgenommen Staatsverträge und in einer Volksabstimmung angenommene Gesetze – auf ihre Übereinstimmung mit der Verfassung zu prüfen. Aber Bundesrat, Bundesversammlung und das Volk lehnten diese Verfassungsänderung ab. In seinem Bericht vom 17. September 1937 stellt der Bundesrat fest, der Ruf nach Erweiterung der Verfassungsgerichtsbarkeit sei auf Grund einiger Bundesratsbeschlüsse laut geworden, weil der Bund in die Freiheitsrechte, vor allem in die Handels- und Gewerbefreiheit eingegriffen habe. Der Bundesrat räumt ein, daß für diese Eingriffe normalerweise eine Verfassungsrevision erforderlich gewesen wäre. Jene Eingriffe seien aber gerechtfertigt, weil das Wohl und die Existenz der Eidgenossenschaft den Individualrechten vorgehe[4]). Eine richterliche Prüfungszuständigkeit lehnt der Bundesrat ab: „Für die Entscheidung, was sachlich gerechtfertigt ist, eignet sich besser der Gesetzgeber als der Richter." „Die Aufgabe, die sich der

---

[1]) E. v. Hippel, AÖR 57, 117; JÖR XV, 195; Richterliches Prüfungsrecht S. 561; Wüstendörfer, AzP 110, 338 ff., über die von Geny angeführte soziologische Rechtsschule; Orfield, S. 110, über Duguit.

[2]) Kägi, S. 168; Giacometti, Verfassungsgerichtsbarkeit, S. 45; Jagmetti, S. 3; Grossmann, S. 26.

[3]) Giacometti, S. 88; Grossmann, S. 130.

[4]) BBl. 1937 III, S. 15, 18, zit. Grossmann, S. 130, 131.

prüfenden Instanz stellt und im wesentlichen darin besteht, rechtspolitische Urteile zu fällen, ist dem Gesetzgeber als Organ der Rechtssetzung besser gemäß als dem Richter, der ein Organ der Rechtsanwendung ist[1]."

Wohl erkennt die schweizerische Rechtslehre gewisse Schranken für die Verfassungsänderung an, die sich aus dem bundesstaatlichen Prinzip ergeben[2]. Es wird auch Klage geführt, die Freiheitsrechte verlören immer mehr an Wert[3]. Aber die Rechtslehre zieht daraus nicht den Schluß, es obliege dem Richter, die Verletzung des überpositiven Rechts festzustellen. „Denn es kann kaum die Aufgabe des Richters sein, über den Grad der Gerechtigkeit, also des ethischen Gehaltes der Gesetze, zu befinden[4]." Mit aller Entschiedenheit hat erst kürzlich Giacometti das Naturrecht als Schranke der Verfassungsgebung abgelehnt[5] und sogar dem Bundesverfassungsgericht der Bundesrepublik den Vorwurf gemacht, es maße sich politische Entscheidungsgewalt an, die ihm nicht zustehe[6].

Die Unzuständigkeit des schweizerischen Richters, Gesetze auf ihre Übereinstimmung mit überpositivem Recht zu prüfen, entspricht dem kontinentalen Rechtsdenken des vergangenen Jahrhunderts, wie es in den Niederlanden einen gesetzlichen Ausdruck gefunden hat. Nach der niederländischen Verfassung von 1815, Art. 121 gibt es keine Verfassungsgerichtsbarkeit, da die Gesetze als unverletzlich angesehen werden, wie dies die Verfassung bestimmt[7]. Es ist auch dem Richter gesetzlich verboten, den inneren Wert oder die Billigkeit des Gesetzes zu beurteilen (Art. 11 der Wet. vom 15. Mei 1829 houdende algemeene bepalingen der Wetgeving van het Koningrijk). Daß diese Bestimmung ihrerseits als unverbindlich angesehen werden müßte, ist nach Capski in der niederländischen Jurisprudenz noch nicht zum Ausdruck gekommen[8].

C. England

a) Die Rechtsquellen

Um die Stellung des englischen Richters zum Gesetz zu begreifen, ist es erforderlich, sich von den kontinentalen Begriffen „Gesetz" und „Gesetzgeber" einerseits und „Richter" als Staatsbeamter andererseits zu befreien.

Das Gesetz, das Statute Law, ist eingebettet in die beiden anderen Rechtsquellen des englischen Rechts, Common Law und Equity. Während auf

---

1) BBl. 1937 III, S. 25, zit. Grossmann, S. 137.
2) Fleiner–Giacometti, § 24 III.
3) Kägi, S. 16 ff.; Nef und Bern sind sogar der Ansicht, die Freiheitsrechte gehörten zu den einer Verfassungsänderung entzogenen Normen, Fleiner–Giacometti, § 24 III und § 67 II 1.
4) Fleiner–Giacometti, § 42 II; passim Haug, S. 242, Anm. 56; Kägi, S. 168.
5) Demokratie S. 11.
6) aaO. S. 13.
7) Capski, S. 97.
8) Capski, S 101; weitere rechtsvergleichende Hinweise: E. v. Hippel, Prüfungsrecht, S. 561.

dem Kontinent das Gewohnheitsrecht nur ergänzend und verbessernd neben dem Gesetzesrecht in Erscheinung tritt, wird in England das Statute Law als Amendment von Common Law und Equity gedacht. „Das Statute Law will nicht mehr sagen, als es ausdrücklich sagt[1]).“

1. *Common Law*

Das Common Law beruhte auf der Überzeugung des Volkes, daß die betreffenden Regeln dem Rechte gemäß, Teile des Rechtes seien. Man ging nicht davon aus, daß diese Regeln gerecht seien oder der Gerechtigkeit entsprächen. Im zweiten Regierungsjahr Heinrich IV. beantwortete der Richter Thirning den Einwand, ob es nicht gerecht sei, einem durch Feuersbrunst Geschädigten einen dem § 831 BGB entsprechenden Schadensersatzanspruch gegen den Dienstherrn des fahrlässigen Brandstifters zu geben: „Il est mieux que il soit tout defait que la ley soit chaunge[2]).“

Als man aber, seit Eduard III., anfing, die Richtersprüche aufzuschreiben, zu sammeln und zu veröffentlichen, trat an die Stelle der Überzeugung des Volkes die Rechtsüberzeugung der Richter. Die Entscheidungssammlungen, die Yearbooks, wurden zur geschriebenen Rechtsüberzeugung[3]).

2. *Equity*

Equity war ursprünglich ein besonderes Verfahren, ein Rechtsweg an den Kanzlergerichtshof, der nicht nach dem Common Law oder dem Statute Law, sondern nach dem herrschenden Naturrecht seine Sprüche fällte, um Abhilfe gegen Unterdrückung (duress) zu schaffen. Dieser Rechtszug hatte seine Wurzel in der Tätigkeit des Chancellor, der im Mittelalter als der „Keeper of Kings Conscience“ bezeichnet wurde, der anstelle des Königs das tat, was diesem sein Gewissen vorschrieb[4]). Die Rechtsprechung in Equity, die sich daraus entwickelte, verbrämte die aus dem herrschenden Naturrecht entnommenen Regeln mit den allgemeinen Maximen des römischen Rechts. Weil aber die Rechtsprechung der Chancery an Präjudizien gebunden war, ebenso wie die Common Law-Gerichte, erstarrte auch das Verfahren in Equity[5]).

Seit dem Judicature Act von 1873, neu gefaßt im Jahre 1925, gibt es diesen besonderen Rechtszug nicht mehr. Die Common-Law-Gerichte haben die Befugnis, die gleichen Rechtswohltaten zu gewähren, die früher in dem Verfahren in Equity erteilt werden konnten.

Nunmehr hat der Richter daher zwei getrennte Rechtssysteme nebeneinander anzuwenden, die Regeln des Common Law und die naturrechtlich begründeten Regeln der Equity zur Ergänzung der Lücken. "Judges are

---

1) Hatschek, § 21.
2) Yearbook, 2 H IV fol. 18 f. pl. 6 zit. Hatschek, § 15.
3) Hatschek, § 15.
4) Ernst Wolff, SJZ 46, 134.
5) Hatschek, §§ 27 und 29.

appointed to administer justice – justice according to law, so far as the law extendes, but so far as their is no law, then justice according to nature[1])."

3. *Statute Law*

Bis zum Ende des 17. Jahrhunderts gab es keinen materiellen Gesetzesbegriff. Die Acts of Parliament wurden mehr als Urteilssprüche denn als autoritative Befehle angesehen, denn das Parliament hatte nach der Auffassung jener Zeit weniger die Aufgabe, das Recht zu schaffen als es zu erklären[2]). Es war nach englischer Rechtsauffassung an das Common Law gebunden. Daher standen die Acts of Parliament im Range unter dem Common Law. Aus diesem Gedanken leitete man eine richterliche Prüfungszuständigkeit ab[3]).

Nach der heutigen unbestrittenen Auffassung aber ist "The King in Parliament", d. h. praktisch das House of Commons, souverän, "irresponsible and omnipotent"[4]). Nunmehr ist daher das Statute Law dem Common Law gleichgeordnet. Eine richterliche Zuständigkeit, die Vereinbarkeit eines Act of Parliament mit dem Common Law oder dem Naturrecht zu prüfen, gibt es nicht. Nur Gesetze, welche unmöglich ausgeführt werden können, sind nach der Auslegungsregel Blackstones ungültig, aber nur in Bezug auf die absurden Konsequenzen, zu denen sie führen können[5]).

b) Der Richter

Obwohl also der Richter in dem englischen Verfassungsaufbau nunmehr als Diener der Mehrheit in der gesetzgebenden Körperschaft angesehen werden muß, wie Greaves[6]) feststellt, hat er sich eine eigentümliche Stellung dem Gesetz gegenüber vorbehalten. Diese Stellung beruht auf der geschichtlichen Entwicklung.

1. *Die soziologische Stellung des englischen Richters*

In England ist der Staat erst später als auf dem Kontinent in Erscheinung getreten. Man kann auch heute noch nicht von Beamten im kontinentalen Sinne sprechen. Auch der Richter wird in England nicht als Diener des Staates, sondern als Schiedsrichter angesehen, der in jahrzehntelanger Tätigkeit als Anwalt sich das Vertrauen seiner Klientel erworben hat. Mehr

---

[1]) Salmond, Law Quarterly Review, vol. 16, S. 389, zit. Hatschek, § 31 I 3; über das Institut der Equity auch G. W. Becker, SJZ 47, 485.

[2]) Hatschek, § 19; Grossmann, S. 64.

[3]) Hatschek, § 23 I; Grossmann, S. 57; diese Auffassung war nicht unbestritten und führte zu heftigen Auseinandersetzungen zur Zeit Jacob I. zwischen der Volkspartei und der Königspartei, worüber Hatschek, § 23 I, berichtet.

[4]) James Bryce, zit. Apelt, Gesetzgebungstechnik, S. 11; Saalfrank, JR 50, 43; Wahl, SJZ 47, 293; Ernst Wolff, S. 109; man sagt, der Gesetzgeber könne alles tun, nur nicht aus einem Manne eine Frau machen, Ernst Wolff aaO.

[5]) Hatschek, § 23 I.

[6]) S. 163.

als auf dem Kontinent spricht aus den Urteilen die Persönlichkeit des Richters[1]).

Die entscheidende Ausbildung erhält der Richter nicht auf der Universität, sondern in der Praxis, als Anwalt. Dadurch erhält die Rechtslehre, wie Max Weber festgestellt hat, einen zunftmäßigen Charakter[2]). Der Richter genießt ein großes Ansehen, eine Kritik an richterlichen Entscheidungen gibt es nicht. Der Richter wird auch nicht wegen einer Entscheidung zur Verantwortung gezogen. Als Rechtfertigung für sein Handeln gilt es, wenn er sich darauf beruft, als Richter gehandelt zu haben[3]).

2. *Das Richterkönigtum*

Insoweit ist der von Adickes geprägte Begriff des englischen Richterkönigtums zutreffend. Der Richter ist aber nicht in dem Maße gegenüber dem Gesetz freigestellt, wie es einige Lehrer der Freirechtsschule fordern[4]).

Wohl blickt der englische Richter, als Kenner und Meister des Common Law mit einer gewissen Verachtung auf das Statute Law herab, das als Ergänzung des Common Law gedacht wird und vielfach der wissenschaftlichen Durcharbeitung entbehrt. Oft ist es bereits bei Erlaß mit Amendments versehen, die im Parlament regelrecht ausgehandelt wurden. „Denken Sie nur nicht an dieses Gesetz! Nehmen Sie es weg! Der es verfertigte, verstand nichts vom englischen Recht!" rief der Justice Baron Martin[5]) einem Barrister zu, der sich auf ein bestimmtes Gesetz berief[6]).

Laski berichtet, Sir Frederik Pollok habe erklärt, viele richterliche Urteile seien nur verständlich, wenn man von der Annahme ausginge, daß der Richter die Wirkungen der Gesetzgebung, die sie zur Anwendung bringen sollten, nicht wollten und ihr Bestes täten, um sie hinwegzukonstruieren[7]). Auch sieht man den Richter als befugt an, Gesetze fast bis zur Unkenntlichkeit umzuformen, um sie so in Einklang mit den Prinzipien von Vernunft und Gerechtigkeit zu bringen ohne sie dabei völlig zu mißachten. Greaves bringt eine Reihe von Beispielen dieser Art der Auslegung, auf die hier verwiesen werden soll[8]).

Obwohl die Lehren des Naturrechts in England seit Bentham und Austin als überwunden gelten und nur noch als Bestandteile der Ethik

---

1) Darmstädter SJZ 50, 787; dies kommt auch in der Zitierweise der Entscheidungen zum Ausdruck, der Name des Richters, der das Urteil abgefaßt hat, wird genannt, was für deutsche Urteile kaum vorstellbar ist. Auch ist der Richter, der das Urteil seines Kollegiums nicht billigt, berechtigt, ein dissenting vote abzufassen.

2) S. 455.

3) Wahl, S. 294.

4) Graveson, MDR 47, 280; über die soziale Bedenklichkeit des Richterkönigtums: Oertmann, S. 18.

5) Gestorben 1883.

6) A Generation of Judges by their Reporter, 1873, S. 87, zit. Hatschek, § 23 II; passim G. W. Becker, SJZ 47, 486.

7) The Judicial Function in Politica, 1936, S. 122, zit. Greaves, S. 165.

8) Greaves, S. 165; vgl. auch Mc. Laughlin, S. 43.

Bedeutung haben, wird vor allem bei der Nachprüfung von Verwaltungsakten das Naturrecht angewendet, auch wenn man sich der theoretischen Grundlagen nicht mehr bewußt ist[1]).

3. Die Bindung des Richters an Gesetz und Präjudiz

Aber an das Gesetz, das auch der einschränkenden und mitunter willkürlichen Auslegung durch die Gerichte widersteht und keinen Raum für die Anwendung der Blackstonschen Formel gibt, ist der englische Richter gebunden[2]). Er hat es anzuwenden, auch wenn es nach seiner Überzeugung ungerecht ist.

Auch ist der englische Richter an die Präjudizien der übergeordneten Gerichte, zum Teil auch der gleichgeordneten Gerichte, der höchste Gerichtshof, das House of Lords, aber auch an seine eigenen früheren Entscheidungen gebunden. Die Bindung erstreckt sich auch auf die Frage, wie ein Gesetz auszulegen ist[3]). Daher hat der einzelne Richter in vielen Fällen kein Recht mehr zur eigenen Entscheidung, weil er ihr das Präjudiz zugrundezulegen hat.

Unter Berücksichtigung der oben dargestellten Möglichkeiten der Auslegung ist der Satz von Graveson richtig: Einem englischen Richter würde es niemals einfallen, einem ordnungsgemäß zustandegekommenen Gesetz unter Berufung auf sein Gewissen die Anwendung zu versagen. Die Richter würden aus der Mißbilligung kein Hehl machen, aber es wäre für sie selbstverständlich, daß sie an diese Gesetze gebunden sind, bis sie vom Parlament geändert werden[4]). Im Falle des Gewissenskonflikts bliebe dem Richter nur die Möglichkeit, sein Amt niederzulegen. Als Angehöriger einer "Inn" würde dies für ihn aber nicht die Vernichtung seiner wirtschaftlichen Existenz bedeuten, wie dies in Deutschland vielfach die Folge sein würde. Der persönlichen Hochachtung könnte sich der Richter stets gewiß bleiben[5]).

2. Die deutschen Gerichte

A. Die Praxis der Gerichte von Carpzow bis zur Mitte des 19. Jahrhunderts

Die Zeit von der Mitte des 16. Jahrhunderts bis in die zweite Hälfte des 17. Jahrhunderts brachte noch einmal mit Reformation und Gegenreformation die theokratische Staatsauffassung und irrationalistisch-überindividualistische Gedanken zur Blüte. Die humanitären Gedankengänge wurden zurückgedrängt[6]).

---

[1]) G. W. Becker, AcP 150, S. 120; Hatschek, § 31 I 3; Ernst Wolff, S. 113.

[2]) Die Blackstonsche Formel bezeichnet Hatschek treffend als „Hinterpförtchen", das dem Richter ermöglicht, sich über das Gesetz zu stellen (§ 23 I).

[3]) Hatschek, § 16.

[4]) Graveson, MDR 47, 280; Ernst Wolff, S. 109: Der Souveränität des Parlaments müsse selbst die Unabhängigkeit der Richter nachstehen.

[5]) Graveson, MDR 47, 281; H. v. Weber, DRZ 50, 400.

[6]) Schaffstein, S. 21.

a) Die Zeit Carpzows

Die sich aus der theokratischen Staatsidee ergebende Strafrechtsauffassung entfaltete sich bei Carpzow nicht so sehr aufgrund mystischer Spekulation als auf der Grundlage eines tiefen religiösen Gefühls, das charakteristisch für jene Zeit ist. Die Not des Bauernaufstandes, des 30jährigen Krieges, die damit verbundene Steigerung der Kriminalität führten zu der Forderung, Strafe und Strafrecht sollen der Stärkung und Festigung der Staatsautorität um jeden Preis dienen[1]). Vor diesem geistigen Hintergrund entstand, unter dem Schutze Carpzows und unter dem Einfluß seiner Lehren durch Folter, Ketzer- und Hexenverbrennungen, Einführung der Verdachtsstrafen und der Instanzentbindung „eines der widerlichsten Bilder, das die Geschichte der Menschheit kennt"[2]).

Für die Entwicklung, die zu diesem Tiefstand des deutschen Strafrechts führte, das dem Menschenwert und der Menschenwürde allen Wert nahm, kann Carpzow nicht allein verantwortlich gemacht werden. Er war ein Exponent seiner Zeit[3]). Zum Verständnis der damaligen Strafrechtsanschauung möge jedoch die Betrachtung der Lehre Carpzows genügen. Sie macht den geistigen Gehalt jener Anschauung offenkundig[4]).

Für Carpzow ist der Staat „eine auf göttlicher Stiftung beruhende Anstalt zur Förderung des allgemeinen Wohls und zur Aufrechterhaltung des öffentlichen Friedens[5])". Gott sah Carpzow als den Legislator Summus, die Obrigkeit als seinen Statthalter, als tamquam dei ministrum an. Daher waren alle Verbrechen Sünde und Auflehnung gegen Gottes Gebot, die schwersten Verbrechen mithin die unmittelbar gegen Gott gerichteten Taten, die crimen majestatis, Ketzerei, Gotteslästerung, Meineid, Zauberei[6]). Diese Verbrechen mußten daher am strengsten bestraft werden. Es konnte auch der gesetzlich festgelegte Strafrahmen überschritten werden[7]).

---

1) Schaffstein, S. 31 und 26.

2) Mezger, § 2 IV.

3) Schaffstein, S. 37 und Anm. 62 daselbst; die Angriffe, die gegen Carpzow in der Zeit der Aufklärung geführt worden sind, haben sein Bild verdunkelt, wie E. Schmidt, Geschichte, § 142, feststellt.

4) Der Einfluß des Humanismus auf die Strafrechtsanschauung braucht nicht erörtert zu werden. Er trat – im Gegensatz zu Frankreich – in Deutschland zurück (Schaffstein, S. 30 und die S. 29 Zitierten; Nagler, S. 234, 236). Aber auch in Frankreich kam es zu einer Entartung des Strafrechts durch die Verquickung von Rechtswissenschaft und Theologie, als die Kirche von den Kanzeln und in den Beichtstühlen die Verfolgung der Ketzer und Hexen predigte (Fischl, S. 9).

5) Schaffstein, S. 32.

6) ... omnium delictorum, quae in homines committi possunt, gravissimum. Continet enim offensionem dei, cuius vicem imperator tenet; continet quoque parricidium, quia imperator dicitur pater patriae; continet ibidem proditionem quia patriae proditor est, qui eius majestatem laedit (Carpzow, pars I, quaest. 41, zit. R. v. Hippel, § 15, S. 233, Anm. 8). Die Hexenverfolgung ist bereits von Innozenz VIII. in voller Schärfe gefordert worden, Literatur bei R. v. Hippel, § 15, Anm. 8.

7) In delictis atrocissimis propter criminis enormitatem jura transgredi licet Carpzow, CCC, pars III quaest. 102, zit. Schaffstein, S. 32.

Als Statthalter Gottes war der Staat nicht nur berechtigt, sondern auch verpflichtet, die Verbrecher zu bestrafen. Nach der Strafrechtslehre jener Zeit wurde die Bibel als lex divina positiva und damit als maßgebliche Rechtsquelle angesehen[1]).

Nach der CCC aber war die Ketzerei nicht strafbar[2]). Auch die Hexenverbrennung, wie sie von der Praxis durchgeführt wurde, fand in der CCC keine gesetzliche Grundlage. Nach Art. 109 war nur die „schädliche Hexerei" mit dem Feuertode belegt, die unschädliche Hexerei war nur „arbiträr" zu strafen. Dieser Unterschied wurde aber von der Rechtsprechung nicht beachtet.

Zu jener Zeit folgte mithin aus der Besinnung auf die religiösen Grundlagen der Strafe nicht die Aufhebung gesetzlicher Regeln. Im Gegenteil, es wurden neue Straftatbestände aufgestellt und die bestehenden Strafen verschärft. Nicht eine tyrannische Gesetzgebung, sondern weltanschauliche Lehren waren die Grundlage einer Rechtsprechung, die man unter keinem Gesichtspunkt gutheißen kann.

Die juristische Begründung für das Abweichen vom Gesetz fand man in der Unterscheidung der CCC zwischen poena ordinaria und extraordinaria. Poena ordinaria waren die von der CCC für bestimmte Verbrechen verhängten Strafen. Poena extraordinaria aber wurden für Verbrechen verhängt, deren Tatbestand zwar in der CCC geregelt war, deren Bestrafung aber in das Ermessen des Gerichts gestellt war. Nach Carpzow konnte der Richter auch eine poena extraordinaria verhängen, wenn die Tat nach der CCC zwar nicht strafbar war, jedoch strafwürdig erschien.

Damit war die Möglichkeit gegeben, von den in der CCC ausgeworfenen Strafen abzuweichen. Durch Aufstellen besonderer Tatbestandsmerkmale konnte die Anwendbarkeit der in Betracht kommenden Vorschrift der CCC auf den vorliegenden Fall ausgeschlossen werden. Dies hatte zur Folge, daß eine poena extraordinaria verhängt wurde, die härter oder milder als die gesetzliche Strafe sein konnte. Es wurden darüber hinaus pseudogesetzliche Milderungsgründe gefunden, um die von der CCC angedrohte Strafe zu mildern[3]). Die Gefahr willkürlicher Entscheidungen war damit gegeben. Durch die im ganzen einheitliche geistige Haltung der damaligen Zeit und durch das Gewicht Carpzows entstand ein Gerichtsgebrauch. Die Rechtsunsicherheit war noch in einem gewissen Rahmen gehalten[4]).

---

[1]) R. v. Hippel, § 15 VI; E. Schmidt, Geschichte, § 128; auch der Satz Augustins "non esse cogitandum, quod quisque cogitur, sed quale sit illud quo cogitur, utrum bonum an malum" (Ep. 93 V 16) wurde wieder aufgenommen und diente ebenfalls zur Rechtfertigung der Ketzerverfolgung (Welzel, mat. Gerechtigkeit, S. 65).

[2]) Über die geschichtliche Entwicklung der Strafbarkeit der Ketzerei: R. v. Hippel, § 14 IV.

[3]) Beispiele hierfür bei R. v. Hippel, § 15 IX 3, Anm. 1 ff.; v. Bar, § 52.

[4]) R. v. Hippel, § 15 IX.

b) Die Zeit der Aufklärung bis Feuerbach

Die Auflösung der Strafrechtsprechung in richterliche Willkür sollte erst eintreten, als der Einfluß Carpzows erloschen war[1]). Dies ist im wesentlichen auf zwei Gründe zurückzuführen: Einmal wurde das harte Strafensystem der CCC, das nach dem 30jährigen Krieg mit dem zur Landplage entarteten Verbrechertum noch tragbar gewesen sein mag, unter dem Einfluß des Humanitätsgedankens und des neuen Lebensgefühls der Aufklärung als unerträglich hart empfunden. Dieser Ansicht breitester Volkskreise konnten und wollten sich die Gerichte nicht verschließen und suchten nach Milderungsmöglichkeiten[2]). Die andere Ursache aber war der Einfluß der Rechtswissenschaft, die nach Carpzow bei der Naturrechtsphilosophie Anlehnung suchte und gar nicht bemerkte, „daß man sich an eine Auktorität anlehnte, welche auf einem ganz anderen Boden als dem des positiven Rechts stand"[3]).

Die Strafrechtswissenschaft löste sich im Laufe des 18. Jahrhunderts allmählich von dem geltenden Recht ab und baute ein System auf, das bei manchen ihrer Vertreter nur noch wenig Einklang mit der CCC hatte[4]). Doch ging diese Entwicklung nur allmählich vor sich und auch noch auf ihrem Höhepunkt, im Ausgang des 18. und zu Beginn des 19. Jahrhunderts, finden wir Strafrechtswissenschaftler, für welche die Lehren des Naturrechts neben dem positiven Gesetz nur ergänzende Bedeutung haben.

1. *Die Strafrechtswissenschaft der Aufklärung*

J. S. F. Boehmer zog aus der Lehre Pufendorffs "salus rei publicae suprema lex esto" den Schluß, diese Forderung gehe allen anderen Gesetzen vor. Der Richter könne daher auch schärfer strafen, als dies im Gesetz vorgesehen sei, wenn es das allgemeine Wohl fordere. Vom Gesetz sei keine Strafe unbedingt angedroht, vielmehr sei diese nach jenem obersten Gesetz ausgerichtet: "Augant, salveant, temperant ICti". Die Gerichte könnten sogar auf die Todesstrafe erkennen, auch wenn die Gesetze nur von einer poena arbitraria sprächen. Diese hatte der Richter nach seinem Ermessen zu bestimmen. Sie durfte aber nach der CCC gerade nicht in der Todesstrafe bestehen. Damit überschritt Boehmer aus Gründen der Staatsräson eine Grenze, die selbst Carpzow, wenigstens soweit es sich nicht um delictis atrocissimis gehandelt hat, geachtet hatte[5]).

Während die Tendenz der Gerichte dahin ging, die harten Strafen zu mildern, leitete Leyser eine rückläufige Bewegung ein. Er setzte sich über das Gesetz hinweg, um die naturrechtlich „gerechte" Strafe zu finden[6]).

---

[1]) Hälscher, S. 142. [2]) Loening, S. 273.

[3]) Loening, S. 263. [4]) v. Bar, § 52; Hälscher, S. 142.

[5]) Carpzow, CCC, pars III quaest 133, zit. R. v. Hippel, § 15 IX 2; v. Bar, § 52; Loening, S. 267.

[6]) Landsberg, III 1, S. 213; auch für Kress kommt es bei den Delikten nach Naturrecht, die er von den Delikten nur nach positivem Recht unterscheidet, mehr auf die sana ratio als auf die variantes formulae juris civilis an, Kress, Kommentar, 112, 113 n. 2, zit. v. Bar, § 53.

Dennoch handelt es sich bei diesem Abweichen der Rechtswissenschaft vom positiven Gesetz noch um Ausnahmen. Sie hat ihr Hauptaugenmerk noch bis zum letzten Viertel des 18. Jahrhunderts auf die Entwicklung des geltenden Rechts gerichtet. Die Philosophie bleibt noch Hilfswissenschaft[1]). Zu dem geltenden Recht gehörte aber auch der Gerichtsgebrauch. Dieser hatte sich bereits wesentlich von dem gesetzten Recht entfernt[2]).

Nachdem aber die Strafrechtswissenschaft immer mehr dazu übergegangen war, die positiven Satzungen mit den Forderungen des Naturrechts zu vergleichen und ihre Mängel und Lücken herauszufinden, wurde das positive Recht nicht mehr dashalb anerkannt, weil es galt, sondern nur, soweit es vernünftig war. Wenn dies nicht der Fall war, wurde es aus der naturalis ratio ergänzt und verbessert. Was sich mit der Vernunft aber nicht vereinbaren ließ, wurde mit Abscheu zurückgewiesen[3]).

2. *Der Einfluß des deutschen Idealismus*

Den Höhepunkt dieser Entwicklung finden wir unter dem Einfluß des deutschen Idealismus in den beiden ersten Jahrzehnten des 19. Jahrhunderts. Die Philosophie wollte „nicht Freundin, sondern Gebieterin der Rechtswissenschaft sein, sie wollte nicht bloß lehren, sondern herrschen. Das Positive lag als verächtliche Materie zu ihren Füßen und ward zertreten, sobald es sich nicht ihren Formen bequemte[4])".

Tittmann lehrte: „Naturrecht ist der Grund allen und jeden Rechts ... wenn es sich nicht rechtfertigen läßt, ... so ist es Anmaßung eines Rechts und Verletzung der Freiheit[5])". Er schränkte zwar die Befugnis zur Verbesserung des Rechts auf die Rechtswissenschaft ein, schwächte aber diesen Grundsatz an anderer Stelle wieder ab. Er stellte fest, daß sich der Urteilssprecher in der Notwendigkeit befinden könne, eine gesetzwidrige Strafe zu bestimmen, um ein gerechtes Urteil zu fällen. So wie das Gesetzliche rechtswidrig sein könne, so könne auch das Gesetzwidrige vollkommen rechtlich sein[6]).

Gerstäcker folgerte aus der rechterzeugenden Kraft des Gerichtsgebrauchs eine Art Gesetzgebungsrecht der Gerichte. Daneben aber – und hier wirkt Gerstäckers Formulierung fast modern – könne dem Kriminalrichter „das Recht, unvernünftige Gesetze unangewendet zu lassen oder grausame zu mildern, der Natur der Sache und des Richteramtes nach kaum abgesprochen werden. Ein Richter soll nach den Gesetzen, aber auch

---

[1]) Loening, S. 267.

[2]) Boldt, S. 28 und Anm. 28 über die Kontroversen in der Beurteilung der damaligen Situation durch das neuere Schrifttum.

[3]) Loening, S. 275.

[4]) Feuerbach, S. 300; mit weiteren Nachweisen: Schwinge, Wesensschau, S. 6.

[5]) Versuch über die wissenschaftliche Behandlung des peinlichen Rechts, S. 35, zit. Loening, S. 306.

[6]) Tittmann, Über die Grenzen der Philosophie in einem System der Strafrechtswissenschaft, S. 36–46, zit. Loening, S. 307 einerseits und Tittmann, Neues Archiv I, S. 352 ff., zit. Loening, S. 307 andererseits.

nach seinem Gewissen urteilen". Und wie wir es im modernen Naturrecht wiederfinden werden, darf der Richter nur im Falle der Notwendigkeit gegen das positive Gesetz entscheiden. Notwendig ist das Abweichen vom Gesetz für Gerstäcker „überall, wo wissenschaftliche Einsicht und allgemeine Volks- und Zeitalterstimmen die Basis und den Zweck eines Gesetzes als widerrechtlich und vernunftwidrig darstellen[1])".

Das individuelle Denken der Aufklärungszeit brachte es mit sich, daß aus der Vernunft die verschiedensten Systeme abgeleitet wurden, welche die verschiedensten materialen Gehalte aufweisen konnten, die wiederum auf dem Gebiete des Strafrechts zu den unterschiedlichsten Lösungen führen konnten.

So brachte Kleinschrod, durch „vernünftige" Überlegungen begründet, Schwere, Art und Dauer der verschiedenen Strafen in ein mathematisches Verhältnis. Er bekannte „sehr gern, daß in der ganzen Lehre immer viel Willkürliches bleiben und ein Mangel fester Bestimmungen sein wird" und räumte ein: „Aus dem positiven Recht können wir keine Aufklärung über diese Lehre erhalten[2])". Hinzu kommt noch die Schreibfreudigkeit jener Zeit. Wissenschaftliche Veröffentlichungen waren nicht mehr das Privileg einiger weniger führender Geister. Es wurde von allen Seiten an den Gesetzen und an der Rechtsprechung Kritik geübt. Daher klagte Malblank bereits 1783: „In unserer neuesten Zeit sind vollends die philosophisch-politischen Räsonnements über die Gebrechen der Kriminaljustiz und ihre Verbesserung zu einem solchen Lieblingsgegenstand der Schriftstellerey und Lektüre geworden, daß das Publikum jeder Messe mit einem ganzen Schwarm solcher Schriften überschwemmt wird[3])."

Die Frage, wie sich der Richter einem naturrechtswidrigen Gesetz gegenüber zu verhalten habe, ist uneinheitlich beantwortet worden. Dies mag einmal seine Ursache in einem gewissen Mißtrauen der Gelehrten gegenüber den Laienrichtern gehabt haben. Zum andern darf auch der Einfluß Beccarias nicht übersehen werden, der wie Montesquieu und auch die absolutistische Richtung des Naturrechts eine strenge Bindung des Richters an das Gesetz fordert und es ihm verbietet, das Gesetz auszulegen. in unmißverständlicher Deutlichkeit erklärt Beccaria: "Ciascun uomo ha il suo punto di vista; ciascun uomo in differenti tempi ne ha uno diverso. Lo spirito della legge sarebbe dunque il risultato di una buona o cattiva logica di un giudice, di una facile o malsana digestione; dipenderebbe dalla violenza delle sue passioni, dalla debolezza di chi soffre, dalle relazioni del giudice con l'offeso, e da tutte quelle minute forze che cangiano le apparenze di ogni oggetto nell'animo fluttuante dell'uomo[4])."

Auch Kleinschrod sieht es als die Hauptaufgabe des Richters an, „daß er die Gesetze genau befolget und wenn ein Verbrechen begangen

[1]) Neues Archiv, VI S. 463–491, zit. Loening, S. 307, 308.
[2]) Kleinschrod, Teil II, § 127.
[3]) S. 256.
[4]) Cesare Beccaria, Dei delitti e delle Pene, Parigi, 1828, cap. IV, S. 14.

ward, die ordentliche Strafe vollstreckt[1])" und er wendet sich gegen die ausdehnende Auslegung der Strafvorschriften unter Berufung auf Art. 104 CCC[2])

Zirkler dagegen setzt sich für die verdeckte Entscheidung gegen das Gesetz ein. Wenn Positionen ohne Räson seien, wenn sie zu Ungerechtigkeiten Gelegenheit gäben, „so liegt die Schuld am Ausleger, der die Kunst verstehen muß, ein Verbrecher des Gesetzes zu sein, um es im Geist und in der Wahrheit anzuwenden[3])".

Über das Verhältnis zwischen Naturrecht und positivem Recht und über die Grenzen der Staatsallmacht ist es in der Zeit der Aufklärung weder zu einer einheitlichen Auffassung, noch zu klaren Forderungen gekommen. Der Vorwurf Bergbohms, unter hundert Autoren des Naturrechts bemühe sich kaum einer, die Pflichtenkollision des Richters zu lösen, ist wohl übertrieben, aber im Kern nicht unberechtigt[4]).

c) Der Gerichtsgebrauch im 18. Jahrhundert

Die zunächst noch gesetzestreue Einstellung der Rechtswissenschaft hat ebensowenig wie die spätere unterschiedliche Stellungnahme auf die Praxis der Gerichte einen wesentlichen Einfluß gehabt. Für die Entscheidung gegen das Gesetz in verdeckter Form hatte die Rechtsprechung bereits im 17. Jahrhundert weitreichende Handhaben erhalten, die sie nun dafür verwendete, die Rechtsprechung in Einklang mit dem Rechtsbewußtsein des Volkes zu bringen. Man empfand den Zwiespalt zwischen dem überlieferten Recht und den bestehenden Rechtsanschauungen und Rechtsbedürfnissen. Die Gerichte versuchten, die Spannung zu überbrücken oder wie Gerstäcker sagt: „Die Dikasterien schämten sich, während der helle Tag alle Wissenschaft anglänzte, in den verlangten Urteilen nur die Blutflecken einer tyrannischen Zeit, nur den Rost der Veraltung darstellen zu sollen[5])."

Der Gerichtsgebrauch hat auch im 18. Jahrhundert die richterliche Willkür einschränken können. Aber es dürfte zu weit gehen, von einer gesetzes-

---

[1]) Teil II, § 125.

[2]) Teil II, § 118.

[3]) Revision der wichtigsten Lehren des positiven Rechts, I, S. 39 ff., zit. Loening, S. 306.

[4]) Bergbohm, S. 405, Anm. 22: über die unklare Haltung schon von Grotius: Del Vecchio, ARSP 38, 165; Welzel, mat. Gerechtigkeit, S. 123; Erik Wolf, Rechtsdenker, S. 284; Gierke hat die Linie des Absolutismus aufgedeckt, die sich durch die Entdeckung des Souveränitätsbegriffes abzeichnete (Althusius, S. 275, 277, 302); die absolutistische Linie war streng positivistisch; über den Positivismus bei Hobbes: Gierke, Althusius, S. 292; Hölscher I, § 27 A 5; Welzel, mat. Gerechtigkeit, S. 113, 114; über den Positivismus des Thomasius, der das Recht scharf von der Moral trennt: Welzel aaO. S. 162; Erik Wolf, Rechtsdenker, S. 379; andererseits erklärte Christian Wolf: Si superior imperat legi naturae repugnantia, oboediendum non est (Bd. VIII, § 1044); über die naturrechtlichen Wurzeln des Widerstandsrechtes, das aber zugleich im Ständestaat eine positive Grundlage hatte, Wolzendorff, S. 71 ff.; Fritz Kern, S. 169 und 204 ff.; vgl. auch Sauer, Sozialphilosophie, S. 427 ff.

[5]) Gerstäcker, Neues Archiv VI S. 475, zit. Loening, S. 274; vgl. auch Loening, S. 273.

treuen Handhabung der Rechtsprechung durch die Spruchgerichte zu sprechen, wie es Hegler tut[1]). Dies beweisen vor allem die zeitgenössischen Stimmen, aus denen zu erkennen ist, daß die Entscheidung gegen das Gesetz in verdeckter Form bewußt erfolgte.

So berichtet Malblank 1783 von dem älteren Meister: „Der verstorbene Meister zeigte in seinen peinlichen Erkenntnissen überall das menschenfreundlichste Herz und besaß in hohem Grade die Stärke, seine überaus gesunden Grundsätze mit den Gesetzen so schicklich zu vereinen, daß man niemals eine gewaltsame Abweichung davon bemerkte und er doch überall seinen Zweck erreichte[2])."

Gmelin berichtet in der Vorrede zu seinen „Grundsätzen der Gesetzgebung über Verbrechen und Strafen" (1785) von der Praxis seiner Zeit, daß sie „sich nach und nach zu den gereinigten und vernünftigen Grundsätzen der Menschlichkeit so sehr bequemt und die vorhandenen Gesetze großenteils mit denselben ebenso gut zu vereinigen weiß, daß gewiß zu einer vernünftigen Gesetzgebung über Verbrechen und Strafen sehr vieles vorgearbeitet ist; ich habe das Glück, seit mehreren Jahren in einem Spruchkollegium zu sein, welchem sehr viel peinliche Fälle zur Entscheidung zugeschickt werden und kann versichern, daß ich nur äußerst selten mich durch allzu deutliche Gesetze in der Notwendigkeit befunden habe, wider jene Grundsätze oder wider mein inneres Gefühl einem Urteil beizustimmen[3])".

Auch die Spruchsammlung Hommels, die 1766–1779 erschien, zeigt, wie der Richter das positive Gesetzesrecht beiseite schob, um etwa die Folter zu umgehen oder Unzuchtsdelikte, Blasphemie, Autochirie usw. mit derjenigen Milde zu ahnden, die im Gegensatz zu dem gesetzten Recht der aufgeklärten öffentlichen Meinung angemessen erschien[4]).

Während die maßgeblichen Geister der Aufklärung sich vor allem an den Gesetzgeber wandten und es darauf abstellten, durch Reformen des geltenden Rechts die naturrechtlichen Forderungen durchzusetzen, auch noch die Strafrechtswissenschaft grundsätzlich die Bindung des Richters an das Gesetz forderte, setzten sich die Gerichte mithin in weitem Umfange über das geltende Recht hinweg. Durch den Gerichtsgebrauch war die richterliche Willkür eingeschränkt.

d) Die Stellung des Richters zum Gesetz um die Wende des 18. zum 19. Jahrhundert

Im Ausgang des 18. und in den ersten beiden Jahrzehnten des 19. Jahrhunderts aber strömte auf den Richter, der sich wie die Doktrin verpflichtet

[1]) Insbes. §§ 7 und 8.
[2]) S. 249.
[3]) Zit. Loening, S. 274; daselbst weitere Stimmen von Hommel, Graf Soden, Gerstäcker; vgl. auch das von Oppenheim, S. 104 Anm. 4 wiedergegebene Urteil des Leipziger Schöppenstuhls; ferner Bergbohm, S. 224 und die in Anm. 13 zit. ältere Literatur.
[4]) Hommel, Rhapsodia quaestionum in foro quotidie obvenientium neque tamen legibus decisarum, zit. E. Schmidt, Geschichte, § 215.

fühlte, die Gesetze wissenschaftlich anzuwenden, die ständige Kritik, verbunden mit den allgemeinen Lehren der Strafrechtswissenschaft in einem bisher noch nicht erlebten Umfange ein. Die Entscheidung mußte der Richter aus seiner Vernunft holen und sich mit dem Gesetz so oder so abfinden. Da aber die verschiedenen philosophischen Systeme und ihre Konsequenzen weit voneinander abwichen, „entstand hieraus eine Unsicherheit, ein Schwanken und eine Verwirrung in der Rechtsprechung, gegen welche die früher durch den Gerichtsgebrauch selbst begründeten Abweichungen vom geschriebenen Recht als unbedeutend erschienen[1])". Jetzt setzte sich der einzelne Richter mit einer subjektiven Entscheidung über das Gesetz hinweg. Der Praxis ging damit „allmählich jedes objektive Kriterium für das, was Recht ist, verloren[2])".

Diese Haltung der Gerichte und der Rechtswissenschaft gegenüber dem geltenden Gesetz hat ihre historische Berechtigung. Es wäre falsch, die Leistung jener Epoche mit dem Hinweis auf die Willkür der Entscheidungen und der damit verbundenen Rechtsunsicherheit schmälern zu wollen. Es galt, die mittelalterlichen Strafen in ein dem neuen humaneren Empfinden der Neuzeit entsprechendes Strafsystem umzuwandeln. Dieser Aufgabe konnte der Gesetzgeber, genauer die Vielzahl der Gesetzgeber, in Deutschland nicht gerecht werden. Das Reich war ohnmächtig und zur Gesetzgebung nicht imstande. Den einzelnen Landesherren fehlte oftmals die politische und geistige Kraft zu einer umfassenden Partikulargesetzgebung. Auch in Preußen waren jahrzehntelange Vorarbeiten und die Überwindung innerer Widerstände erforderlich, bis die Justizreform beendet war. So kam es in den Ländern zunächst nur zu Einzelmaßnahmen.

e) Der Einfluß Feuerbachs und der Kodifikationen

Feuerbach ist zum Führer einer Gegenbewegung, die eine strenge Bindung des Richters an das Gesetz forderte, geworden[3]). Wie Kant das Handeln aus reiner Pflicht als praktisches Prinzip aufstellt, so verficht Feuerbach das Handeln aus reiner Rechtlichkeit im Sinne von formaler Gesetzmäßigkeit. Nach dem Inhalt der Gesetze fragt Feuerbach nicht. Er schaltet Zweckmäßigkeitserwägungen und Nützlichkeitsgedanken für die Verhängung einer Strafe aus. Das Strafgesetz erhält den Sinn eines reinen Selbstwertes[4]).

Das Strafrecht muß nach Feuerbach bestimmt sein, denn nur so könne es an die Gesamtheit gerichtet werden und den psychologischen Zwang entfalten. Dieser Gedanke wurde von Feuerbach mit einer Unerbittlichkeit verfolgt, „in der etwas von dem Pathos des kategorischen Strafimperativs widerklingt[5])". Leidenschaftlich tritt Feuerbach zwar für die Unabhängig-

---

1) Loening, S. 330.
2) Loening, S. 330 mit weiteren Nachweisen.
3) Loening, S. 311.
4) Erik Wolf, Rechtsdenker, S. 553.
5) Grünhut, S. 91

keit des Richters von allen äußeren Einflüssen, insbesondere dem Befehl des Landesherren ein: „Der Ungehorsam ist dem Richter eine heilige Pflicht, wo der Gehorsam Treubruch sein würde gegen die Gerechtigkeit, in deren Dienst er allein gegeben ist. Ein König, welcher heute einem Richter eine Ungerechtigkeit befiehlt, kann ihn morgen dafür vor Gericht stellen, wenn er ihm Gehorsam erwiesen hat". Andererseits aber ist der Richter unbedingt dem Gesetz unterworfen. Der Richter empfange „gleich dem Mann der Verwaltung aus des Königs Hand sein Amt – aber ein Amt, das die Pflicht auf sich hat, keinem anderen Herrn zu dienen als der Gerechtigkeit". Gerechtigkeit aber ist für Feuerbach Wahrung und Erfüllung des Gesetzes. Daher hat der Richter „keinem anderen Willen zu gehorchen als dem Willen des Gesetzes[1])".

Eine Prüfung des Gesetzes auf seine Vereinbarkeit mit den Forderungen der Vernunft lehnt Feuerbach entschieden ab. „Ein Philosoph auf dem Richterstuhl ist in seiner Art nicht besser als ein Philosoph auf dem Thron, und wo man am scharfsinnigsten über das Recht raisoniert, wird gewöhnlich am schlechtesten nach Gerechtigkeit gehandelt[2])."

Es mußten aber erst die großen Kodifikationen in Kraft treten und damit die Forderungen der Aufklärung erfüllt werden, ehe die Gerichte sich streng an das Gesetz gebunden fühlten. Das Pr. ALR, das österreichische Gesetzbuch von 1786 (§ 29) und der Code Civil verboten dem Richter nicht nur die Entscheidung gegen das Gesetz, sondern auch die Auslegung des Gesetzes. Das Publikationspatent für das ALR – das preußische Naturrecht[3]) – vom 5. 2. 1794 schrieb vor: „... es soll kein Collegium, Gericht oder Justizbedienter sich unterfangen, ... das neue Landrecht nach besagten aufgehobenen Rechten und Vorschriften zu erklären oder auszudeuten; am allerwenigsten aber von klaren und deutlichen Vorschriften der Gesetze auf den Grund eines vermeinten philosophischen Raisonnements oder unter dem Vorwande einer aus dem Zweck oder der Absicht des Gesetzes abzuleitenden Auslegung, die geringste eigenmächtige Abweichung, bei Vermeidung Unserer höchsten Ungnade und schwerer Ahndung sich zu erlauben."

Der Positivierung des Naturrechts sollte der Positivismus in der Rechtsprechung entsprechen. Aber noch 1844 klagt Wächter: „Die wichtigsten Interessen der Bürger hängen von der Subjektivität der Gerichte und dem Streit wechselnder Theorien ab[4])."

Die Forderung Feuerbachs, strenge Bindung des Richters an das Gesetz und Unabhängigkeit des Richters von Befehlen des Landesherren, gibt der

---

1) Feuerbach, Richteramt, S. 282.

2) Feuerbach, Rechtswissenschaft, S. 296; irreführend stellt G. W. Becker Feuerbach als Kronzeugen seiner Thesen neben Reichel und Radbruch, SJZ 47, 489.

3) Erik Wolf, Rechtsdenker, S. 457.

4) Gemeines Recht Deutschlands, 1844, S. 233, zit. R. v. Hippel, § 17 Anm. 4; auch Ihering berichtet noch von dem Mitglied einer Juristen-Fakultät, das die Autorität des AHGB mit dem Bemerken zurückwies, das AHGB vermöge nichts gegen die Vernunft des Rechts und des römischen Rechts (S. 324).

Lehre des Konstitutionalismus Ausdruck, welche das Staatsrecht des 19. Jahrhunderts bestimmen sollte. Diese Lehre bedeutete aber Aufgabe der richterlichen Prüfungszuständigkeit. Sie führte zum Positivismus. Feuerbach hat die Forderungen dieser geistigen Entwicklung erkannt und zum Ausdruck gebracht: „Verfassung! Organisation! Gesetzgebung! das sind die großen Losungsworte unserer Tage, welche den einen schreckend, den anderen erfreuend, alle Gemüter ergreifen[1]).“

B. Die Praxis der Gerichte bis zum Ende des zweiten Weltkrieges

a) Die Rechtsprechung des RG

Die Rechtsprechung des Reichsgerichts war seit seiner Begründung im Jahre 1879 für die unteren Gerichte maßgeblich und vorbildlich. Es dürfte daher genügen, vorwiegend die Haltung des Reichsgerichts gegenüber der uns hier beschäftigenden Frage darzustellen. Das RG hat es während der gesamten Zeit seines Bestehens abgelehnt, ein Gesetz auf seine Übereinstimmung mit dem Sittengesetz zu überprüfen. Die Begründungen sind knapp. Bis zum Beschluß des III. ZS vom 25. Januar 1924[2]) ist keine Entscheidung ersichtlich, die sich ausdrücklich mit der Frage beschäftigte, ob der Richter ein Gesetz auf seine Übereinstimmung mit dem Sittengesetz prüfen darf.

Es waren nur einige Entscheidungen ergangen, die eine Prüfung bezüglich der Verfassungsmäßigkeit eines Gesetzes ablehnen. In diesen Entscheidungen wird der Einfluß des Positivismus Labands ersichtlich, vor allem seine Lehre, die Sanktion des Gesetzes und seine ordnungsgemäße Ausfertigung und Verkündung durch den Monarchen schließe jede richterliche Nachprüfung der Gesetze aus[3]). So heißt es bereits in einem Urteil aus dem Jahre 1883, die Frage, ob ein Gesetz ohne Abänderung der Verfassung erlassen werden dürfe, sei der Nachprüfung durch den Richter entzogen[4]). In einer Entscheidung im 77. Bande wird ausdrücklich auf Laband Bezug genommen. Es fehle, „da das Gesetz vom Bundesrat und vom Reichsrat beschlossen und ordnungsgemäß verkündet ist, für den Richter an jedem Anlaß, an dem ordnungsgemäßen Zustandekommen auch gemäß Art. 78 der Reichsverfassung zu zweifeln“[5]). Erst nach dem ersten Weltkrieg erklärte sich das RG für befugt, Gesetze auf ihre Verfassungsmäßigkeit nachzuprüfen[6]).

---

[1]) Feuerbach, Rechtswissenschaft, S. 309.

[2]) RG 107, 315.

[3]) „Nicht jeder einzelne Richter oder Verwaltungsbeamte, sondern der Kaiser ist zum Wächter und Hüter der Reichsverfassung gesetzt.“ (Laband, II S. 41); ausführlich über die Haltung des RG E. Schmidt, Lehrkommentar, S. 213 Anm. 256; E. v. Hippel, DJZ 1928, 1517.

[4]) RGZ 9, 232 (236).

[5]) RGZ 77, 229 (231).

[6]) RGZ 102, 164; 107, 379; ausführlich unter Ablehnung der vom RG angenommenen Prüfungszuständigkeit W. Jellinek, JW 25, 454.

Im Zusammenhang mit den Gesetzen, welche sich mit den Folgen der Inflation beschäftigten, wird zum ersten Mal die uns angehende Frage gestellt und die Prüfungszuständigkeit ausdrücklich und unmißverständlich verneint. Das RG beruft sich auf die unbeschränkte Souveränität des Gesetzgebers. „Der Gesetzgeber ist selbstherrlich und an keine anderen Schranken gebunden als diejenigen, die er sich selbst in der Verfassung oder anderen Gesetzen gezogen hat[1])."

Auch der Entscheidung vom 4. 11. 1927, in der das RG dem § 1 des Pr. Kommunalbeamtengesetzes von 1899 (GS S. 141) die Anwendung versagte, weil er etwas „geradezu rechtlich Unmögliches und Undurchführbares angeordnet" habe, kann eine richterliche Prüfungszuständigkeit nicht entnommen werden, obwohl die Beweisführung des RG dafür zu sprechen scheint.

Durch die fragliche Vorschrift wurde bestimmt, daß die Anstellung eines Kommunalbeamten durch Aushändigung einer Anstellungsurkunde erfolge. Das RG hatte darüber zu entscheiden, ob der Kläger, dem Hoheitsfunktionen übertragen worden waren, dem aber die nach § 1 vorgesehene Urkunde nicht ausgehändigt war, dennoch Beamter geworden ist. Das RG ging davon aus, daß derjenige, dem die Ausübung von Hoheitsfunktionen übertragen worden ist, „aus dem inneren Wesen der Sache heraus Beamter" sei. Nachdem es so den Beamtenbegriff bestimmt hatte, erschien es ihm begrifflich unmöglich, die Beamteneigenschaft von der Aushändigung einer Urkunde abhängig zu machen. „Der Gesetzgeber würde, wenn er mit jener Vorschrift die Kundgebung des Anstellungswillens durch Übertragung von Dienstverrichtungen öffentlich-rechtlicher Art hätte ausschließen wollen, etwas geradezu rechtlich Unmögliches und Undurchführbares angeordnet haben. Eine solche Vorschrift würde sich über die Schranken hinwegsetzen, die dem Gesetzgeber durch den mit innerer Notwendigkeit gegebenen Zusammenhang zwischen der Betätigung von Hoheitsakten und der amtlichen Stellung gezogen sind und würde deshalb keine Beachtung verdienen[2])." Das RG hat in Wahrheit aber nur die damals streitige Frage, ob die Aushändigung der Beamtenurkunde deklatorische oder konstitutive Bedeutung habe, entschieden. Es hat kein materielles Prüfungsrecht ausgeübt. Die Entscheidung ist ein Musterbeispiel der damals ausklingenden Begriffsjurisprudenz, aber für die hier anstehende Frage ohne Bedeutung[3]).

Fraglich aber erscheint, ob das RG nicht in der Entscheidung vom 28. November 1923, durch die den Währungsgesetzen von 1914 die Anwendung versagt wurde, den Boden des Gesetzes verlassen hatte. Das RG hat aber

---

[1]) RGZ 118, 325 (327); ähnlich auch der 11. ZS des Pr. Kammergerichts DJZ 1924, 107; an anderen Stellen löst das RG das übergesetzliche Problem durch Hinweis auf die §§ 1 GVG und 336 StGB (RGZ 144, 306 [310]); in RG JW 31, 2469 wird auf die Schwierigkeiten der Nachprüfung hingewiesen und ebenfalls die Prüfungszuständigkeit verneint.

[2]) RGZ 125, 420 (421).

[3]) So auch Boehmer, II, 1 S. 84; I S. 227; über den Streitstand bezüglich § 1 KBG Brand, Beamtenrecht, 3. Aufl. 1928, § 18.

nicht gegen die Gesetze von 1914 entschieden, weil diese unsittlich gewesen sind, sondern weil durch den völligen Währungsverfall die Voraussetzungen für die Anwendung dieser Gesetze in Wegfall gekommen waren. Man könnte sagen, nicht der Richterspruch, sondern die Zeitverhältnisse haben zu einer Aufhebung des überholten Gesetzes geführt. Die Entscheidung gegen das Gesetz begründet das RG mit der Erwägung, daß bei einem Widerstreit zwischen den Währungsgesetzen von 1914 und dem Gedanken von Treu und Glauben auf Grund der totalen Entwertung der letztere Gedanke den Vorrang haben müsse. Es „müssen die Währungsvorschriften zurücktreten, weil, wie dargetan, bei ihrem Erlaß die Möglichkeit eines derartigen Währungsverfalls . . . nicht in Betracht gezogen war"[1]).

b) Die Eingabe des Vorstandes des Richtervereins beim RG

Kann man bei dieser Entscheidung zweifeln, ob sie contra legem ergangen war, so sah es der Vorstand des Richtervereins beim Reichsgericht in der bekannten Eingabe an die Reichsregierung vom 8. Januar 1924 eindeutig als richterliche Pflicht an, Gesetze auf ihre Übereinstimmung mit dem Gedanken von Treu und Glauben zu prüfen und ihnen im Falle des Widerstreits die Anwendung zu versagen[2]). Diese Eingabe zeigt, daß zumindest einige der Richter am Reichsgericht nicht bereit waren, kritiklos jede Maßnahme des Gesetzgebers hinzunehmen und die Möglichkeit für eine Entscheidung gegen das Gesetz bestand[3]).

Zeiler, der Urheber jener Eingabe, berichtet, die Reichsregierung habe geplant, mit gesetzlichen Maßnahmen die von der Rechtsprechung eingeleitete Aufwertung von Geldforderungen wirkungslos zu machen. Nach dem Gesetzentwurf sollten den Gläubigern keinerlei Aufwertungsansprüche für die mit wertlosem Inflationsgeld getilgten Forderungen zustehen[4]). Dies aber hätte zu einer „unerhörten Entrechtung" der Gläubiger geführt und Millionen mit ihren Familien zu Bettlern gemacht. Der Mittelstand wäre zerschlagen worden „und in ihm die Volksschicht, die die beste Gewähr für eine ruhige Weiterentwicklung bot und ohne deren Bestehen auch die Wirtschaft empfindlichen Erschütterungen unterliegen mußte[5])". Dieser drohenden Katastrophe habe der Vorstand des Richtervereins mit der Eingabe entgegentreten wollen. Es sei keine Zeit gewesen, die Vollversammlung des Richtervereins einzuberufen, daher habe der Vorstand allein die Eingabe unterzeichnet. Allerdings bliebe fraglich, ob die Vollversammlung der Eingabe zugestimmt haben würde[6]). In einem gewissen Umfange habe die Eingabe

---

[1]) RGZ 107, 78 (88); über die Entscheidung: Zeiler, S. 154 ff.; JR 1925, 449; JR 1925, 843; Heck, AcP 122, 203 ff.; Grünhut, Unabhängigkeit, S. 12.

[2]) DRZ 1924, Sp. 7 = JW 24, 90.

[3]) Zeiler, S. 159.

[4]) S. 159.

[5]) Zeiler, S. 156; betont in Sorge um die Existenz des Mittelstandes auch Goldschmidt, der der Eingabe zustimmt, JW 24, 245.

[6]) S. 163.

auch ihre Wirkung nicht verfehlt, da die Dritte StNVO eine Aufwertung von 15 Prozent für die Vermögensanlagen gebracht habe, jenes geplante Gesetz aber nicht erschienen sei[1]).

In der Eingabe ist nicht geradezu ausgesprochen worden, das RG könne sich über ein verfassungsmäßig zustandegekommenes Gesetz hinwegsetzen, wenn es Treu und Glauben widerspräche, wie es der Entwurf Zeilers vorgesehen hatte[2]). In der Eingabe wurde nur gesagt, es könne eine unzulässige Rechtsausübung darstellen, wenn der Hypothekenschuldner das Recht, das ihm nach dem Gesetz zustehe, ausübe[3]). In der Sache selbst ist dadurch aber keine Änderung erfolgt, weil die exceptio doli im Ergebnis zur Außerkraftsetzung des geplanten Gesetzes geführt hätte[4]).

Diese ungewöhnliche Maßnahme des Vorstandes des Richtervereins ist im Schrifttum heftig diskutiert worden. Bieberstein nannte sie ein „Ruhmesblatt für unsere höchsten Richter"[5]). Goldschmidt sprach von „Gesetzesdämmerung"[6]), Rümelin dagegen von „Entgleisung"[7]). Aber auch der Präsident des Reichsgerichts, Simons, distanzierte sich von der Eingabe[8]). Der Versuch des Vorstandes des Richtervereins, den Mittelstand zu schützen, fällt in die Augen. Verständlich wird die Eingabe vor dem Hintergrunde jener unruhigen Zeit. Aber bereits zwei Wochen später, am 25. Januar 1924, entschied der III. ZS beim RG, „daß grundsätzlich der Richter überhaupt nicht befugt ist, einem ordnungsgemäß erlassenen Gesetz seines Inhalts wegen die Anerkennung abzusprechen[9])".

c) Die Rechtsprechung des RG im Dritten Reich

Auch während der Zeit des Nationalsozialismus hielt das RG streng an dem Gedanken der Gesetzesgebundenheit des Richters fest. „Auch der Wandel in der Auffassung von Recht und Staat entbinden den Richter, vor allem den Strafrichter, nicht von der Treue gegenüber dem Gesetze[10])."

---

1) S. 165.

2) Zeiler, S. 157: „Daß das Verbot (sc. der Aufwertung) unverbindlich, nichtig sei als ein Verstoß gegen Treu und Glauben, oder als unsittlich seiner unsittlichen Folgen wegen, oder als eine des Rechtsgrundes entbehrende Enteignung, oder als eine dem verfassungsmäßig gewährleisteten Grundsatz der Allgemeinheit der Besteuerung hohnsprechende Steuer."

3) JW 24, 90.

4) Zeiler, S. 158.

5) S. 151.

6) JW 24, 245.

7) Acp 122, 266.

8) DJZ 24, 241; weitere ablehnende Stellungnahmen: Hachenburg, DJZ 24, 203; E. v. Hippel, AÖR 57, 120; Grünhut, Unabhängigkeit, S. 12; Hedemann, DJZ 24, 187; Dessauer, S. 11; Jacusiel, DRZ 25, 71; Karger, DJZ 24, 135; Matthiesen, DRZ 24, 41; Nöldecke, MDR 49, 538; Stoll, IJ 76, 203; Poetzsch, DJZ 24, 339; Schmoschewer, DRZ 25, 74; bei Morstein Marx findet man den Vorwurf „Klassenjustiz" (S. 96); der Reichsjustizminister spricht von „Auflösung der Rechtsordnung" (DRZ 24, 40); weiteres Schrifttum bei Zeiler, S. 164.

9) RGZ 107, 315 (317).

10) RGSt 73, 398.

Diese gesetzestreue Haltung bewahrte auch das RG wenigstens in den ersten Jahren der nationalsozialistischen Herrschaft vor einer Ausweitung strafrechtlicher Normen auf Grund des § 2 StGB in der Fassung vom 28. 6. 1935. Die Vorschrift sah die analoge Anwendung des Strafgesetzbuches vor, wenn eine Handlung nach „gesundem Volksempfinden" strafbar war. Matthiesen hatte zu Recht festgestellt, der Gehorsam des Richters gegenüber dem Gesetz „mag es ihm inhaltlich noch so unbillig erscheinen, ... ist für den deutschen Richter eine einfache, ihm in Fleisch und Blut übergegangene Selbstverständlichkeit"[1]).

d) Die Rechtslehre des Nationalsozialismus

Vor der Erörterung der Rechtsprechung der Instanzgerichte während des Dritten Reiches soll ein Blick auf die Rechtslehre des Nationalsozialismus geworfen werden. Diese Lehre war erkennbar von dem einen Gedanken getragen, die nationalsozialistische Machtherrschaft zu stärken. Gesetze, die von dem damaligen Machthaber erlassen waren, mußten unbedingt und auf jeden Fall angewendet werden. Man versagte dem Richter ein materielles Prüfungsrecht, weil die von dem Führer und Reichskanzler erlassenen Gesetze eine „autoritative Interpretation des Rechtsgewissens des Volkes" darstellten[2]). Auch gestatte das Führerprinzip nicht eine Durchbrechung durch das richterliche Prüfungsrecht. Der „Führer" entdecke und fördere nicht nur das Recht, sondern er gestalte es auch durch seine Willensentscheidungen[3]).

Man faßte zwar den „ungewöhnlichen Fall" ins Auge, daß ein Gesetz nach der Ansicht des Richters nicht dem Rechtsgewissen entspreche[4]) oder „Einzelregelungen mit der herrschenden Lebensordnung (und damit auch dem Rechtsgefühl als ihrem Unterbau) nicht ganz in Einklang stehen". Dennoch aber sei auch ein solcher „Führungsakt" verbindlich und dem „wahren Gemeinschaftswillen entsprechend"[5]). Für die Kampfgesetze gegen das Judentum berief man sich auf den Begriff der „politischen Gesetze", da sie mit dem Rechtsbewußtsein nicht vereinbar schienen. Nach dieser Lehre gibt es Normen, die weder gerecht noch ungerecht, sondern politisch sind. Sie dienen zur Bekämpfung des Feindes und zur Erhaltung der eigenen Existenz. Diese Gesetze seien nur aus diesem Gesichtspunkt heraus zu beurteilen. Die politischen Prinzipien wurzelten aber nicht im Rechtsgewissen[6]). Die Ansichten, wie sich der Richter gegenüber den Gesetzen aus der vornationalsozialistischen Zeit zu verhalten habe, gingen ausein-

---

[1]) DRZ 1924, 42.

[2]) Franzen, S. 27 und 34; ferner vor allem Huber, S. 282.

[3]) Eichhorn, S. 322; Halberkann, S. 64; Lühr, S. 33; vgl. auch Binder, Rechtsphilosophie, 1937, S. 345; Larenz, Rechtserneuerung, S. 34; bei Franzen, S. 16 und 17 weiteres Schrifttum.

[4]) Franzen, S. 33.

[5]) Halberkann, S. 64.

[6]) Franzen, S. 19 und 20, unter Berufung auf die Freund-Feind-Theorie Carl Schmitts.

ander. Diese Gesetze waren zum Teil den nationalsozialistischen Absichten im Wege, ihre radikale Beseitigung aber erschien zunächst nicht zweckmäßig. Vor allem aber hätten die jüdischen Bevölkerungsteile auf Grund dieser Gesetze Anspruch auf gleiche Behandlung gehabt. Daher forderte man vom Richter die Nichtanwendung der Gesetze, die mit dem politischen Programm des Nationalsozialismus im Widerspruch standen. Man bezeichnete diese Gesetze dann als „materiell überholt" und daher auch „formell außer Kraft" oder als „stillschweigend aufgehoben"[1]).

Es sollte auch die nationalsozialistische Weltanschauung als unmittelbare Rechtsquelle, vor allem bei der Auslegung der Generalklauseln, berücksichtigt werden. Man scheute auch nicht davor zurück, Entscheidungen gegen das Gesetz in verdeckter Form zu verlangen, wenn das Ergebnis „mit den Geboten der völkischen Sittenordnung" nicht übereinstimme. Es wurde die Auslegung des Gesetzes und die Auslegung der maßgeblichen Willenserklärungen angeraten und davor gewarnt, das Ergebnis der Beweisaufnahme „weltfremd" zu würdigen. Der Einwand der unzulässigen Rechtsausübung wurde als „hervorragendes Mittel des wahren, dem gesunden Volksempfinden entsprechenden Rechts" empfohlen[2]).

Andere wiederum sahen auch die übernommenen Gesetze, weil sie nicht ausdrücklich aufgehoben waren, als verbindlich an. Durch Novellen und durch die Überleitung der Revolution in eine Evolution hätten die übernommenen Gesetze einen neuen Geltungsgrund erhalten[3]). Das Strafrecht versuchte man durch die Einführung der phänomenologischen Betrachtsweise nationalsozialistischen Zwecken gefügig zu machen. Dieser Versuch mißlang[4]).

Im ganzen zeigt das nationalsozialistische Denken einen antinomischen Charakter. Boehmer, der auch auf die Bestrafung „nach gesundem Volksempfinden" auf Grund des § 2 StGB in der Fassung vom 28. 6. 1935 hinweist, stellt zu Recht ein undiszipliniertes Schwanken zwischen zügellosem Freirecht und subalternem Gesetzespositivismus fest[5]).

In dieser Haltung werden die Gefahren offenbar, denen Rechtswissenschaft und Rechtsprechung ausgesetzt sind, wenn sie sich einer Weltanschauung ausliefern. Der Schutz gegen die Überwucherung der Rechtspflege mit nationalsozialistischem Gedankengut und damit auch der Schutz des Einzelnen, war die Berufung auf die Normen des positiven Gesetzes.

---

[1]) Freisler, DJ 35, 1163, zit. Eichhorn, S. 322; Eichhorn, S. 323.

[2]) Eichhorn, S. 323; Halberkann, S. 81; weiteres Schrifttum auch über die „rassegesetzliche Rechtslehre" bei Franzen, S. 15; über die Stellung des Nationalsozialismus zum Naturrecht, Beyer, Besinnung, S. 45; vgl. neuerdings Schultes bei der Untersuchung der Prüfungszuständigkeit des Richters in der DDR, Neue Justiz 48, S. 5 und 8.

[3]) Franzen, S. 30, 31.

[4]) Über die Methode der Phänomenologie im Strafrecht und ihre Abwehr durch Schwinge und Zimmerl, dieselben in „Wesensschau und konkretes Ordnungsdenken" und Schwinge, in „Irrationalismus und Ganzheitsbetrachtung in der deutschen Rechtswissenschaft".

[5]) 2. Buch, Abt. 1, S. 215.

Eine Berufung auf ein Naturrecht, wie es jetzt verstanden wird, oder das Sittengesetz wäre ein nutzloses und gefährliches Unterfangen gewesen. Aber auch der Nationalsozialismus rechtfertigte seine Maßnahmen ideologisch als „Naturrecht"[1]) und verlangte vom Richter, er solle „aus seinem Rechtsgewissen heraus Recht schöpfen"[2]).

e) Die Rechtsprechung der Instanzgerichte im Dritten Reich

Der Einfluß nationalsozialistischer Lehren machte sich bei einzelnen Gerichten niederer Instanzen geltend, die Gesetzen aus der Zeit vor 1933 die Anwendung versagten, weil sie mit der nationalsozialistischen Weltanschauung nicht vereinbar seien. Es handelt sich dabei nur um Ausnahmen, die aber in dem Wortlaut ihrer Begründung ohne weiteres die Entscheidung gegen das Gesetz erkennen lassen. Weil sie ein eindringliches Beispiel sind, auf welche Abwege eine Rechtsprechung geraten kann, wenn sie sich aus weltanschaulichen Gründen zur Entscheidung gegen das Gesetz für berufen hält, sollen diese Urteile hier noch einmal kurz skizziert werden.

Noch ehe die Nürnberger Gesetze erlassen waren, wurde festgestellt, ein Standesbeamter dürfe seine Hand nicht zu einer „unsittlichen Handlung", nämlich der Beurkundung der Eheschließung eines deutschblütigen Mannes mit einer Jüdin reichen[3]). Das Amtsgericht Wetzlar war der Ansicht, „daß die bestehenden gesetzlichen Bestimmungen die Eheschließung zwischen einem deutschblütigen Manne und einer Jüdin nicht verbieten". Es handele sich aber nur um einen „formalgesetzlichen Zustand". Es wäre „dem auf allen Gebieten der Gesetzgebung wie auch in dem gesamten amtlichen und halbamtlichen Schrifttum des Staates und der NSDAP zutage tretenden Streben ...., die durch Rassenmischung eingetretene Entartung des deutschen Volkes mit allen Mitteln und unverzüglich aufzuhalten und darüber hinaus den rassischen Wiederaufstieg des deutschen Volkes nach allen Seiten hin zu sichern ..., ein Schlag ins Gesicht, wollte der nationalsozialistische Staat gleichzeitig weiterhin Ehen zwischen Deutschblütigen und Juden zulassen. Der Einwand, daß trotz alledem solche Mischehen bisher gesetzlich noch nicht verboten seien, schlägt nicht durch." Das Amtsgericht ist der Ansicht, die nationalsozialistische Rechtsordnung habe „das artgemäße Gesetz des Sollens als Anforderung an jeden Einzelnen, seine innere Haltung und äußere Lebensführung allein auf das Wohl des Volkes auszurichten", aufgestellt. Mit diesem geltenden „Rechtssatz steht die Eheschließung eines deutschblütigen Mannes mit einer Jüdin im unlösbaren Widerspruch. Eine solche Eheschließung kann daher nicht mehr zugelassen

---

[1]) Beyer, Besinnung, S. 45.
[2]) Stuckart, DV 41, 192.
[3]) AG Bad Sülze, JW 35, 2309; damit wurde die allgemeine Geltung der §§ 11, 48 PStG aufgehoben. Auch eine derartige „Typenkorrektur" einer Norm ist eine Entscheidung gegen das Gesetz, weil der allgemeine Geltungsanspruch der Norm verneint wird (passim E. Schmidt, Lehrkommentar, S. 223).

werden, und der Staatsbeamte hat mit Recht den Erlaß des .... Aufgebots abgelehnt[1])."

Über die mißbräuchliche Anwendung nationalsozialistischer Gesetze durch den Volksgerichtshof und einige Sondergerichte, die einen Tiefstand deutscher Rechtspflege bedeutete, soll hier nicht berichtet werden.

Entscheidungen gegen nationalsozialistische Gesetze in offener Form sind nicht bekannt geworden. Unmittelbare Folge einer solchen Entscheidung wäre auch die Einlieferung in ein Konzentrationslager gewesen. In welchem Umfange Entscheidungen gegen das Gesetz in verdeckter Form ergangen sind, wird sich nur schwer nachprüfen lassen. Aber auch die „Flucht in den Tatbestand[2])" und ein daraus folgender Freispruch war in jener Zeit für den Angeklagten eine Gefahr. Es drohte die Verfolgung durch den Sicherheitsdienst. Nicht im geordneten Strafvollzug, sondern der Willkürbehandlung in einem Konzentrationslager rechtlos ausgeliefert, mußte der Betroffene für seine nach nationalsozialistischen Gesetzen strafbare Handlung büßen[3]).

C. Die Praxis der Gerichte nach dem zweiten Weltkrieg

Wie in der Rechtswissenschaft, so haben auch in der Rechtsprechung die Erfahrungen aus der Zeit der nationalsozialistischen Herrschaft zu einer Revision des positivistischen Standpunktes geführt. Die nunmehr vertretenen Meinungen weichen, wie dies auch in der Rechtswissenschaft der Fall ist, voneinander ab. Obwohl die Bekenntnisse zu einer richterlichen Prüfungszuständigkeit häufig sind, haben die Gerichte nur ganz ausnahmsweise gegen das Gesetz entschieden. Entscheidungen, in denen Gesetzen des Nationalsozialismus, auch für die Zeit ihrer formellen Geltungsdauer, die juristische Verbindlichkeit abgesprochen wurde, haben für unsere Frage nur einen bedingten Wert. Von der öffentlichen Meinung sind diese Gesetze unter Verruf gestellt worden. Ihnen nachträglich die Gefolgschaft zu versagen, ist etwas anderes als die Entscheidung gegen ein Gesetz, dessen Gesetzgeber noch an der Herrschaft ist. Es kommt der Gedanke hinzu, daß

---

[1]) AG Wetzlar, JW 35, 2083; H a l b e r k a n n kritisiert ein Urteil des AG Leipzig, welches ein Testament, durch das ein Jude unter Ausschaltung der gesetzlichen Erben zum Alleinerben eingesetzt worden ist, für nichtig erklärte. Das Testament widerspräche den guten Sitten. Halberkann ist der Ansicht, das Gesetz mit dem Inhalt der unbegrenzten Testierfreiheit bestehe nicht mehr. Ein Nichtarier könne nicht mehr von einem Arier zum Erben eingesetzt werden, S. 81 Anm. 285; gegen diese Tendenzen in der Rechtsprechung B o e h m e r , Jahrbuch der Akademie für deutsches Recht, 1939/40, S. 32 ff.

[2]) W. S a u e r , Sozialphilosophie, S. 246; G. W. B e c k e r , SJZ 47, 489.

[3]) Nachweise, wie die Gestapo sich über die gesetzlichen Bestimmungen und über rechtskräftige Urteile hinwegsetzte, bei K e r n , Geschichte, § 61 B I; über die Haltung der deutschen Richter während der nationalsozialistischen Zeit R a d b r u c h , SJZ 46, 57 ff.; B a d e r , „Die deutschen Juristen"; mit einer in der Allgemeinheit des Urteils unzutreffenden Mißachtung S c h i f f e r , „Deutsche Justiz", der S. 21 von der „peinlichen Nachbarschaft der Richter zu den Schergen Heinrich Himmlers" spricht; Charles M. La Folette, S. 24 ff.; über den Einfluß der Partei auf die Justiz, vor allem durch die Personalpolitik, K e r n , Geschichte, § 49.

die fraglichen nationalsozialistischen Gesetze entweder ausdrücklich oder stillschweigend außer Anwendung gesetzt worden sind. Es muß daher zumindest fraglich erscheinen, inwieweit jetzt noch aus ihnen Rechtsfolgen abzuleiten sind[1]).

Es sind nur wenige Entscheidungen gegen geltende Gesetze ergangen. Es handelt sich um die Entscheidung des Amtsgerichts in Kirchhain vom 27. Juni 1947[2]), die Entscheidung des Landgerichts in Gießen vom 18. 4. 1953[3]), eine Entscheidung des Landgerichts Frankfurt a. M. gegen das Reichsleistungsgesetz, das naturrechtswidrig sei, wenn es Privateigentum ohne Entschädigung in Anspruch nehme und eine Entscheidung des Amtsgerichts Wuppertal, das sich nicht an die Mindeststrafe für Einbruchsdiebstahl binden lassen will[4]). Fraglich ist, ob die Entscheidung des OLG Oldenburg vom 4. 10. 1949[5]) und des OLG Frankfurt vom 22. 4. 1953[6]) als Entscheidungen contra legem zu werten sind[7]).

Die Verfassungsgerichte nehmen für sich das Recht in Anspruch, Gesetze und Verfassungsnormen nicht nur auf ihre Verfassungsmäßigkeit, sondern auch auf ihre Übereinstimmung mit überpositiven Grundsätzen zu prüfen. Sie haben aber bisher noch keinem Gesetz die Anwendung versagt. Die Stellungnahme des Bundesverfassungsgerichtes wird unten dargestellt werden[8]). Hier sei noch auf die Entscheidung des Bayrischen VGH vom 24. 4. 1954[9]) und des Württemberg-Badischen VGH vom 2. 11. 1949[10]) verwiesen. Der Hessische Staatsgerichtshof hatte zunächst mit der Begründung, überpositive Normen gehörten nicht zu den Maßstäben der Normenkontrolle, seine Prüfungszuständigkeit verneint[11]). Er scheint sich aber nunmehr der Rechtsprechung des Bayrischen VGH anzugleichen[12]).

---

[1]) Wengler, JR 49, 67, insbes. S. 75, Anm. 66.

[2]) Ds 41/47 (nicht veröffentlicht) gegen die Verbrauchsregelungsstrafverordnung vom 6. 4. 1940, die in Anbetracht der zu knappen Lebensmittelzuteilung an Normalverbraucher im Jahre 1947 mit „dem ewigen Recht des Menschen zum Leben in Widerspruch" stände. Sie ist durch das Urteil der Strafkammer I des LG in Marburg a. d. L. vom 26. 2. 1948 5 Ns 61/47 (nicht veröffentlicht) wieder aufgehoben worden.

[3]) NJW 53, 666 zur Frage der Rechtswirksamkeit des Art. 117 Abs. III GG; über die übereinstimmende Ablehnung dieser Entscheidung vgl. Zusammenstellung in NJW 53, 984 und bei Krüger, NJW 53, 964, Anm. 2.

[4]) Beide Entscheidungen zit. Welzel, Rechtspositivismus, S. 280, 281.

[5]) NJW 50, 38.

[6]) NJW 53, 746 ff.

[7]) Das OLG Frankfurt brachte das Normenkontrollverfahren nach Art. 100 GG in Gang, weil es den Art. 117 Abs. III für ungültig erachtete; passim LG Duisburg, Beschluß vom 15. Juni 1953, DRPfl. 1953, 359; a. A. LG Lübeck, Beschluß vom 18. 5. 1953, 906.

[8]) S. 113 ff.

[9]) DÜV 50, 407 = VerwRSpr. 2, Nr. 65, S. 275, mit ablehnender Besprechung von Apelt, Gesetzgebungstechnik, S. 9; ferner Entscheidung vom 15. 10. 48, VerwRSpr. 1, Nr. 82, S. 253, insbes. S. 267 und die von Koellreuter, DÜV 51, 471, zit. Entscheidung vom 14. 3. 1951.

[10]) DRZ 49, 544.

[11]) Entscheidung vom 4. 8. 1950, AÜR 77, 323 (330) mit Anm. von Tietz, AÜR 77, 333.

[12]) Entscheidung vom 20. 7. 51, PSt. 76, zit. Bachof, S. 14.

Der BGH ist in mehreren Entscheidungen der Richtung in der Rechtsprechung beigetreten, die unter bestimmten Voraussetzungen eine Entscheidung gegen das Gesetz für rechtens hält[1]). Klare Unterscheidungsmerkmale, auf Grund deren ein unsittliches und daher unverbindliches Gesetz zu erkennen sei, sind in den Urteilen der Gerichte nicht aufgestellt worden. Es wird unten zu erweisen sein, daß dies auch in dem ausführlichen Urteil des BGH zu dieser Frage nicht gelungen ist[2]). Die unteren Gerichte beschränken sich darauf, auf das „Sittengesetz"[3]), „die allgemein anerkannten Grundsätze jeglichen Rechts"[4]), „die Natur des Menschen und die Natur des Rechts"[5]), auf die „Menschenrechte" und die „mit dem Wert und der Würde der menschlichen Persönlichkeit zusammenhängenden Grundsätze menschlichen Verhaltens" zu verweisen[6]). Das OLG Kiel wandte die Lehre Jellineks vom fehlerhaften Staatsakt entsprechend an[7]).

Eine bemerkenswerte Einschränkung macht das OLG Bamberg. Es stellt fest, das Heimtückegesetz und die KSSSTVO seien grob unbillige Gesetze, sie verstießen aber nicht gegen das Naturrecht. Denn sie forderten nicht ein positives Handeln, das durch göttliches oder menschliches Recht nach der Auffassung aller Kulturnationen schlechthin verboten sei. Sie geböten vielmehr unter Strafe ein Unterlassen, nämlich zu schweigen[8]). Diese Entscheidung ist beachtlich, weil sie, und darin dürfte sie einzig dastehen, mit dem Naturrecht Ernst macht, wie es etwa von Thomas von Aquin gelehrt worden ist, der Gehorsam auch gegenüber ungerechten Gesetzen verlangt.

Neben diesen Bekenntnissen zum Naturrecht finden sich aber auch in der gleichen Zeit Entscheidungen, in denen ausdrücklich eine Prüfungszuständigkeit verneint wird. Am deutlichsten wird diese Ablehnung in einer Entscheidung des OLG Hamburg vom 18. 6. 1947. Dort heißt es: „Das Revisionsgericht teilt nicht den in der Wissenschaft vertretenen Standpunkt, daß unter Umständen ein übergesetzliches Recht der Anwendung eines formell einwandfreien Gesetzes im Wege stehen könnte. Recht und Sittlichkeit sind getrennt zu halten. Die Geltung eines in Gesetzesform gehaltenen Befehls der Staatsgewalt ist nicht davon abhängig, ob er inhaltlich dem Sittengesetz

---

[1]) Beschl. d. Gross. Senats in Zivils. vom 28. 2. 1955, NJW 55, 905; BGHZ 3, 94 (107) unter Wiederholung der Radbruchschen Formel; BGHZ Urteil vom 11. 2. 1953 II ZR 51/52, NJW 53, 544 unter Rückgriff auf die Rechtsüberzeugung aller Kulturnationen; die Frage war zunächst in BGHZ 1, 274 offen gelassen worden.

[2]) BGHSt. 2, 234 (238); S. 89 dieser Untersuchung.

[3]) OGHSt. vom 26. 2. 49, NJW 49, 372 (373); OLG Stuttgart, Urt. v. 4. 9. 46, SJZ 46, 236 bei Prüfung einer Verwaltungsanordnung.

[4]) Kammergericht vom 29. 10. 46, SJZ 47, 257 (262) mit abl. Besprechung von Roemer, SJZ 47, 266; LG Bonn, Hinweis in „Deutsche Rechtsprechung" IV, 478 Bl. 26 mit abl. Besprechung von Geller in Justizministerialblatt Nordrhein-Westfalen 1948, 137.

[5]) OLG Frankfurt vom 12. 8. 47, SJZ 47, 62, mit Besprechung von Radbruch, SJZ 47, 633; AG Wiesbaden vom 13. 11. 45, SJZ 46, 36, mit Besprechung von Kleine, SJZ 46, 36 u. G. W. Becker, AcP 150, 97 ff.

[6]) OGHSt. 2, 271 (273); Schwurgericht Dresden, Neue Justiz 47, 195.

[7]) Urteil vom 26. 3. 47, SJZ 47, 323 (327) mit abl. Anm. von Arndt, SJZ 47, 330.

[8]) Beschluß vom 27. 7. 49, DRZ 50, 302.

widerspricht. Ein im Sinne der Rechtsphilosophie inhaltlich unrichtiges Gesetz verliert nicht dadurch seine bindende Kraft, daß es etwas für Recht erklärt, was vom Standpunkt der Ethik aus nicht Recht sein sollte[1])."

3. Die theologischen und geisteswissenschaftlischen Grundlagen der Stellung des Richters zum Gesetz

A. Die katholische Morallehre

Die katholische Moralphilosophie hat auf der Grundlage der Naturrechtslehre des Thomas von Aquin eine Lösung des uns beschäftigenden Problems entwickelt. Die Philosophie des Aquinaten ist durch die Encyclica Aeterni Patris vom 4. August 1879 des Papstes Leo XIII. und das Motuproprio Aeterni Patris Pius X. vom 1. September 1910 anerkannt und zur Wiederbelebung und Verbreitung aufs Wärmste empfohlen worden. Sie ist für die Philosophie der katholischen Kirche der Gegenwart verbindlich[2]).

a) Thomas von Aquin

Thomas unterscheidet vier Arten von Gesetzen:

1. die lex divina, durch die dem Menschen das ewige Ziel gegeben wird und das ihm in der Offenbarung gegeben ist[3]),
2. die lex aeterna, die unmittelbarer Ausdruck göttlicher Vernunft ist und die außer Gott und den Seligen niemand vollständig erforschen kann. „Legem aeternam nullus potest cognoscere, secundum quod in se ipsa est, nisi solus Deus et beati, qui Deum per essentiam vident[4])",
3. die lex naturalis, die für den Menschen durch die praktische Vernunft erkennbar ist. Die lex naturalis ist eine unvollständige und unvollkommene Wiederholung der lex aeterna. „Lex naturalis nihil aliud est quam participatio legis aeternae in rationali creatura[5])",
4. die lex humana seu positiva, das menschliche Gesetz, das eine Ausgestaltung der lex naturalis darstellt und seine verpflichtende Kraft, wie alle Gesetze, von der lex aeterna ableitet[6]).

Soweit ein menschliches Gesetz der Vernunft entspricht, ist seine verbindliche Kraft für Thomas offenbar. Aber auch das ungerechte Gesetz, das mehr Zwang und Gewalt ist als Gesetz, leitet sich von der lex aeterna ab, weil dem Gesetzgeber dieses Gesetzes die Gewalt von Gott verliehen ist[7]).

---

[1]) Ss 37/47, SJZ 48, 37 mit abl. Besprechung von Erdsiek, SJZ 48, 37; das OLG Hamburg hat in einer späteren Entscheidung (VersR 52, 112, zit. BGH NJW 53, 544) bei der Prüfung der 11. DVO zum Reichsbürgergesetz diese Gesetzesgebundenheit erneut betont. Auch das OLG Düsseldorf hält sich nicht für befugt zu prüfen, ob Art. 131 GG ungültig sei, NJW 49, 718.

[2]) Messer I, S. 121.

[3]) II I qu. 91, art. 5 und qu. 57 2 ad 3.

[4]) II I qu. 93 art. 2.

[5]) II I qu. 91 art. 2 und 4.

[6]) II I qu. 93 art. 3.

[7]) II I qu. 93 art. 3; Figge, S. 3.

Der Christ muß den menschlichen Gesetzen gehorchen. Sie verpflichten ihn in seinem Gewissen zum Gehorsam. Die ungerechten Gesetze haben nicht diese im Gewissen verpflichtende Kraft. Einem offenbar ungerechten Gesetz braucht daher nicht Gehorsam geleistet zu werden, es sei denn, um ein Ärgernis zu vermeiden[1]). In diesem Falle verpflichten auch die ungerechten Gesetze im Gewissen. Auch aus anderen Stellen geht hervor, daß die Rechtsphilosophie des Thomas von dem Gedanken beherrscht wird, Ordnung und Frieden zu gewährleisten[2]).

Um der Ordnung willen müssen Ungerechtigkeiten ertragen werden. So darf auch derjenige, der zu Unrecht verurteilt worden ist, sich nicht der Vollstreckung des Urteils widersetzen; Widerstand gegen den schlechten Fürsten ist nur dann statthaft, wenn daraus kein Ärgernis entsteht. Denn dann wäre schwerere Verwirrung zu befürchten[3]). Auch die noch so tyrannische Obrigkeit darf nicht getötet werden, es sei denn, sie wäre noch nicht im Besitz der Macht gefestigt[4]). Wenn aber der Gehorsam gegenüber einer lex humana ein Verstoß gegen die lex divina, ein ausdrückliches Gebot Gottes sein würde, darf die lex humana in keinem Falle befolgt werden. „Alio modo leges possunt esse injustae per contrarietatem ad bonum divinum sicut leges inducentes ad idolatriam, vel ad quodcumque aliud quod sit contra legem divinam, et tales leges nullo modo licet observare[5])."

Ganz anders aber beurteilt Thomas die Frage, ob der Richter ein ungerechtes Gesetz anwenden darf, eine Unterscheidung, die im modernen Schrifttum in dieser Schärfe nicht mehr anzutreffen ist. Nach Thomas gebührt das Richteramt Gott. Der Richter ist ein Diener Gottes[6]). Rechtsprechung ist daher nur erlaubt, wenn sie ein Akt der Gerechtigkeit ist[7]). Zur richtigen Rechtsprechung sind zwei Dinge erforderlich: Der Schluß der Vernunft, die das Urteil spricht und die Tugend der Gerechtigkeit[8]). Weil die lex humana die lex naturalis enthält und durch die lex naturalis begründet wird, ist der Richter an die lex humana gebunden. Der Richterspruch würde sonst entweder gegen die lex naturalis oder gegen die lex humana verstoßen[9]). Wenn aber die lex humana einen Verstoß gegen die lex naturalis enthält, ist die lex humana ungerecht. Man darf nicht nach ihr Recht sprechen. Der Richter darf sie nicht anwenden[10]).

---

1) „Propter vitandum scandalum vel turbationem" (II II qu. 104 Art. VI, III).
2) Utz, S. 445.
3) „Nisi forte propter scandalum vitandum cum ex hoc aliqua gravis turbatio timeretur" (II II qu. 69 art. 4).
4) 2. Sent. dist. 44 q. 2, a 2 ad 5, zit. Utz, S. 445; weitere Nachweise bei Utz aaO.
5) I II qu. 96 art. 4.
6) II II qu. 60 art. 2 ad 2.
7) II II qu. 60 art. 2 resp.
8) II II qu. 60 art. 1.
9) II II qu. 60 art. 5 resp.
10) „Et ideo si scriptura legis contineat aliquid contra jus naturale injusta est, nec habet vim obligandi. Et ideo nec tales scripturae leges dicuntur, sed potius legis corruptiones ... Et ideo secundum eas non est judicandum" (II II qu. 60 art. 5 ad 1).

Eine Einschränkung, daß der Richter die ungerechte lex humana um der Ordnung willen etwa in gewissen Fällen doch anwenden müßte, macht Thomas nicht. Dies wäre auch unverträglich mit der Aufgabe des Richters als minister dei, der seinen Richterspruch in Übereinstimmung mit dem göttlichen Richterspruch halten muß[1]).

b) Die Moralphilosophie der Gegenwart

Aufbauend auf der Lehre des Thomas von Aquin bestimmt die neuere katholische Moralphilosophie das Gesetz als vernunftgemäße, vom Obern eines öffentlichen Gemeinwesens zum Zweck des Gesamtwohls erlassene, dauernde und genügend bekanntgemachte Verordnung[2]). Über dem positiven Gesetz steht das natürliche Sittengesetz. Es ist die Grundlage und Voraussetzung des positiven Gesetzes.

Der irdische Gesetzgeber soll bei Erlaß seiner Gesetze das Naturrecht beachten. Wenn er etwas verordnet, was gegen das Naturrecht verstößt, überschreitet er seine Befugnis[3]). Denn die Staatsgewalt hat nur die Rechte, die ihr zur angemessenen Erreichung ihres Zweckes notwendig sind[4]). In Übereinstimmung mit der Lehre des Aquinaten ist einem mit dem Naturrecht in Widerspruch stehenden Gesetz aber Gehorsam zu leisten. Denn das Naturgesetz gebietet dem Menschen, das Vorgeschriebene zu tun, wenn aus der Unterlassung weit schwerere Nachteile für den Menschen oder die Gesamtheit zu befürchten sind. „Gesetzen dagegen, die etwas in sich Sündhaftes gebieten, darf man nie gehorchen[5])."

Auch die Unterscheidung zwischen „offenbar ungerechten" Gesetzen und Gesetzen, deren Ungerechtigkeit nur „zweifelhaft" ist, die bereits Thomas getroffen hatte und die sich in der Sittenlehre wiederfindet, erkennt die neuere katholische Naturrechtslehre an[6]). Zweifelhaften Gesetzen ist stets Gehorsam zu leisten. Auch der Richter kann Gesetze, deren Ungerechtigkeit zweifelhaft ist, anwenden und nach ihnen urteilen. Denn der Richter ist nicht mehr wie bei Thomas minister dei, sondern angestellter Beamter, der vertragsmäßig verpflichtet ist, nach dem positiven Gesetz zu urteilen. Da aber der Richter den Parteien Recht und Unrecht zuerkennt, würde er ungerecht handeln, wenn er auf Grund eines offenbar ungerechten Gesetzes einen Unschuldigen verurteilen und bestrafen würde. Daher darf der Richter offenbar ungerechte Gesetze seinen Entscheidungen nicht zugrundelegen. Um aber nicht durch eine Entscheidung gegen das Gesetz vertragsbrüchig zu

---

1) II II qu. 67 art. 2. Die Entwicklung des katholischen Naturrechts im 19. Jahrhundert ist von Bergbohm, S. 263 ff., dargestellt. Auf seine Ausführungen und den Überblick über das Schrifttum in Anm. 40, 43, 44 aaO. wird verwiesen.

2) Cathrein I, S. 374; Lehmkuhl, S. 308; so auch bereits Thomas v. A. I II qu. 90 art. 4.

3) Cathrein I, S. 573; Lehmkuhl, S. 307.

4) Cathrein, II, S. 567.

5) Cathrein I, S. 475; Hermann Marx, S. 12; Fuchs, S. 97.

6) Thomas v. A., II II qu. 104 art. 6; Cathrein I, S. 573; Lehmkuhl, S. 406.

werden, hat „der gewissenhafte Richter das Richteramt abzulehnen"[1]. Das Recht zur Revolution und zum aktiven Widerstand, das bei Thomas noch vollkommen im Hintergrunde stand, ist in der neueren katholischen Philosophie als ultima ratio anerkannt[2].

c) Die Moraltheologie der Gegenwart

Nach der katholischen Moraltheologie, wie sie vor allem in den Erklärungen des Papstes zum Ausdruck kommt, trägt nicht nur der Gesetzgeber, sondern auch der Richter die Verantwortung für die Gerechtigkeit einer Entscheidung. Besonders charakteristisch ist die Stellungnahme des Papstes Pius XII., der an das Gewissen der katholischen Juristen appellierte. Er erklärte, der Richter sei für die Folgen seines Urteils verantwortlich. Ein ungerechtes Gesetz könne niemals die Grundlage eines vor Gott und dem Gewissen gültigen Urteils bilden. Ein solches Gesetz dürfe der Richter niemals billigen oder anerkennen, es auch nicht in einem Strafurteil anwenden. Niemals dürfe der Richter irgend jemanden durch seine Entscheidung zu einer in sich unmoralischen, d. h. einer durch ihre Natur dem Gesetz Gottes und der Kirche widersprechenden Tat verpflichten. Wenn aber die Anwendung eines ungerechten Gesetzes das einzige Mittel sei, ein viel größeres Unheil zu verhüten, könne auch der Richter dem ungerechten Gesetz seinen Lauf lassen. Es gebe aber auch Fälle, in denen die Idee des Ausgleichs durch Erlangung höherer Güter oder der Abwendung größerer Gefahren keine Anwendung finde, so bei Verhängung der Todesstrafe[3].

d) Die Bestimmung des offenbar ungerechten Gesetzes

Bisher ist auf das Naturrechtssystem und seine materialen Inhalte nicht eingegangen worden. Es legt sich zwar eine unmittelbare Geltung bei, muß aber doch vor dem positiven Gesetz zurücktreten. Für die uns beschäftigende Frage kommt es aber nur darauf an, wann ein Naturrechtssatz vor dem positiven Gesetz zur Anwendung kommt. Nach der katholischen Naturrechtslehre ist dies der Fall, wenn ein positives Gesetz offenbar ungerecht ist. Erst dann kann es in einen aktuellen Widerstreit mit dem Naturrecht treten. Es gilt nunmehr, das Versäumte nachzuholen und die materialen Inhalte der katholischen Naturrechtslehre zu prüfen. Dabei wird von besonderer Bedeutung sein, ob das Naturrecht uns die Frage beantworten kann, wann eine „offenbare Ungerechtigkeit" vorliegt.

---

[1] Cathrein I, S. 573; Hermann Marx, S. 11; Nell-Breuning, S. 37; Figge, SJZ 47, 179, 183; wohl auch Hoelscher I, § 33 V; unklar Buse, JR 49, 361 und 365.

[2] Angermair, S. 25; Mausbach, S. 404; Nell-Breuning, S. 119.

[3] Pius XII., Ansprache vor Teilnehmern des 1. ital. Nationalkongresses kath. Juristen am 26. 9. 1949, Herder-Korrespondenz, Dezember 1949, S. 116, 117; passim Pius XII. am 26. 9. 1949 vor Delegierten des Humanisten-Kongresses, Herder-Korrespondenz, Dezember 1949, 115.

Für Thomas ist oberster Naturrechtssatz das Gebot, das Gute zu tun und das Böse zu lassen[1]). Aus diesen Prinzipien könnten die einzelnen, der wahren Natur des Menschen entsprechenden Sätze abgeleitet werden. Weil der Mensch mit seiner Vernunft teilhabe an der göttlichen Vernunft, sei es dem Menschen gegeben, in dem „von Gott hell erleuchteten Gewissen" Gut und Böse zu erkennen[2]).

Die metaphysische Hypothese, der Mensch ist als vernünftiges Wesen fähig, in dem Abbild Gottes, dem Menschen, zu erkennen, was der göttlichen Vernunft entspricht, muß geglaubt werden. Wer nicht diesen Glauben hat, wird Welzels Ansicht teilen müssen, daß Thomas die schon vorher bestehende christliche Wertwelt als das Naturgemäße hingestellt und aus diesem Naturbegriff wiederum die Werte abgeleitet hat[3]).

Cathrein stellt das Prinzip voran: „Du sollst jedem das Seinige geben" und: „Du sollst niemandem Unrecht tun[4])." Daraus könnten die allgemeinen Rechtsgrundsätze und die notwendigen sicheren Schlußfolgerungen abgeleitet werden. Diese Schlußfolgerungen seien bestimmt und klar[5]). Cathreins Behauptung gilt es nachzuprüfen.

Es sei allgemeiner Rechtsgrundsatz, daß das Töten, Stehlen, Verleumden verboten sei. Man solle der rechtmäßigen Obrigkeit gehorchen, die Verträge halten usw.[6]). Doch sei nicht jede Tötung sittlich verwerflich, sondern nur die ungerechte „und dementsprechend verbietet das Naturgesetz nicht absolut: ‚Du sollst nicht töten', sondern bloß: ‚Du sollst nicht ungerecht töten'[7])", ähnliches gelte vom Diebstahl[8]).

Damit erweisen sich die allgemeinen Rechtsgrundsätze Cathreins zunächst nur als formale Prinzipien. Denn wenn das Naturgesetz vorschreibt: „Du sollst nicht ungerecht töten", muß man weiter fragen, wann ein Recht zum Töten besteht. Für diese Untersuchung ist von besonderer Bedeutung, ob der Staat und mit ihm der Richter das Recht hat, Menschen zu töten.

Dieses Recht leitet Cathrein nicht aus dem Prinzip „Gib jedem das Seine" ab, sondern aus dem Willen Gottes, den er in Zweckmäßigkeitserwägungen zu erkennen glaubt. Weil Gott dem Menschen das Leben nehmen könne, wann und wie er es nach seiner Weisheit wolle ohne ungerecht zu handeln, könne er auch der Staatsgewalt für gewisse Fälle das Recht der Todesstrafe verleihen, wenn er es wolle. Ob Gott es gewollt und getan habe, hängt bei Cathrein davon ab, ob das Recht der Todesstrafe für die Staatsgewalt notwendig sei oder nicht. Denn der Staat habe von Gott alle die Mittel verliehen erhalten, die zur Erhaltung des Staates notwendig seien. Wenn also das Recht zum Töten eine Staatsnotwendigkeit ist, hat der Staat auch das Recht.

---

1) II I qu. 94 art. 2.
2) Cathrein I, S. 215 ff., 490; Welzel, mat. Gerechtigkeit, S. 63.
3) Welzel, mat. Gerechtigkeit, S. 61.
4) I, S. 555.
5) I, S. 572.
6) I, S. 572.
7) I, S. 466.
8) I, S. 467.

Nach Cathrein ist das Recht des Staates, die Todesstrafe für Mord zu verhängen, notwendig. Denn Mord sei etwas so Fürchterliches, daß eine wirksame Abschreckung erforderlich sei. Die wirksamste Abschreckung aber sei die Todesstrafe[1]).

Was Cathrein als Notwendigkeit bezeichnet, dürfte richtiger nur Zweckmäßigkeit benannt werden. Durch Art. 102 GG ist die Todesstrafe abgeschafft. Dennoch ist das Staatsgefüge nicht auseinandergebrochen. Es scheint möglich zu sein, einen Staat auch ohne Todesstrafe zu erhalten. Unbedingt notwendig ist daher das Recht, die Todesstrafe für Mord zu verhängen, nicht. Eine ganz andere Frage ist es, ob es zweckmäßig ist, den Mörder oder den Schwerverbrecher mit dem Tode zu bestrafen. Darüber läßt sich streiten und wird gestritten.

Einen klaren Beweis für das Recht des Staates zu töten hat Cathrein nicht erbracht. Wenn man seine Beweisführung als genügend ansieht, ist es aber auch nur eine Frage der Zweckmäßigkeit, ob man nicht andere menschliche Handlungen ebenfalls mit der Todesstrafe belegt. Dies räumt Cathrein auch ein. Für andere schwere Verbrechen könne die Todesstrafe ebenfalls notwendig sein[2]).

Aus diesen Zweckmäßigkeitserwägungen läßt sich eine sichere Schranke für die Staatsgewalt nicht gewinnen. Auch für das unsittliche Gesetz können Zweckmäßigkeitserwägungen sprechen, die zur „Notwendigkeit" erhoben, dem Staat das Recht zu den größten Abscheulichkeiten geben. Ob und in welchem Umfange ein solches Recht dem Staat von Gott verliehen worden ist, kann nur geglaubt werden. Mit Bestimmtheit und Sicherheit, wie Cathrein behauptet, kann es jedoch nicht abgeleitet werden.

Cathrein bringt selbst den Beweis, für welche Ungeheuerlichkeiten der Begriff der „Notwendigkeit" als Rechtfertigung dienen kann. Notwendig war es nach Cathrein auch, daß ein Volk ein anderes niederwirft und vollständig – „teils zur Strafe, teils zum Schutz" – seiner Freiheit beraubt. Denn es konnte „vielfach nur die völlige Unterjochung und Versklavung des einen dem anderen dauernde Sicherheit gewähren"[3]). Nach der Rechtsprechung des Nürnberger Militär-Tribunals dürfte diese Handlungsweise den Tatbestand des Menschlichkeitsverbrechens erfüllen. Nach Cathrein verstößt aber eine derartige Abscheulichkeit nicht gegen das Naturrecht. „Ein so geartetes Kriegsrecht bezeichnet keinen idealen Zustand, aber darum handelt es sich nicht, sondern bloß darum, ob dasselbe unter den damaligen Verhältnissen als unbedingt rechtswidrig (naturrechtswidrig d. Verf.) zu bezeichnen sei, und das glauben wir nicht[4])." Auch der Richter, der einen Menschen zur lebenslänglichen Sklaverei verurteilte, verstieß nicht gegen das Naturrecht. „Wenn der Richter das Recht hat, einen Verbrecher zum

[1]) II, S. 696. Nach Fuchs, S. 91, stellt das absolute Naturrecht in seinem Willen zu Recht und Gemeinschaft die Todesstrafe zur Verfügung.
[2]) II, S. 696.
[3]) II, S. 467.
[4]) II, S. 468.

Tode oder zu ewiger Gefängnisstrafe zu verurteilen, so konnte er um so mehr die gelindere Strafe der Knechtschaft „über ihn verhängen[1]."

Weil diese, unser heutiges Empfinden auf das Ärgste verletzenden ungerechten und unsittlichen Handlungen „notwendig" waren, durfte der Staat und durften seine Organe diese Handlungen begehen. Denn sie hatten nach der Lehre Cathreins das Recht dazu von Gott verliehen erhalten. Sie verstießen mithin weder gegen das Sittengesetz noch gegen das Naturrecht. Weil nach der katholischen Naturrechtslehre das Naturgesetz in sich völlig unveränderlich ist[2]) und alle Völker und Zeiten umfaßt[3]), m u ß t e Cathrein diese Zugeständnisse machen. Da aber nur „das allgemeine Gesetz in sich unveränderlich ist"[4]) k o n n t e Cathrein diese Zugeständnisse machen, ohne das Prinzip zu verlassen oder zuzugestehen, daß die Völker während vieler Jahrhunderte das Naturgesetz mißachtet haben. An der Möglichkeit, das Naturgesetz durch Zweckmäßigkeitserwägungen den Zeitverhältnissen anzugleichen, erweist sich aber nicht nur seine Ewigkeit, sondern zugleich auch seine Inhaltsarmut[5]).

Der Richter wird daher eine sichere Kenntnis, ob ein Gesetz ungerecht oder sogar offenbar ungerecht ist, nicht gewinnen können. Er wird stets vor der zweifelhaften Frage stehen, ob nicht die „Notwendigkeit", d. h. die Zweckmäßigkeit, das Gesetz rechtfertige oder ob er einer Kontroverse gegenübersteht, von denen es „erklärlicherweise" innerhalb der Naturrechtslehre manche gibt, wie Cathrein feststellt[6]).

Dennoch wäre es nicht richtig, dem katholischen Naturrecht den Vorwurf zu machen, es erschöpfe sich in Tautologien und sei formal. Das, was in den Lehrbüchern des katholischen Naturrechts seinen Niederschlag findet, ist nur ein Versuch, die ewigen Gesetze des Naturrechts darzustellen. Begreiflicherweise muß er an Mängeln leiden. Richtmaß und Rückgrat bilden nicht diese Versuche der Darstellung, sondern die Gesetze des Naturrechts selber, die „in die Tafeln des Menschenherzen geschrieben sind und von der gesunden, durch Sünde und Leidenschaft nicht verblendeten Vernunft von diesen Tafeln abgelesen werden können"[7]). Es kommt also auf das Urteil der Vernunft, nicht allein des Verstandes an. Das ist die Entscheidung des Gewissens[8]). Wenn das Gewissen des Richters sicher ist, muß er so handeln, wie das Gewissen es ihm gebietet[9]).

---

[1]) II, S. 466. [2]) I, S. 464. [3]) I, S. 495. [4]) I, S. 557.

[5]) F u c h s erkennt, daß das absolute Naturrecht verhältnismäßig allgemein, inhaltsarm und formal sei. Es bedürfe der genaueren Bestimmung von der geschichtlichen Situation her (S. 94). Daher unterscheidet er zwischen dem absoluten und dem relativen Naturrecht, das eine echte Anwendung des absoluten Naturrechts auf die konkreten Umstände sei (S. 88).

[6]) I, S. 495.

[7]) P a p s t P i u s XI., Weltrundschreiben über die Lage der Kirche in Deutschland vom 14. 3. 1937.

[8]) C a t h r e i n I, S. 491; U t z , S. 444; P e t r a s c h e k , S. 117: „Das Naturrecht ist gleich der Sittlichkeit im wesentlichen Gewissenskultur, von Gott unmittelbar in die Herzen geschrieben." F u c h s , S. 148, wegen einer starken Behinderung des einzelnen erbsündlichen Menschen in dem tatsächlichen Vollzug der Erkenntnis des Naturrechts müsse die helfende Gnade des Erlösers eingreifen (S. 149).

[9]) C a t h r e i n I, S, 491.

Die Lehrmeinungen über den Inhalt des Naturrechts können für die Bildung des Gewissensurteils nur Anhaltspunkte sein und Richtlinien aufstellen, an denen sich der Mensch ausrichten kann.

e) Die Befugnis der katholischen Kirche zur autoritativen Auslegung des Sittengesetzes

Die katholische Kirche hat nach der katholischen Moralphilosophie das Recht, das Sittengesetz zu erläutern und verbindlich auszulegen. Sie hat auch das Recht, in zeitlichen Dingen zu entscheiden und vorzugehen, soweit es die sittlichen und religiösen Interessen verlangen[1]). Die Überordnung der Kirche über die weltliche Gewalt geht ebenfalls auf die Lehre der Scholastik zurück. Für Thomas ist die Erfüllung der staatlichen Tugenden nicht die ganze Bestimmung des Menschen. Er hat im Jenseits sein wahres Vaterland. Da die Kirche dem Menschen den Zugang zum Jenseits vermittelt, ist sie dem Staate in allem, was die ewige Bestimmung des Menschen betrifft, übergeordnet. Sie muß die Oberleitung haben[2]). Daher beansprucht die Kirche das Recht, ein Gesetz oder einen ganzen Komplex von Gesetzen als nichtig zu bezeichnen[3]).

Von diesem Recht macht die Kirche auch Gebrauch. So hat Papst Pius X. im Kampf um die Erhaltung der katholischen Kirche in Frankreich und Portugal die Staatsgesetze, die u. a. die Enteignung der Kirchengüter, Beschränkungen beim Erwerb neuer Kirchengüter und die Notwendigkeit eines Placet für kirchliche Erlasse anordneten, kraft apostolischer Gewalt für null und nichtig erklärt[4]). Auch Papst Pius XI. erklärte in seinem Weltrundschreiben über die Lage der Kirche in Deutschland vom 14. März 1937 die damals erfolgte Schuleinschreibung als ein Zwangsprodukt, dem jeglicher Rechtscharakter abgehe.

Der Katholik ist in seinem Gewissen verpflichtet, diese Erklärungen der Kirche zu befolgen. Fraglich ist aber, ob noch jetzt der Standpunkt aufrechterhalten wird, es handele sich um staatsrechtlich wirksame Erklärungen. Auch wenn Sägmüller feststellt, durch eine solche Erklärung wäre an der faktischen staatsrechtlichen Geltung des als nichtig erklärten Gesetzes nichts geändert[5]) und Cathrein in der 6. Aufl. seiner Moralphilosophie den Standpunkt aufgegeben hat, den er noch in der 5. Aufl. vertrat, eine solche Ungültigkeitserklärung habe in gewissen Staaten auch bürgerlich-rechtliche Bedeutung, so ist damit noch nicht die Staatstheorie

---

[1]) Sägmüller I, S. 47.

[2]) Messer I, S. 121; über das Recht der Kirche, die weltlichen Herren in Kirchenzucht zu nehmen und sie dadurch ihrer Macht zu berauben, das bis zur Absetzung Heinrichs IV. durch Gregor VII. geführt hat, Fritz Kern, S. 204 ff., insbes. S. 233 und S. 422 ff. mit weiteren Nachweisen.

[3]) Sägmüller I, S. 47.

[4]) "Est nullum atque inane", Papst Pius X., Rundschreiben über die Trennung von Kirche und Staat in Frankreich vom 11. Februar 1906 und Rundschreiben über die Trennung von Kirche und Staat in Portugal vom 24. Mai 1911; über die Stellung der Kirche zum Staat im Mittelalter, Heyland, S. 11 ff.

[5]) I, S. 47.

der katholischen Philosophie aufgegeben[1]). Vielmehr wird nur davon Kenntnis genommen, daß die zeitlichen Staaten in Konflikt mit der Kirche stehen. Das staatliche Handeln ist dann nicht Recht, sondern Gewalt. Der Staat begibt sich seiner Würde und gräbt sich sein eigenes Grab[2]).

Wenn aber ein derartiger Konflikt zwischen dem zeitlichen Machthaber und der Kirche besteht, ist passiver Widerstand gegenüber der Staatsallmacht geboten, auch wenn dadurch der Einzelne unter dieser Gewalt leiden muß. Wenn um des Gewissens willen Widerstand geübt wird, „so kann er sittliches Heldentum bedeuten, das mit dem Tode besiegelt werden muß, seinen Triumph aber nicht erst in dieser, sondern erst in der anderen Welt erhält[3]).“

f) Hölschers abweichende Lehre

Hölscher hat in seiner „sittlichen Rechtslehre“ eine von der h. L. abweichende Anschauung entwickelt. Auch für ihn ist die griechische und scholastische Philosophie Ausgangspunkt. Er will diese Philosophien zu einer Einheit, deren Mitte die Kirche ist, aufbauen[4]). Hölscher steht aber unter dem Einfluß der Phänomenologie. Verosta hat seine Lehre zutreffend als theistische Phänomenologie bezeichnet[5]).

Das positive Recht ist für Hölscher nur eine unvollkommene Erscheinung des natürlichen Rechts. Dieses ist ein absolut reales, seiendes Recht, das erst untergehen wird, wenn die Menschheit untergeht[6]). Es ist nicht nur außerhalb des Einzelmenschen, sondern zugleich ein immanenter Teil seines Ichs[7]). „Sittliches Recht kann nur objektiv und subjektiv zugleich erkannt und gelebt werden. Ich muß meinen Mikrokosmos, du deinen Mikrokosmos, er seinen Mikrokosmos sittlich-rechtlich gestalten, einer zum anderen. Und so wird denn allmählich der Makrokosmos durch unseren Mikrokosmos sittlich-rechtlich erkannt und durch uns sittlich-rechtlich gelebt.“ „Recht beginnt bei mir selber. Wenn ich im Recht lebe, leben alle meine Lebensgenossen in dieser Sonne[8]).“

Das positive Recht hat juristisch verbindliche Kraft nur und soweit es mit dem natürlichen Recht übereinstimmt. Das Bibelwort: „Du sollst Gott mehr gehorchen als den Menschen“ deutet Hölscher als: „Du sollst dem natürlichen Recht mehr gehorchen als dem positiven widerrechtlichen Satz[9]).“

Im Gegensatz zu der katholischen Moralphilosophie erkennt Hölscher den Staat nicht als ein von Gott geschaffenes Gebilde an. Für ihn ist der Staat – von der letzten göttlichen causa abgesehen – ein Menschenwerk,

---

1) Cathrein, 5. Aufl., Bd. II, S. 583, 6. Aufl., Bd. II, S. 598.
2) Nell-Breuning, S. 36.
3) Nell-Breuning, S. 118.
4) I, § 25 V 4.
5) Zeitschr. für das öff. Recht, Bd. XII, 326; zu Hölschers Rechtslehre auch Münscher, JW 31, 375.
6) II, § 2.
7) II, § 25 I.
8) II, § 42 VI.
9) II, § 33 III.

dessen Ursprung auf einen Gewaltakt, also eine Ungerechtigkeit zurückzuführen ist[1]). Der Staat ist dazu bestimmt, „einmal, und sei es in weiter ferner Zukunft, überwunden zu werden, wenn sich die Erkenntnis weiter gefördert haben wird, daß die menschliche Schöpfung, das menschliche Gebilde, allein niemals zu der Vollkommenheit gebracht werden kann, die einem natürlichen Gebilde von Natur wegen als möglich anhaftet und eignet[2])."

Um den unsittlichen Gewaltstaat in seine Schranken zu verweisen, ist nach Hölscher eine Kraft erforderlich. Sie lebe zwar auch im Einzelmenschen, aber damit sich nicht alles im Subjektiven verliere, müsse sie von einer Autorität getragen werden, die zugleich in dem Menschen und außerhalb von ihm sei. Diese Autorität sei die Kirche[3]).

Die sichtbare Kirche sei nur die Erscheinung der unsichtbaren Kirche, die eine lebendige Verkörperung Gottes, Christi und der Gemeinde der Christen sei[4]). Aufgabe der sichtbaren Kirche als letzte und daher unfehlbare Instanz sei es, autoritativ die Heilslehre auszulegen[5]). Daher steht nach Hölscher nicht jedem Einzelnen das Recht zu der Entscheidung zu, ob eine Staatsgewalt von Grund auf unsittlich sei[6]). In autoritativer und unfehlbarer Weise werde diese Entscheidung durch die Kirche getroffen[7]). An sie ist der Einzelne gebunden. Auch wenn er persönlich anderer Ansicht ist, hat er zu gehorchen, wenn die Kirche einen Staat billigt und seine Gebote anerkennt[8]).

Der Richter ist, und damit greift Hölscher wieder die Lehre von Thomas auf, von einem tiefen sittlichen Standpunkt aus gesehen, nur ein Funktionär, der in seinem Richterspruch das natürliche Sittengesetz zur Erscheinung bringt, ein Funktionär, aber nicht des Staates, sondern der göttlich-natürlichen Sittlichkeit[9]). Daher begeht er „in edlerem Sinne" eine Rechtsbeugung, wenn er ein ungerechtes Gesetz anwendet. Der Richter muß es immer auf die Anforderungen der Billigkeit und Gerechtigkeit abstellen, wenn ein positiver Satz im Wege steht[10]). Tatsächlich wenden nach Hölscher auch „unsere Gerichte, wenn sie von ihrer heiligen Aufgabe überzeugt sind, gegen das positive Recht die Sätze des Naturrechts dauernd an[11])."

Es ist oben[12]) nachgewiesen, daß die deutschen Gerichte wenigstens in der Weimarer Zeit, in der Hölschers Rechtslehre erschien, durchaus nicht gegen das positive Recht Naturrechtssätze anwendeten. Soweit sie bei Ausfüllung von Lücken und bei der Herausarbeitung des Begriffs der guten Sitten und ähnlicher ausfüllungsbedürftiger Begriffe Naturrechtssätze anwendeten, entschieden sie nicht „gegen" das Gesetz. Insoweit stimmt die

---

1) II, § 25 III und II, § 4 II.
2) II, § 2 II.
3) II, § 33 IV; I, § 32 VIII.
4) II, § 10 III.
5) II, § 11.
6) II, § 40 II.
7) II, § 40 III.
8) II, § 40 II.
9) II, § 4 III.
10) I, § 26 IV.
11) I, § 33 VI.
12) S. 30 ff.

Darstellung Hölschers nicht mit der Wirklichkeit überein. Aber auch wie sich der Richter in der konkreten Situation zu verhalten hat, bleibt bei Hölscher fragwürdig.

Wenn der Richter gegen ein Gesetz entscheidet, lehnt er sich in seinem Urteil gegen den Befehl des Staates auf, er leistet Widerstand. Da Hölscher sehr stark betont, nicht der Einzelne sei befugt zu entscheiden, wann er Widerstand zu leisten habe, kann seine Lehre nur so verstanden werden, daß auch der Richter seine Zweifel an der Gerechtigkeit eines Gesetzes „den Vertretern der Kirche vortragen" muß[1]). Dies gilt um so mehr, als Hölscher in der Kirche die überragende und allem übergeordnete Autorität sieht, die er sucht, um den Subjektivismus auszuschalten.

Hölscher hat damit zwar eine Lösung für die Frage gefunden, welche Autorität das geltende Gesetz außer Kraft setzt. Er hat auch die Gefahren der Rechtsunsicherheit und individualistischer Willkür beseitigt. Aber der von ihm aufgezeigte Weg ist nicht gangbar. Ihm kann gefolgt werden, wenn er das letzte Problem, – wie sich der Mensch verhalten soll, der aus schwerwiegenden Gewissensgründen eine Entscheidung der Kirche für untragbar hält –, zugunsten der Autorität der Kirche entscheidet[2]). Es soll auch nicht untersucht werden, wie sich Hölschers Lösungsversuch praktisch in einem konfessionell gespaltenen Staat auswirken würde. Entscheidend ist, daß die katholiche Kirche, an die Hölscher den suchenden und fragenden Menschen und Richter verweist, nicht willens ist, in jedem Falle die erhoffte Auskunft zu erteilen.

Zwar hat die katholische Kirche in verschiedenen Fällen Gesetze als nichtig bezeichnet[3]), auch erklärt sie sich für berufen, das Sittengesetz autoritativ auszulegen. Aber es gibt daneben Bereiche, in die sich die Kirche aus wohlerwogenen Gründen nicht einschalten will. Sie schweigt über einzelne Fragen oder beschränkt sich darauf, allgemein gehaltene Weisungen oder auch nur Ratschläge zu erteilen, ohne den konkreten Fall selbst entscheiden zu wollen. In all den Fällen, in denen keine objektive und alle konkreten Umstände einschließende Entscheidung der Kirche vorliegt, muß jeder nach seinem Gewissen entscheiden[4]).

---

[1]) II, § 40 II.

[2]) II, § 17; Hölscher anerkennt, daß die sichtbare Kirche immer mit Unvollkommenheiten ausgestattet sein muß, II, § 9 und 17.

[3]) Vgl. oben S. 47 ff., auch das von Hölscher II, § 40 II angeführte Beispiel.

[4]) Cathrein I, S. 482; Lehmkuhl, S. 406; Angermair, S. 25: Wer nach einer vernünftigerweise überhaupt möglichen und persönlich ehrlichen inneren Überzeugung handelt, begeht nach der christlichen Moraltheorie niemals Sünde.

Wenn hier aus den oben angeführten Gründen die Schwächen und Lücken von Hölschers Sittlicher Rechtslehre aufgezeichnet worden sind, so sollte damit keine Aussage über die tiefgehenden Erörterungen Hölschers gemacht werden. Vor allem sein Bestreben, das Staatsleben sittlich zu durchdringen, seine Wendung gegen Staatsverherrlichung jeder Richtung, sein Kampf gegen den Individualismus und seine klaren ethischen Erkenntnisse würden rechtfertigen, daß sein Werk mehr Beachtung als bisher findet.

B. Die evangelische Lehre

a) Luther

Für Luther ist das geoffenbarte Recht Gottes oberste Richtschnur allen menschlichen Handelns und der Staatsordnung. Luther kennt auch ein natürliches Recht, das jenes oberste Recht ergänzt, ein Recht, das sich im Gewissen ankündigt und von der Vernunft erkannt wird. Aber weil nach Luthers Lehre der Mensch durch die Erbsünde von Gott und der göttlichen Ordnung durch eine tiefe, nur durch die Gnade Gottes überbrückbare Kluft getrennt ist, bleibt dem Menschen nur ein durch die zerstörerische Macht der Erbsünde getrübtes Bild von der ursprünglichen Gottesordnung. Daher hat das Naturrecht Luthers, das in großen Zügen mit dem positiven Recht zusammenfällt, nur noch „relative" Gültigkeit. Und da Luther die traditio divina ablehnt, sind nur die zehn Gebote das verbindliche und offenbarte Gottesgesetz[1]).

b) Das evangelisch-lutherische Bekenntnis

1. Die Lehre von den zwei Reichen

Nach dem neueren evangelisch-lutherischen Bekenntnis gibt es kein Naturrecht, das aus der göttlichen Offenbarung abgeleitet und mit der Vernunft erkennbar ist[2]). Die Ablehnung des Naturrechts beruht auf der Lehre von der Erbsünde, die den Menschen von Gott getrennt hat und der Lehre von den zwei Reichen, in denen der Christ lebt und in denen er sich zu behaupten hat. Wie es schon Luther erkannt hat, gibt es zweierlei Reiche, „eyns ynn Gottis reych unter Christo, das ander ynn der wellt reych unter der Uberkeyt"[3]).

In dem irdischen Reich wird das biologische Leben gelebt, dort herrscht die Sünde. Gegen dieses Chaos hat Gott im Bund Ordnungen gesetzt. Die Ordnung der Obrigkeit, die den Frieden hält und dem Einzelnen Sicherheit gewährt, ist notwendig und herrlich[4]). Obwohl der Bund Gottes mit den Menschen Geltungsgrund des Rechts ist, gibt es nur eine rein menschliche Ordnung des irdischen Reiches, durch die Gott die Sünder nicht rettet, sondern im Bereich des Todes und der Sünde erhält. Dadurch wird der Raum für die Erlösung durch die Gnade und Liebe offengehalten[5]). Das irdische Reich ist nur ein armseliges, jämmerliches Reich, wie Luther sagt, ein „unfletig todlich bauchreich"[6]). Das irdische Reich wird seinem Gericht ent-

---

[1]) Luther, WA 30 I, 182 8 ff. und Erik Wolf, Rechtsdenker, S. 143. Über die Ausgestaltung der Lehren Luthers für den Juristen durch Oldendorp, dem aktiver Widerstand als Sünde erscheint und für den das Gewissen zwar nicht Rechtsquelle, aber Quelle wahrer Rechtserkenntnis ist: Erik Wolf, Rechtsdenker, S. 134 ff., insbes. 150, 151, 156; Welzel, mat. Gerechtigkeit, S. 100.

[2]) Ellul, S. 47; Schlink, S. 254; Veit, S. 397.

[3]) WA 11, 262 3 bis 5; WA 30 II, 554 11; WA 11, 255 12 bis 21.

[4]) Lau, S. 32.

[5]) Ellul, S. 51; Lau, S. 42; Schlink, S. 257.

[6]) Luther, WA 32, 467 24; Lau, S. 33.

gegengehen. Menschliche Bemühungen können diesen Untergang nicht abwenden[1]).

Auch das Reich Gottes, das nicht vergehen wird, ist ein Reich in dieser Welt. Es wird dort Wirklichkeit, wo das Wort Gottes verkündet wird. Gestiftet ist dieses Reich, in dem Gott selbst regiert, durch ein besonderes Offenbarungshandeln. In diesem Reich der Gnade und der Liebe werden die Sünden vergeben[2]).

Obwohl beide Reiche also von Gott sind, wird ihre grundsätzliche Unterschiedenheit nicht aufgehoben, bleibt zwischen beiden eine Kluft. So erklärt Luther: „Wir sollen aber lernen, das Geistlich und Weltlich regiment so weith von einander scheiden als himel und Erden, den der Bapst hatts sehr verdunckelt und in einander gewickelt[3]).“

In die Spannung zwischen beiden Reichen ist der Christ gestellt. Wenn er ein Amt hat, muß er die irdische Ordnung des irdischen Reiches durchsetzen. Er muß Eide fordern und leisten, als Richter Todesurteile verhängen und als Scharfrichter vollstrecken, obwohl dies alles nach den zehn Geboten und der Bergpredigt nicht angeht. „Todtschlagen ist hart verbotten, wie wir wyssen ynn den Zehen gepotten, wenn es aber geschicht aus befelh des worts Gottes, so ist es recht und gut, als wenn ein Richter einem mörder odder Todschlager den Kopff left abschlahen odder auff ein radt legen, der thut wol und recht dran, thut auch nicht widder das Fünffte gepot Gottes[4]).“ Die Liebesordnung, die Gott in der Bergpredigt gesetzt hat, kann in dieser Welt nicht verwirklicht werden. Sie führte zu einer schwärmerischen Auflösung des Staatslebens. Jede andere Ordnung dieser Welt aber kann das Liebesgebot Gottes nicht erfüllen[5]).

Die irdische Obrigkeit, welche der Christ zu achten hat, wird als eine sündhafte Obrigkeit erkannt. Sie ist vom Dämon besessen, der jederzeit zum Ausbruch kommen kann[6]). Aber auch der Obrigkeit eines Nero, der Obrigkeit eines Machtstaates, der Christus an das Kreuz schlagen ließ, muß gehorcht werden, wie dies Paulus, der die Schändlichkeit des römischen Staates kannte, verlangt[7]). Daß auch der schändlichen Obrigkeit Gehorsam zu leisten ist, „will wie alles, was geglaubt wird, gegen den Augenschein geglaubt werden“[8]).

---

1) Schlink, S. 251.
2) Lau, S. 33, 47.
3) Luther, WA 47, 284 12 bis 14; Lau, S. 45.
4) Luther, WA 16, 474 8 bis 13.
5) Ellul, S. 51; Schlink, S. 258; auch das Naturrecht, dessen Erkennbarkeit verneint wird, ja als Anmaßung vor Gott verworfen wird (Veit, S. 397), ist nicht in der Lage, ewigen Frieden zu stiften und die Welt ewig zu erhalten (Ellul, S. 47, Lau, S. 74; Schlink, S. 254); aber auch Barth, IV 1 S. 154: „Es ist vielmehr selbst schon für der Menschen Sünde charakteristisch, wenn er ein solches Naturrecht kennen, sich und andere an ihm messen und auszurichten zu sollen meint.“
6) Dibelius, Grenzen, S. 17.
7) Elert, S. 46, 63; a. A. aber z. B. Karl-Heinz Becker, S. 30.
8) Elert, S. 51; im evangelisch-lutherischen Bekenntnis ist eine enge Verbindung zum Positivismus gegeben. Veit sagt S. 397, der Positivist ist dem Prinzip nach Lutheraner.

2. *Die Lehre vom Widerstand*

Wie im Urchristentum gibt es im lutherischen Bekenntnis kein Recht zum aktiven Widerstand. Die politische Verantwortung des Glaubenden beschränkt sich auf Leiden oder Flucht[1]). Der Christ, der auch dem Reiche Gottes angehört, muß Gott mehr gehorchen als den Menschen. Wenn ein Befehl oder ein Gesetz ein Handeln gegen Gott oder gegen Gottes Gebot verlangt, wenn also das Handeln Sünde wäre, ist der Christ vom Gehorsam entbunden[2]). Aber die Pflicht zum Ungehorsam gilt immer nur für den einzelnen Fall. Eine grundsätzliche Entbindung von der Gehorsamspflicht, etwa weil die Obrigkeit zu sehr gegen Gottes Gebote verstößt, gibt es nicht. Auch die noch so sündhafte Obrigkeit bleibt Gottes Dienerin. Soweit es tragbar ist, muß Gehorsam geleistet werden, denn Gott handelt auch in der unchristlichen Obrigkeit im Verborgenen[3]). Der Christ erfährt das Gebot zum Widerstand nur angesichts Gottes in subjektiv-objektiver Bindung und in existenzieller Entscheidung des konkreten Falles, vor den er gestellt ist. Normen oder Grundsätze, wann Widerstand geboten ist, gibt es nicht[4]).

Es darf nur passiver Widerstand geleistet werden, aktiver Widerstand ist Sünde[5]). Auch L u t h e r erklärte bereits: „Wer aber myr das euangelion weret, Der schleußt myr den hymel zu vnd jagt mich mit gewallt ynn die helle, weyl keyn ander weg noch mittel zur seelen selickeyt ist, denn das Euangelion. So soll ich ia solchs, bey verlust meyner seelen nicht leyden. Sehet, ist das recht nicht starck genug beweyßet? Noch folget nicht daraus, das ich mich sollt setzen mit der faust gegen die oberkeyt, die solch vnrecht an myr tut[6])."

3. *Die Haltung des Richters*

Ob die staatsrechtliche Geltung eines Gesetzes, das ein Handeln gegen Gottes Gebot fordert, in Frage gestellt ist, bleibt innerhalb der evangelischen Lehre offen. Die Pflicht zum passiven Widerstand erscheint als eine religiöse Pflicht. Für die Verletzung der staatsbürgerlichen Pflicht des Gehorsams muß der Christ die Folgen tragen, ihm werden dadurch „die Lei-

---

[1]) S c h l i n k , S. 253; über die Ablehnung des Widerstandsrechtes im Urchristentum, H e y l a n d , S. 10; Fritz K e r n , S. 206; über das Widerstandsrecht der niederen Obrigkeiten bei Luther, das von ihm aus der Positivität des Ständestaates abgeleitet wird, W o l z e n d o r f f , S. 185.

[2]) Luther: „hie mussen wir vatter, mutter und die besten freund ertzornenn. Hie mussen wir wider die ubrigkeiten geistlich und weltlich streben und ungehorsam gescholten werden. Hie mussen wir die reichen gelereten heiligen, und alles, was etwas ist in der welt wider uns erwecken." (WA 6, 226 7 bis 11); L a u , S. 85.

[3]) L a u , S. 85.

[4]) E l e r t , S. 70; Karl-Heinz B e c k e r , S. 28.

[5]) L a u , S. 85; H ü b n e r , S. 26.

[6]) WA 18, 322 9 bis 15; a. A. W o l f , Gutachten, S. 28, der eine in der Nächstenpflicht begründete Pflicht zum aktiven Widerstand anerkennt; W ü n s c h bezeichnet die Ablehnung des aktiven Widerstandes als unmöglich nach der primitivsten Moral der Ehrlichkeit (Evgl. Ethik, S. 331).

den Christi zuteil"[1]). Für die uns beschäftigende Frage folgt aber daraus: Der Christ, der sein Richteramt nicht mehr erfüllen kann, weil er gegen Gottes Gebot handeln müßte, würde er das unsittliche Gesetz anwenden, ist vom Gehorsam entbunden. Passiver Widerstand ist für ihn religiöse Pflicht. Er muß daher sein Richteramt niederlegen und die Mitwirkung an der Entscheidung verweigern.

Eine Entscheidung gegen das Gesetz in verdeckter Form ist als Verstoß gegen das achte Gebot nicht erlaubt. Eine Entscheidung gegen das Gesetz in offener Form aber wäre eine Vermengung der Aufgaben, die dem Richter als Christ und als Amtmann dieser Welt zukommen, ein Mißbrauch seines Amtes. Das geht nicht an. Als Amtmann dieser Welt hat er die konkrete fehlerhafte irdische Ordnung zu verwirklichen. Als Christ steht er Gott gegenüber. Wenn Gott es befiehlt, muß er der irdischen Gewalt gegenüber ungehorsam sein und die Folgen auf sich nehmen. Notfalls hat er sein Amt niederzulegen und der irdischen Gewalt zu entfliehen. Denn die politische Aufgabe des Christen in dieser Welt beschränkt sich auf Predigt und Fürbitte, auf Leiden und Flucht[2]). Der Richter darf sich aber nicht unterfangen, die irdische Welt mit einem „abgeschwächten Christusgebot zu regieren"[3]).

c) Das evangelisch-reformierte Bekenntnis

1. *Die Lehre vom Widerstand*

Das reformierte Bekenntnis weicht von der lutherischen Lehre ab. Theokratische Neigungen sind ihm, im Gegensatz zu dem lutherischen Bekenntnis, nicht fremd. Das erweist sich vor allem an der auf Calvin zurückgehenden Lehre vom Widerstand. Er fordert den unbedingten aktiven Widerstand gegen eine Obrigkeit, die sich gegen die Majestät und Souveränität Gottes auflehnt. Der Widerstand wird durch das Gesetz Gottes, das alle Unter- und Überordnungsschichten regelt, befohlen. Er ist rechtens, weil die Obrigkeit ihren amtlichen Charakter, ihre Amtsbefugnis und damit den Anspruch auf Gehorsam verloren hat[4]). Recht und Pflicht zum Widerstand liegen aber nicht bei den einzelnen Untertanen, sondern bei den Landständen. Diese handeln nicht als Untertanen. Vielmehr üben sie als die zur Wahrung der Untertanenrechte eingesetzten Volksbehörden ihre Macht aus[5]).

---

[1]) Schlink, S. 252; Karl-Heinz Becker, S. 29: der Christ müsse das Kreuz auf sich nehmen und mit dem Kreuz dem Kreuz Christi folgen; passim Lau, S. 86; auch bei F. J. Stahl ist die Pflicht zum passiven Widerstand, für die er keine Grenzen aufweisen kann, eine religiöse Pflicht, S. 549, 550; über Stahl: Sauer, Sozialphilosophie, S. 466.

[2]) Emil Brunner, Christusbotschaft, S. 55; Hübner, S. 32; Lau, S. 88; Schlink, S. 253.

[3]) Lau, S. 72.

[4]) Bohatec, S. 139, 140.

[5]) Bohatec, S. 150; daß dieser Gedanke aus der positiven ständischen Ordnung jener Zeit herrührt, hat Wolzendorff, S. 95, 123, nachgewiesen; über den Einfluß Calvins auf die Lehre der Monachomarchen, Bohatec, S. 203.

Zwar gibt es auch nach der reformierten Lehre keinen aktiven Widerstand um des Glaubens willen[1]). Als ultima ratio aber ist auch „die bewaffnete Erhebung gegen ein bestimmtes unrechtmäßig gewordenes, seiner Aufgabe nicht mehr würdiges und gewachsenes Regiment" von der Christengemeinde „gutzuheißen, zu unterstützen und sogar anzuregen"[2]).

Alle Träger der Gewalt, soweit sie das noch können, haben die Pflicht, das Recht von sich aus neu aufzurichten. „Das Schwertamt, das die Obrigkeit trägt, ist nicht nur das Schwertamt des einen, der jetzt wütet und das Volk tyrannisiert, sondern es ist in die Hand derer gegeben, die sowohl mit der Gewalt als dem Recht umzugehen wissen[3])".

2. *Die Haltung des Richters*

Nach dieser Lehre muß auch der Richter die Befugnis haben, sein Amt zur Wiederaufrichtung des Rechtes zu verwenden und erforderlichenfalls gegen das Gesetz zu entscheiden. Das gilt aber nur in diesem äußersten Notfall, wenn der Inhaber der Staatsgewalt vollkommen pervertiert ist. In allen anderen Fällen ist der Richter verpflichtet, die Gesetze anzuwenden, wenn er nicht seine Mitwirkung bei der Entscheidung zu verweigern hat. Dies ist der Fall, wenn er als Christ dem staatlichen Gesetz nicht mehr Gehorsam leisten kann. Der Richter hat das Recht zur Gehorsamsverweigerung, denn nach reformierter Lehre ist der Gehorsam des Christen immer nur ein bedingter[4]).

d) Neuere naturrechtliche Strömungen

Innerhalb des, wie oben dargestellt, naturrechtsabgewandten Protestantismus findet sich vor allem in jüngster Zeit eine naturrechtliche Strömung. Sie versucht, aus der göttlichen Schöpfungsordnung ein Naturrecht mit konkreten Inhalten zu entwickeln. An erster Stelle dürfte Emil Brunners Buch „Gerechtigkeit" zu nennen sein. Aber Brunners Naturrecht ist nur ein seinsollendes Recht. Die Naturrechtswidrigkeit eines positiven Gesetzes beeinflußt bei Brunner nicht die juristische Verbindlichkeit[5]).

Selbst Barth, der Brunner heftig widersprochen hat, sind naturrechtliche Gedanken nicht fremd. Er spricht z. B. von „gebotener rechter Kriegs-

[1]) Iwand, S. 27.

[2]) Barth, Christengemeinde, S. 41; der Anklang an Calvins Beweisführung ist offenbar; Emil Brunner, Gerechtigkeit, S. 111, anerkennt das Widerstandsrecht gegen eine tyrannische Staatsgewalt; Emil Brunner, Verantwortung, S. 12.

[3]) Iwand, S. 27, unter Rückgriff auf Calvin und auch auf die Lehre Luthers von der belua bestia, die schlimmer als die Tyrannis ist und der gegenüber kein Gesetz mehr gilt; auch Dibelius fordert Widerstand gegen einen Staat, der zum „Widerspiel Gottes auf Erden" geworden ist (Grenzen, S. 17, 18), verwirft aber die Revolution als Anarchie (aaO. S. 80).

[4]) Brunner, Verantwortung des Christen, S. 12.

[5]) Gerechtigkeit, S. 322, Anm. 38; die Kirche habe ein Wächteramt, aber auch der Bürger solle das ungerechte Gesetz öffentlich Unrecht nennen (Reformierte Staatsauffassung S. 18); über Emil Brunner: Kelsen, Gerechtigkeit, S. 46; Ryffel, ARSP 38, 259; Welzel, mat. Gerechtigkeit, S. 182; Ritter, S. 68.

dienstverweigerung", wenn der Krieg „ungerecht, nicht zu verantworten, nicht in echtem Notstand gewagt ist[1])".

Nach Dibelius gibt es zwar kein „richtiges" Recht, aber ein „rechtes" Recht. Es könne sehr verschieden sein, müsse aber aufgebaut sein „auf den ewigen Grundlagen allen Rechts, also auf dem, was Gott den Menschen als seinen Willen geoffenbart hat. Dies Recht ist aber dann auch ein unwandelbares und unabdingbares Recht. Es darf wohl „ewiges Recht" genannt werden[2]). Nur dieses Recht verpflichte den Christen[3]). Dibelius fordert ferner de lege ferenda die Einrichtung einer obersten Rechtsbehörde, die alle Gesetze darauf zu prüfen habe, „ob sie den Grundsätzen des objektiven Rechts entsprechen". Nötigenfalls habe die Rechtsbehörde ein Veto einzulegen[4]).

Karl-Heinz Becker nimmt die idealistische Staatslehre des Thomas von Aquin wieder auf. Nur ein Staat, der sittlichen Zwecken diene, könne „Obrigkeit in dem besonderen, den Christen verpflichtenden Sinne" sein. Es gelte, nach den Geboten Gottes das Rechte zu tun[5]). Auch der Jurist müsse selbst in aussichtsloser Lage eine Haltung gewinnen und das Kreuz auf sich nehmen[6]). Becker konnte seine Gedanken nicht bis zur letzten Folgerung offen aussprechen, denn seine 1942 im Privatdruck erschienene Schrift richtet sich gegen den Nationalsozialismus. Er kann nur so verstanden werden, daß er von dem Richter erwartet, daß er das als unsittlich erkannte Gesetz nicht anwendet. „Fürchtet den Staat und seine Gewalt nicht, wenn ihr ihm um des Herren willen untertan seid – wenn ihr nach Gottes Geboten im Staate das Rechte tut und dafür sorgt, daß es getan wird – mag sich nun die Obrigkeit dazu stellen wie immer sie will[7])."

C. Kant und seine Nachfolger

a) Die Kritik des Naturrechts bei Kant

In der Philosophie Kants hat die Aufklärung ihren geistigen Höhepunkt erreicht. Aber mit Kant setzt auch die Überwindung des Naturrechts ein, das bereits bei Thomasius nicht mehr den Anspruch erhob, Zwangsrecht zu sein[8]).

Kant übt an der naturrechtlichen Methode, aus der Natur des Menschen materiale ethische Prinzipien abzuleiten, Kritik. Er zeigt auf, daß aus der Kenntnis der menschlichen Natur, die nur mit der Erfahrung gewonnen werden kann, kein Gesetz mit absoluter Notwendigkeit ableitbar ist. „Denn mit welchem Recht können wir das, was vielleicht nur unter den zufälligen

1) III, 4, S. 536; K. Barth, Nein! Antwort auf Emil Brunner, 1943.
2) Vom ewigen Recht, S. 32.
3) S. 31.
4) Dibelius, Grenzen, S. 103
5) S. 30.
6) S. 38.
7) S. 31.
8) Messer II, S. 107; Welzel, mat. Gerechtigkeit, S. 163; Erik Wolf, Rechtsdenker, S. 379.

Bedingungen der Menschheit gültig ist, als allgemeine Vorschrift für jede vernünftige Natur in unbeschränkte Achtung bringen, und wie sollen Gesetze der Bestimmung des Willens eines vernünftigen Wesens überhaupt, und nur als solche auch für den unsrigen gehalten werden, wenn sie bloß empirisch wären, und nicht völlig a priori aus reiner, aber praktischer Vernunft ihren Ursprung nähmen[1])?" Bei Kant ist daher das Recht nicht mehr ein Teil der subjektiven Verständigkeit, sondern des objektiven Geistes. Das Recht ruht auf dem allgemein gültigen Sittengesetz, nicht auf einem beliebigen Zeit- oder Kulturideal, es gehört zum geistig-sittlichen Leben der Gemeinschaft[2]).

b) Die Rechtslehre Kants

Da in der äußeren Welt der Erfahrung kein ethisches Gesetz gefunden werden kann, das a priori verbindlich ist, verlegt Kant allen Wert in das Innere, in die reine Gesinnung und den guten Willen. „Es ist überall nichts in der Welt, ja auch außer derselben zu denken möglich, was ohne Einschränkung für gut könnte gehalten werden, als allein der gute Wille[3])."

Der sittliche Wert einer Handlung liegt für Kant ausschließlich in der moralischen Gesinnung, in der Reinheit des Willens, mit der der Mensch die Pflicht um der Pflicht willen erfüllt, unbeachtet der Zwecke, die durch solche Handlung bewirkt werden können[4]). Auf die Frage, welcher Wille gut ist, gibt der kategorische Imperativ, der a priori Gültigkeit hat, Antwort: „Handele nach einer Maxime, die zugleich als allgemeines Gesetz gelten kann[5])."

In der Rechtslehre unterscheidet Kant zwischen der Moralität der Gesinnung und der Legalität der Handlung, dem freiwilligen Gehorsam gegen das Sittengesetz und der äußerlichen Übereinstimmung der Handlung mit den vom positiven Gesetz verlangten Handlungen. Nur diese können erzwungen werden, nicht aber die Gesinnung[6]).

Die Beziehung aber zwischen Recht und Sittlichkeit sieht Kant in dem Gedanken, daß es eine sittliche Pflicht sein kann, allgemein den Gesetzen des Staates, nur weil sie seine Gesetze sind, zu gehorchen, auch wenn sie selbst kein ethisches Gebot zum Inhalt haben. Der Zentralbegriff seiner gesamten praktischen Philosophie wird damit auch die Grundlage seiner Rechtslehre[7]).

Nach Kant soll der Mensch den Gesetzen der Obrigkeit gehorchen und nicht über den Ursprung ihrer Macht „werktätig vernünfteln[8])". Das ist ein „praktisches Vernunftprinzip", eine objektiv geltende Norm. Es ist eine Pflicht, an der jeder Zweifel ausgeschlossen ist, „ein Gesetz, das

---

1) Grundlegung zur Metaphysik der Sitten, Cass. IV, S. 265.
2) Erik Wolf, Rechtsdenker, S. 538.
3) Cass. IV, S. 249; Welzel, Gewissen, S. 19.
4) Welzel, Gewissen, S. 15.
5) Cass. VII, S. 26.
6) Cass. VII, S. 19; Windelband, § 39, 7.
7) Windelband, § 39, 7; Grünhut, Feuerbach, S. 18.
8) Cass. VII, S. 125.

so heilig ist, daß es praktisch auch nur in Zweifel zu ziehen, mithin seinen Effekt auch nur einen Augenblick zu suspendieren, schon ein Verbrechen ist". Dieses Gesetz „wird so vorgestellt, als ob es nicht von Menschen, aber doch von irgendeinem höchsten tadelfreien Gesetzgeber herkommen müsse, und das ist die Bedeutung des Satzes „alle Obrigkeit ist von Gott", welcher nicht einen Geschichtsgrund der bürgerlichen Verfassung, sondern eine Idee als praktisches Vernunftsprinzip aussagt, der jetzt bestehenden gesetzgebenden Gewalt gehorchen zu sollen, ihr Ursprung mag sein wie er wolle[1])."

c) Die Ablehnung des Widerstandsrechts bei Kant

Auch für den Gesetzgeber besteht eine Schranke, ein allgemeines Prinzip, das er nicht verletzen darf: „Was ein Volk nicht über sich selbst beschließen kann, das kann der Gesetzgeber auch nicht über das Volk beschließen[2])." Aus dem Überschreiten dieser Schranke folgt aber weder die Unverbindlichkeit des Gesetzes, noch ein Recht zur Gehorsamsverweigerung oder gar ein Widerstandsrecht. Der Untertan hat auch diesem Gesetz zu gehorchen. Das Volk hat zwar gegenüber dem Staatsoberhaupt unverlierbare „Rechte", aber keine „Zwangsrechte". Das einzige „Paladium der Volksrechte" ist die „Freiheit der Feder — in den Schranken der Hochachtung und Liebe für die Verfassung"[3]). Wenn daher der Gesetzgeber jene Schranke außer acht läßt, „wenn etwas gleichwohl doch von der obersten Gesetzgebung so verfügt wäre, können zwar allgemeine und öffentliche Urteile darüber gefällt, nie aber wörtlicher oder tätlicher Widerstand dagegen aufgeboten werden[4])."

Auch gegenüber Willkürakten des Regenten schließt Kant einen Widerstand aus. Es „darf der Untertan dieser Ungerechtigkeit zwar Beschwerde, aber keinen Widerstand entgegensetzen"[5]). Den Widerstand gegen das gesetzgebende Oberhaupt sieht Kant als ein todeswürdiges Verbrechen an. „Der geringste Versuch hierzu ist Hochverrat, und der Verräter dieser Art kann als einer, der sein Vaterland umzubringen versucht, nicht minder als mit dem Tode bestraft werden ... Der Grund der Pflicht des Volkes, einen selbst für unerträglich ausgegebenen Mißbrauch der obersten Gewalt dennoch zu ertragen, liegt darin, daß sein Widerstand gegen die höchste Gesetzgebung selbst niemals anders als rechtswidrig, ja als die ganze gesetzliche Verfassung zernichtend gedacht werden muß. Denn, um zu demselben befugt zu sein, müßte ein öffentliches Gesetz vorhanden sein, welches diesen Widerstand des Volkes erlaubt, d. h. die oberste Gesetzgebung enthielte eine Bestimmung in sich, nicht die oberste zu sein und das Volk als Untertan in ein und demselben Urteile zum Souverän über den zu machen, dem es untertänig ist; welches sich widerspricht[6])."

---

1) Cass. VII, S. 125; vgl. auch Cass. VII, S. 20, 32.
2) Cass. VI, S. 389.
3) Cass. VI, S. 388.
4) Cass. VI, S. 389.
5) Cass. VII, S. 126.
6) Cass. VII, S. 127.

Selbst eine Prüfung der Verfassungsmäßigkeit eines Gesetzes durch eine staatliche Gewalt, also auch durch den Richter, lehnt Kant entschieden ab. „Ja, es kann selbst in der Konstitution kein Artikel enthalten sein, der es einer Gewalt im Staate möglich machte, sich im Falle der Übertretung der Konstitutionalgesetze durch den obersten Befehlshaber ihm zu widersetzen, mithin ihn einzuschränken. Denn der, welcher die Staatsgewalt einschränken soll, muß doch mehr oder wenigstens gleiche Macht haben, als derjenige, welcher eingeschränkt wird, und als rechtmäßiger Gebieter .... muß er . . . öffentlich den Widerstand befehligen können. Alsdann ist aber nicht jener, sondern dieser der oberste Befehlshaber; welches sich widerspricht[1].“

An anderer Stelle lehnt Kant die richterliche Prüfungszuständigkeit ausdrücklich ab: „Der schriftgelehrte Jurist sucht die Gesetze der Sicherung des Mein und Dein (wenn er, wie er soll, als Beamter der Regierung verfährt) nicht in seiner Vernunft, sondern im öffentlich gegebenen und höchsten Orts sanktionierten Gesetzbuch. Den Beweis der Wahrheit und Rechtmäßigkeit derselben, ingleichen die Verteidigung wider die dagegen gemachte Einwendung der Vernunft kann man billigerweise von ihm nicht fordern. Denn die Verordnungen machen allererst, daß etwas recht ist, und nun nachzufragen, ob auch die Verordnungen selbst recht sein mögen, muß von dem Juristen als ungereimt geradezu abgewiesen werden. Es wäre lächerlich, sich dem Gehorsam gegen einen äußersten und obersten Willen darum, weil dieser angeblich nicht mit der Vernunft übereinstimmt, entziehen zu wollen. Denn darin besteht eben das Ansehen der Regierung, daß sie den Untertanen nicht die Freiheit läßt, nach ihren eigenen Begriffen, sondern nach Vorschriften der gesetzgebenden Gewalt über Recht und Unrecht zu urteilen[2].“

Der von Kant ethisch begründeten Gehorsamspflicht gegen die Autorität des gegebenen Staates – verstanden als bedingungslose Gehorsamspflicht – macht Grünhut den Vorwurf, sie münde „in eine Apologie des unbeschränkten Staatsabsolutismus“ und stehe in schroffem Gegensatz zu den rechtspolitischen Forderungen der Aufklärung[3].

d) Die Annahme eines Widerstandsrechts in der Kantforschung

Haensel ist der Ansicht, in Kants Rechtsphilosophie sei ein natürliches Widerstandsrecht begründet. Nach ihr dürfe auch Gesetzen, die dem Naturrecht widerstritten, keine Verbindlichkeit beigelegt werden[4]. Den letzten Anlaß zu der tatsächlichen, oben bereits wiedergegebenen Stellung

---

[1] Cass. VII, S. 126.
[2] Cass. VII, S. 334.
[3] Grünhut, Feuerbach, S. 19.
[4] Haensel, S. 55; Erik Wolf ist, ohne dies zu belegen, der Ansicht, Kant selbst habe aus der Autonomie des Rechts ein jus resistendi hergeleitet, wenn der Fürst sich in Widerspruch zu der Rechtsgrundlage seiner eigenen Herrschaft stelle (Rechtsdenker, S. 544).

Kants zu unserer Frage habe seine Religionsphilosophie und der Gedanke der Selbstentfaltung der Vernunft gegeben[1]).

Haensel erkennt die transzendentale Freiheit als die Grundlage der Kantischen Rechtsphilosophie. Die positive Gesetzgebung habe den Zweck, den einzelnen Menschen als Träger der in der Freiheitsidee liegenden Aufgabe zu schützen. Diese äußere Gesetzgebung – im Gegensatz zur inneren ethischen Gesetzgebung des Individuums – sei dadurch sittlich möglich, daß Kant die Selbstgesetzgebung als Vernunftgesetzgebung verstehe[2]). Der Staat sei bei Kant eine rationale Konstruktion. Er erscheine nur insoweit als gerechtfertigt, als er der Durchführung der Vernunftgesetze diene. Dies hätte aber zu einer Bejahung des Widerstandsrechtes und zur Ungültigkeit naturrechtswidriger Gesetze führen müssen. Denn der Staat habe seine Legitimation verloren, sobald er vom vernünftigen Ziele, die natürlichen Rechte der Einzelnen zu sichern, abweiche[3]).

In der Kantforschung ist streitig, ob das Recht bei Kant auf subjektiver oder objektiver Bestimmung beruht. Die einen nehmen an, es sei eine Anerkenntnis der Norm durch den Normunterworfenen erforderlich, damit ihre Befolgung zur Pflicht werde. Die anderen aber nehmen an, die Norm als Vernunftgesetz verpflichte aus sich heraus[4]). Entsprechend diesem Streit, der nach den Feststellungen Haensels[5]) auf gewissen Unklarheiten und Widersprüchen bei Kant beruhen dürfte, weichen auch die rechtsphilosophischen Theorien Darmstädters und Andreas Brunners voneinander ab. Auf der Rechtslehre Kants aufbauend, nehmen beide die Unverbindlichkeit von Gesetzen an, die mit den Vernunftgesetzen in Widerspruch ständen.

Darmstädter gründet die Geltung der Gesetze auf „den guten Willen des Gesetzgebers, die praktische Vernunft". Wenn ein Rechtssatz „dem guten Willen, der praktischen Vernunft, nicht entspringt", sei dieser Rechtssatz „völlig ohne jede verbindliche Kraft und Autorität[6])".

Für Andreas Brunner dagegen ist die Geltung eines Gesetzes abhängig von der subjektiven Anerkennung der Verbindlichkeit des verbindlichseinwollenden positiven Rechts[7]). Er ist der Ansicht, der kategorische Imperativ verlange, daß man dem Gesetz folge, solange es Prinzip einer allgemeinen Gesetzgebung sein könne. Wenn ein Gesetz dieses Prinzip nicht mehr verwirkliche, sei ein anarchischer Zustand eingetreten. Der Widerstand gegen ein solches Gesetz richte sich daher gegen den anarchischen Zustand, den der Gesetzgeber herbeigeführt habe[8]). Da aber mit jeder rechtlichen Entscheidung die Verantwortung für die Rechtmäßigkeit und Zweckmäßig-

---

1) Haensel, S. 96.
2) S. 95.
3) Haensel, S. 96; zustimmend E. v. Hippel, AÖR 57, 97 ff.
4) Über den Streitstand: Haensel, S. 30 bis 35.
5) S. 32.
6) Darmstädter, Recht und Rechtsordnung, S. 120; neuerdings aber ist nach Darmstädter der Richter stets an das Gesetz gebunden, DRiZ 51, 172.
7) S. 238.
8) S. 258.

keit verbunden sei, „muß in Anerkennung der Verbindlichkeit des kategorischen Imperativs die ethische Pflicht darin bestehen, die Forderung des ungerechten Gesetzes nicht zu erfüllen[1]).“

Bereits bei Hegel findet sich der Nachweis der Inhaltsleere des kategorischen Imperativs: „Es gibt gar nichts, was nicht auf diese Weise zu einem sittlichen Gesetz gemacht werden könnte[2]). “Wegen dieser Inhaltsleere ist der kategorische Imperativ für den Richter ein ungeeigneter Maßstab, um die Unsittlichkeit eines Gesetzes bestimmen zu können.

Die Lehren von Darmstädter und A. Brunner haben sich nicht durchgesetzt. Die Rechtsphilosophie und -Wissenschaft des ausgehenden 19. und des 20. Jahrhunderts haben aus Kants Rechtslehre nicht diese Folgerung abgeleitet. Auch sie empfanden, wie Kant, die Staatsverfassung als schon ihrer Idee nach heilig und unwiderstehlich und den Gehorsam gegenüber der geschichtlich gegebenen Rechtsordnung als kategorischen Imperativ[3]). Der Gehorsam, auch gegenüber dem unsittlichen Gesetz, findet sich wieder bei der Haltung derjenigen Richter, die trotz ihrer schweren Gewissensbedenken das unsittliche Gesetz anwenden, weil sie es für ihre Pflicht halten[4]).

D. Hegel und die Neuhegelianer

a) Hegel

Hegels Rechts- und Staatslehre, die zu einer Verherrlichung des Staates führte, soll hier nicht dargestellt werden. Der vielumstrittene Satz in seiner Vorrede zur Rechtsphilosophie „Was vernünftig ist, das ist wirklich; und was wirklich ist, das ist vernünftig[5])“ und der Satz „Der Staat ist die Wirklichkeit der sittlichen Idee[6])“ reißt die besondere Problematik der Hegelschen Dialektik auf. Auch Hegel unterscheidet zwischen den Begriffen Recht und Gesetz: „Indem das Gesetzsein die Seite des Daseins ausmacht, in der auch das Zufällige des Eigenwillens und anderer Besonderheit eintreten kann, so kann das, was Gesetz ist, in seinem Inhalt noch von dem verschieden sein, was an sich Recht ist. Im positiven Recht ist daher das, was gesetzmäßig ist, die Quelle der Erkenntnis dessen, was Recht ist, oder eigentlich was Rechtens ist[7]).“

Hegel wendet sich scharf gegen alle religiösen Einflüsse auf das Staatsleben. Damit schaltet er die Forderungen des Sittengesetzes, soweit sie auf religiöser Grundlage beruhen, aus. Da sich Hegel auf die Ordnungsmacht des positiven Gesetzes beruft, ist der Schluß gerechtfertigt, daß für Hegel eine Entscheidung gegen das Gesetz nicht gerechtfertigt erscheint. Auch

---

1) S. 256.
2) Hegel, Lasson VII, S. 351; Welzel, Gewissen, S. 18.
3) Haensel, S. 67.
4) Bergbohm, S. 398; Herrfahrdt, DRZ 49, 33.
5) Lasson VI, S. 14.
6) Lasson VI, S. 195.
7) Lasson VI, § 212; dazu Larenz, Hegels Begriff der Philosophie und der Rechtsphilosophie, S. 23 ff.

Hegel erkennt die Gefahren des Subjektivismus: „Soll also die Frömmigkeit als Wirklichkeit des Staates gelten, so sind alle Gesetze über den Haufen geworfen und das subjektive Gefühl ist das Gesetzgebende." Er weist auf den Wert des positiven Rechts als Ordnungsmacht hin: „Gerade daß im Staate alles fest und gesichert ist, ist die Schanze gegen die Willkür und die positive Meinung. Die Religion als solche darf also nicht das Regierende sein[1])."

b) Lasson

Lasson erkennt in eigentümlicher Resignation die Unmöglichkeit, „die Macht an dem Recht festzuhalten", da gegen die Obrigkeit kein Zwang gegeben sein könne. „Damit ist aber das Bestehen der Rechtsordnung in das Belieben der Obrigkeit gesetzt, d. h. aber vielmehr: die Notwendigkeit, behufs der Realisation des Rechts, die Gewalt des Staates in die Hand einer den Staatswillen vertretenden Person zu legen, hebt die Sicherheit, daß die Macht im Dienst des Rechts gebraucht werde, auf, und der Staat, der das Recht mit Sicherheit realisiere, ist ein unlösbares Problem[2])."

c) Binder und Larenz

Dagegen erkennen Binder und Larenz, bei denen die Philosophie Hegels nach dem ersten Weltkrieg eine Wiedergeburt erlebte, Grenzen für die Gesetzgebungsgewalt, die auch der Richter festzustellen hat. In einem dialektischen Denkprozeß werden Wirklichkeit und Idee, Wirklichkeit und Wert miteinander verflochten. Die Geltung des Rechts ist daher weder ein bloßes Sein, noch ein bloßes Sollen, „sondern Norm und Zeitwirklichkeit, Geltungsanspruch und Geltungsbestand, Idee und Positivität in einem[3])."

Der Gegensatz von Gesetz und Recht wird als dialektisch begriffen. „Auch er hebt sich auf in der Einheit des geltenden Rechts[4])." Die Rechtsidee, auf der die Verbindlichkeit einer Norm beruht, kann nur als die dialektische Einheit aller in der Geschichte des Rechts hervortretenden Momente bestimmt werden. Ihr Inhalt ist dem geschichtlichen Wandel unterworfen. Daher unterscheidet Larenz zwischen der Rechtsidee als solcher und dem „richtigen Recht" als dem Rechtsideal eines bestimmten Volkes und einer bestimmten Zeit[5]).

Aber auch dieses Rechtsideal, das Rechtsbewußtsein des Volkes ist „Wirklichkeit des Geistes, ist in seiner geschichtlichen Gebundenheit Sittlichkeit[6])". Daher ist auch „das positive Recht ein Stück objektiver Sittlichkeit" und trägt den ihm eigenen sittlichen Maßstab in sich[7]).

---

[1]) Lasson VI, S. 356.

[2]) Lasson, System der Rechtsphilosophie, S. 384; über die Zwiespältigkeit der Lassonschen Rechtsphilosophie, Bergbohm, S. 281 Anm. 8.

[3]) Larenz, Rechtsgeltung, S. 26.

[4]) Binder, System, S. 386; Binder, Grundlegung, S. 143 ff.; in der ersten Ausgabe seiner Philosophie des Rechts, 1925, bekannte sich Binder noch zum Neukantianismus; ablehnend hierzu Manigk, JW 30, 234.

[5]) Larenz, Rechtsgeltung, S. 26 und 32.

[6]) Binder, Grundlegung, S. 160.

[7]) Larenz, Rechtsgeltung, S. 36.

Der einzelne Rechtssatz ist verbindlich, weil er zum Ganzen der positiven Rechtsordnung hinzugehört. „Seine Geltung ist daher nur eine Geltung im Rahmen dieses Systems und wird . . . durch den Zusammenhang des Systems, durch den objektiven Geist, den „Aufbau“ und die leitenden Prinzipien dieses Rechtssystems bestimmt und begrenzt. Er „gilt“ nur insoweit, als er sich in das sinnhafte Gefüge des positiven Rechtssystems einfügt und am Ganzen desselben teilhat[1].“ Da nicht die Willkür des Gesetzgebers, sondern „sein durch die Rechtsidee gebundener und geleiteter Wille“ das Recht schafft, folgt für die Neuhegelianer, daß ein Gesetz, das gegen die leitenden Gerechtigkeitsprinzipien des betreffenden positiven Rechts verstößt, so daß das positive Recht dadurch in sich selbst widerspruchsvoll und unvernünftig werden würde, unverbindlich ist[2].

Andererseits aber muß der Richter, der in der geltenden Rechtsordnung als Ganzem nicht mehr eine Verwirklichung der Rechtsidee erblicken kann, für sich die Folgerungen ziehen. „Als Richter bleibt er verpflichtet, das positive Recht seiner Rechtsgemeinschaft als Ganzes und d. h. als bestimmte Ausgestaltung der Rechtsidee zur Anwendung zu bringen[3].“

Mit aller Deutlichkeit wird abgelehnt, außerrechtliche Maßtäbe heranzuziehen, insbesondere das Recht unter die Moral zu stellen. Wie bei dem Konflikt zwischen menschlichem und göttlichem Gesetz verstrickt sich nach Larenz auch in diesem Falle der Mensch in eine tragische Schuld. Der Gegensatz zwischen beiden Gesetzen aber sei nach Hegel der höchste sittliche und darum der höchste tragische aber notwendige Gegensatz[4].

1. *Kritik der neuhegelianischen Rechtsphilosophie*

Die neuhegelianische Lehre, die keine klaren Grenzen für die Macht des Gesetzgebers aufzeigt, sondern sich auf die allgemeinen oben wiedergegebenen Formulierungen beschränkt hat, erscheint in sich widerspruchsvoll. Überzeugender als die Unwirksamkeit einer Norm, die gegen die leitenden Gerechtigkeitsprinzipien verstößt, läßt sich gerade mit der Lehre der Neuhegelianer die Wirksamkeit jeder Norm nachweisen. Der Grund liegt letztlich darin, daß die Rechtsidee formal, ihre Ausgestaltung aber von der positiven Rechtsordnung abhängig ist. Ohne einen metajuristischen Bezugspunkt läßt sich dem geltenden Recht nicht der Vorwurf der Unsittlichkeit machen. Wenn Larenz sagt, nicht die Willkür des Gesetzgebers schaffe das Recht, sondern sein durch die Rechtsidee gebundener und geleiteter Wille[5], so darf dabei nicht übersehen werden, daß die positive Rechtsordnung als Ganzes unmittelbar die Verwirklichung der Rechtsidee

---

[1]) Larenz, Rechtsgeltung, S. 33.

[2]) Larenz, Rechtsgeltung, S. 34, 35; für Binder ist ein Gesetz unverbindlich, das im Gegensatz zu dem Rechtsbewußtsein des Volkes als der Wirklichkeit des Geistes steht, Grundlegung, S. 160.

[3]) Larenz, Rechtsgeltung, S. 41.

[4]) Larenz, Rechtsgeltung, S. 37; Binder lehnt die Heranziehung außerrechtlicher Maßstäbe ebenfalls ab, Grundlegung, S. 160.

[5]) Rechtsgeltung S. 34.

ist[1]). Da Geltungsanspruch, Geltungsbestand, Idee und Positivität in ihrer Verflochtenheit eines sind, verändert der Gesetzgeber durch jedes Gesetz, das eine vom Hergebrachten abweichende Regelung trifft, den Geltungsbestand und damit zugleich den Geltungsanspruch. Wenn sich die Positivität ändert, verändert sich zugleich nach dialektischer Denkweise der Inhalt der Idee, die Idee selbst. Die Bedeutung und das Verhältnis der leitenden Prinzipien wird verschoben, denn die Prinzipien selbst sind nicht starr, sondern ergeben sich aus dem Zusammenspiel der verschiedenen Normen.

Gerade die von Larenz angegebenen Beispiele, in welchen Fällen ein Gesetz wegen Verstoßes gegen die leitenden Prinzipien nichtig sei, zeigen, daß auf Grund positiver Normen und der daraus abgeleiteten Prinzipien nicht die Unverbindlichkeit anderer Normen erwiesen werden kann.

So hält Larenz[2]) ein Gesetz, das die Bigamie gestatten würde, nicht für rechtsgültig. Dieses Gesetz würde gegen das Prinzip der Ein-Ehe verstoßen. Für den Begriff der Ehe als Ein-Ehe dürften die Vorschriften über die Strafbarkeit der Bigamie, die Bestimmungen des Eherechts und schließlich die Verfassung maßgebend sein. Wenn die Mehr-Ehe gestattet wird, verlieren diese Normen ihre Bedeutung. Die Bigamie ist nicht mehr strafbar, sie ist kein Ehebruch. Die Verfassung müßte unter Umständen geändert werden, was auch Larenz[3]) vorsieht. Das Prinzip der Ein-Ehe ist also von dem Gesetzgeber verlassen worden. Dann kann man aber nicht mehr davon sprechen, das Gesetz, welches die Bigamie gestatte, verstoße gegen ein geltendes Prinzip. Dieses Gesetz würde zwar gegen das Sittengesetz im christlichen Sinne verstoßen, aber darauf kommt es bei Larenz nicht an. Da auch das herrschende Rechtsbewußtsein des Volkes nicht den Ausschlag gibt, sondern die positive Rechtsordnung, dürfte trotz der Behauptung von Larenz, dieses Gesetz sei ungültig, sich nach der neuhegelianischen Lehre nichts gegen dieses Gesetz einwenden lassen.

Das gleiche gilt von den anderen von Larenz gegebenen Beispielen. Wenn er dennoch zu dem Ergebnis kommt, diese Gesetze seien unwirksam, so hat er entweder übersehen, daß der Geltungsanspruch dieser Gesetze den Geltungsbestand beeinflußt oder er hat die Rechtsidee von der positiven Rechtsordnung losgelöst und ihr eine selbständige Stellung eingeräumt. Dann hat er aber sein eigenes System — der dialektischen Wechselbeziehung zwischen Gesetz und Rechtsidee — verlassen und das Ergebnis erschlichen. Dann aber werden alle Gesetze, die von der Rechtstradition abweichen, z. B. die Sozialgesetzgebung Bismarcks oder das wirtschaftliche Mitbestimmungsrecht der Arbeitnehmer, in Frage gestellt.

Für den Fall einer Neuschöpfung oder grundlegenden Umgestaltung der Rechtsordnung gibt Larenz immerhin zu, daß die früheren Prinzipien die neue Ordnung in ihrer Geltung nicht beeinträchtigten. Die neue Ordnung müsse sich nur in ihrer Gesamtheit als durch das Streben nach der

---

[1]) S. 33.
[2]) S. 34.
[3]) aaO.

gerechten Regelung geleitet darstellen[1]). Wann eine Rechtsordnung aber „im ganzen und grundsätzlich ungerecht[2])" sein soll, bleibt bei Larenz offen. Es dürfte sich auch aus dem dialektischen System kaum klären lassen. Denn jedes Recht ist formal eine Gemeinschaftsregelung, auch wenn die Gemeinschaft nach unseren Vorstellungen mehr einer Sklavenhalterei als einem Rechtsstaat gleicht.

2. *Der Neuhegelianismus im Dritten Reich.*

Binder und Larenz haben persönlich die mangelnde Überzeugungskraft ihrer Lehren, die den tatsächlichen Anforderungen des Staatslebens nicht gewachsen sind, bewiesen. Larenz hat bereits im Jahre 1934 seine Lehre von der Rechtsgeltung abgeändert, Binder folgte im Jahre 1937. Nach der vom Nationalsozialismus beeinflußten neueren Ansicht ist das richterliche Prüfungsrecht mit der Stellung des Führers unvereinbar[3]).

Larenz führt aus: „Es ist die Idee des Führers, daß in ihm die Einheit von Volkswille und Staatswille ihren sichtbarsten Repräsentanten und Bürgen hat. Niemand anders als der Führer kann daher die letzte Entscheidung darüber fällen, ob eine bestimmte Regelung gelten soll. Ihm gegenüber bedarf es keiner Garantie für die Wahrung der Gerechtigkeit, da er kraft seines Führertums ‚Hüter der Verfassung' und das heißt hier der ungeschriebenen konkreten Rechtsidee eines Volkes ist. Ein auf seinen Willen zurückgehendes Gesetz unterliegt daher keiner richterlichen Nachprüfung[4])."

Binder und Larenz haben dem Gesetzgeber keine Schranken aufweisen können. Sie wurden vielmehr zum „geistigen Wegbereiter einer Machtrauschphilosophie[5])".

---

[1]) S. 35.

[2]) S. 32.

[3]) Binder, System, S. 345 Anm. 11; a. A. noch in der Grundlegung der Rechtsphilosophie 1935, S. 151 Anm. 1: „Dieses Prüfungsrecht ist . . . auch gegenüber der Gesetzgebung des ‚Dritten Reiches' zu behaupten. Es handelt sich ja dabei nicht um die Persönlichkeit des Mannes, den das deutsche Volk jetzt als Führer und als Organ seines bewußten, allgemeinen Willens anerkennt", vielmehr sei das Prüfungsrecht unentbehrlich, weil die Möglichkeit bestehe, daß die Formen der Gesetzgebung „in den Dienst eines besonderen Willens und besonderer Zwecke gestellt werden".

[4]) Larenz, Rechtserneuerung, S. 34.

[5]) Boehmer, II 1, S. 154; Binder ist zugute zu halten, daß er in dem Führer nicht das empirische besondere Subjekt gesehen hat oder sehen wollte (System, S. 253) und ihn auf seine Verantwortung vor der Geschichte eindringlich hingewiesen hat (aaO. S. 335).

Über Larenz neuerliche Wendung zu einem aus der Natur der Sache begründeten Naturrecht, Würtenberger, ARSP 38, 115 und 116.

Es darf nicht als Kritik an den Menschen Binder und Larenz verstanden werden, wenn ihre Bekenntnisse zum Nationalsozialismus hier wiedergegeben werden. Eine solche Kritik steht dem Verfasser nicht zu. Es wird aber der Hinweis für erforderlich gehalten, daß in der Zeit, in welcher die Lehre der Neuhegelianer ihre Anwendbarkeit hätte beweisen können, diese von ihren Urhebern aufgegeben worden ist.

Abschnitt II

Die gegenwärtige Gestalt des Problems

1. Das Problem der Rechtsgeltung

A. a) Der Begriff der Geltung

Wenn die Geltung des positiven Gesetzes von einer Vereinbarkeit mit dem Sittengesetz abhängt, müßte der Richter verpflichtet sein, gegen die unsittliche Norm zu entscheiden. Aber auch das unsittliche Gesetz entfaltet im Rechtsleben eine Kraft. Gesetze, die nach unserer heutigen Erkenntnis unsittlich sind, wurden, wie die Geschichte zeigt, angewendet. Sie setzten sich durch. Ja, zur Zeit ihres Bestehen wurden nicht einmal Bedenken gegen ihre Gültigkeit laut. Man denke nur an Folter, Sklaverei, Ketzerverfolgung, Vielweiberei.

Diese Gesetze galten faktisch. Um die faktische Geltung geht es nicht, auch nicht um die ethische Geltung. Ob ein Gesetz im Gewissen zum Gehorsam verpflichtet, muß in einer juristischen Untersuchung zurücktreten vor der Frage nach nach der juristischen Verbindlichkeit eines Gesetzes. Ist es richtig, einem Gesetz, das mit dem Sittengesetz in Widerspruch steht, einen normativen Sinn zuzuerkennen? Mit anderen Worten: ist die juristische Geltung eines Gesetzes davon abhängig, ob es mit dem Sittengesetz vereinbar ist?

b) Die Naturrechtslehren

Dem Relativismus und dem Positivismus, die diese Fragen entschieden verneinen, wurde vor allem in den Jahren nach 1945 der Vorwurf gemacht, sie dienten als Rechtfertigung jeder Macht. Der Positivismus habe „den deutschen Juristenstand wehrlos gemacht gegen Gesetze willkürlichen und verbrecherischen Inhalts[1])".

Aus dieser Sicht werden die verschiedenen Strömungen des Naturrechts in der jüngsten Zeit verständlich. Neuy sagt, die radikale Ablehnung des Positivismus sei heute zum politischen Dogma geworden[2]). Man ist der Auffassung, durch die Normen des Naturrechts, als eines von jeder menschlichen Rechtssatzung und von Zeit und Ort unabhängigen, allgemein gültigen

---

[1]) Radbruch, Rechtsphilosophie, 1950, S. 352; diese Lehren seien „Bahnbrecher und Helfer" der totalitären Gewalt geworden, Schlink, S. 249.

[2]) Stud. generale, 54, 96; zusammenfassende Übersichten über das moderne Naturrecht bei Fechner, DRZ 49, 697 und DRZ 50, 97; Würtenberger, ARSP 38, 108; ARSP 40, 576; ARSP 41, 58 ff.

und unwandelbaren Rechts, das in der Vernunft erkennbar, dem positiven Recht übergeordnet und dem Gesetzgeber vorgegeben sei, könne eine wirksame Schranke gegen den Mißbrauch der gesetzgebenden Gewalt errichtet werden. Denn neben der Aufgabe des Naturrechts als Vorbild für die Gesetzgebung und Ergänzung des positiven Rechts wird ihm die Kraft beigemessen, das positive Recht für nichtig zu erklären, wenn es in anstößiger Weise von den Grundsätzen des Naturrechts abweicht[1]).

Die Spannungen, die auftreten müssen, wenn zwei Rechtsordnungen – eine positive und eine überpositive – zur gleichen Zeit einen Geltungsanspruch erheben, versucht man auf diese Weise zu lösen. Das Naturrecht gilt im juristischen Sinne nur in den Ausnahmesituationen, wenn ein positiver Rechtssatz in erheblichem Umfange gegen das Naturrecht verstößt. Einige der Naturrechtslehren aber sehen auch von diesem Geltungsanspruch des Naturrechts ab. Das Naturrecht ist dann nur noch ein seinsollendes Recht, ein Idealrecht[2]). Diese Ansicht verspottet Bergbohm mit den Worten: „Da hätten wir also die auf das herrlichste ausgerüstete Armee in Parade, aber wehe uns, wenn wir uns auf sie verlassen – auf dem Schlachtfelde gehen ihre Gewehre nicht los[3]).“

Es mag hier offen bleiben, ob nach der Widerlegung durch Kant, der Kritik Bergbohms und den eingehenden Untersuchungen Welzels in „Naturrecht und materiale Gerechtigkeit“ dem Naturrecht noch eine konstitutive Bedeutung beigelegt werden kann. Die Auseinandersetzung mit dieser Frage würde den Rahmen dieser Arbeit weit überschreiten.

Für diese Untersuchung haben die Naturrechtslehren nur insoweit Bedeutung, als sie die Entscheidung des Richters gegen das Gesetz fordern. Weigelins Ansicht, zur Begründung der richterlichen Prüfungszuständigkeit gegenüber „moralischen Ungeheuerlichkeiten“ bedürfe man nicht eines Naturrechts[4]), ist insoweit berechtigt, als die modernen Naturrechtslehren nur eine Prüfungszuständigkeit gegenüber dem „inhaltlich unsittlich gewordenen Gesetz“ fordern[5]). Coing verlangt zwar die Entscheidung gegen das Gesetz, das im klaren Gegensatz zu erkennbaren Gerechtigkeitsprinzipien steht[6]), aber dies ist wiederum für ihn eine „sittliche“ Frage[7]). Er stellt zwar Grundsätze einer dem Naturrecht entsprechenden Staatsordnung auf, mißt diesen Grundsätzen aber keine positive Verbindlichkeit bei. Sie bleiben seinsollendes Recht. Nach Coing widerspricht – im Gegensatz etwa zu Cathrein – die Todesstrafe der Rechtsidee. Es müsse daher nach ihrer Beseitigung gestrebt werden. An der Verbindlichkeit eines die Todesstrafe anordnenden Gesetzes zweifelt Coing aber nicht[8]).

Weil das Naturrecht ethisch fundiert und nur dann gegenüber dem positiven Recht eine Wirksamkeit entfalten soll, wenn ein Gesetzgeber

---

1) Weigelin, ARSP 39, 113; als Beispiel für viele: Rommen, S. 251; über den Begriff des Naturrechts Radbruch, Rechtswissenschaft, S. 34.

2) E. Brunner, Gerechtigkeit, S. 322, Anm. 38; Küchenhoff, Naturrecht und Christentum, zit. Boehmer II, 1, S. 221.

3) S. 369.

4) ARSP 39, 117.

5) Rommen, S. 251.

6) S. 258.

7) S. 259.

8) S. 214.

gegen diese ethischen Grundlagen verstößt, wird uns nicht die Frage beschäftigen, wann ein Gesetz naturrechtswidrig ist. Es wird hier nur zu untersuchen sein, wann ein positives Gesetz nach diesen Lehren seine juristische Geltung einbüßt, insbesondere auf Grund welcher Kriterien dies feststellbar ist. Es bedarf daher keiner Darstellung der verschiedenen Naturrechtslehren in ihrer „bunten, fast verwirrenden Fülle[1])", von der Schönfeld feststellt, es gebe „einseitige, zweiseitige, reine und gemischte, normative und normativpositive, geschichtsfeindliche und geschichtsfreundliche, dogmatische und kritische, idealistische und ideal-realistische, kommunistische und sozialistische Naturrechtslehren in verschiedenen Spielarten", und es gebe auch „ein kosmologisches, ein theologisches, ein anthropologisches, ein biologisches, ein ontologisches und tranzendental-logisches Naturrecht[2])". Die Erkenntnisse jener Lehren werden vielmehr im Rahmen der Untersuchung zu berücksichtigen sein.

c) Der Positivismus

Für den unkritischen Positivismus hat das Recht seine Wurzel im Willen des Herrschers. Was er befiehlt, ist „das Recht". Ein Widerspruch der positiven Norm zum Sittengesetz ist juristisch unbeachtlich. Über die Gründe der Geltung des Rechts legt der unkritische Positivismus sich keine Rechenschaft ab[3]).

Der kritische Positivismus setzt sich zwar mit dem Für und Wider des Positivismus auseinander, gelangt aber ebenfalls zu dem Ergebnis, daß nur das, aber auch alles das, was den historischen Weg der Rechtswerdung durchgemacht hat und als Recht funktioniert, Recht ist[4]).

Man lehrte mit Kant, die Gebote des Rechts seien heteronom und forderten nur äußeren Gehorsam. Das Sittengesetz hingegen sei autonom. Es stelle nicht auf den Erfolg der Handlung, sondern auf die einer Handlung zugrunde liegende Gesinnung ab. Dem Recht gehe es um die äußere Ordnung, der Moral allein um die inneren Werte. Wegen dieser grundlegenden Unterschiede seien Recht und Sittlichkeit getrennt. Jedes rechtsphilosophische Bestreben, die Zusammenhänge zwischen beiden Normgebilden zu erhellen, wird als unjuristisch zurückgewiesen. „Alle historischen, politischen und philosophischen Betrachtungen – so wertvoll sie an sich sonst sein mögen – sind für die Dogmatik eines konkreten Rechtsstoffes ohne Belang und dienen nur zu häufig dazu, den Mangel an konstruktiver Arbeit zu verhüllen[5])."

---

1) Würtenberger, ARSP 38, 138.
2) Geschichte der Rechtswissenschaft, S. 119.
3) Herrfahrdt, Stud. gen. 54, 88.
4) Bergbohm, S. 80.
5) Laband, Vorwort zur 2. Aufl. Das Staatsrecht des Deutschen Reiches, 1888, Bd. I, S. XI; Rainer, ARSP 40, 520; Esser, S. 25; über die Trennung von Recht und Moral bei Stammler, E. v. Hippel, AÖR 57, 94; die Trennung von Recht und Moral ablehnend Radbruch, Einführung in die Rechtswissenschaft, S. 16; Sauer, Völkerrecht, S. 257; Schombardt, S. 2 bis 8, mit reichen Schrifttumsangaben.

Georg Jellinek erklärte, Recht und Moral seien streng geschieden. Der Gesetzgeber sei zwar auch dort, wo er über ein individuelles Rechtsverhältnis entscheide, moralisch an die Forderungen der materiellen Gerechtigkeit gebunden, „aber juristisch ist er frei[1])". Triepel anerkennt, daß es für den Einzelnen einen Konflikt geben kann, ob er den Gesetzen des Staates oder den Forderungen seines Gewissens nachkommen soll, dies sei aber kein „Konflikt zwischen Recht und Recht[2])".

In dem Bestreben, alle irrationalen Elemente aus dem Recht zu entfernen und in der Erkenntnis, daß der Inhalt der Gerechtigkeit auf rein wissenschaftlichem Wege nicht nachgewiesen werden könne, richtet Kelsen seine „reine Rechtslehre" auf[3]). Als „Mittel" und als "Zwangsapparat" steht sie zur Verfolgung „jeden beliebigen sozialen Zwecks zur Verfügung[4])".

Auch die verschiedenen Strömungen des Neukantianismus sind sich in der strengen Gesetzesgebundenheit des Richters einig. Weil alle inhaltliche Bestimmung der Gerechtigkeit und der Rechtsidee der wissenschaftlichen Erkenntnis verschlossen sei, werden die Werte der Geschichtlichkeit und Relativität zugewiesen[5]).

Für den Positivismus ist der Gesetzgeber allmächtig[6]). Die Frage nach der richterlichen Prüfungszuständigkeit wird entweder als „unjuristisch" und „unpraktisch" beiseite geschoben oder dem Richter wird unter Hinweis auf die Gefährdung der Rechtssicherheit die Prüfungszuständigkeit abgesprochen[7]). So wird der Richter, wie Kelsen erklärt, zum „Techniker der Gesellschaft[8])". Er hat auch „den Befehlen eines Paranoikers, der sich König dünkt" zu folgen[9]). Er muß auch das „niederträchtigste Gesetz" als verbindlich betrachten. „Gerade dem um seine Schändlichkeit oder Unhumanität mißfälligen Recht gegenüber bewährt sich erst des reinen Juristen vornehmste Tugend: Die Fähigkeit, seinen Verstand jeder Beeinflussung selbst durch die tiefsten persönlichen Überzeugungen und heißesten Herzenswünsche zu entziehen, die Befriedigung derselben nur auf dem Wege der Rechtsumbildung erwartend[10])."

---

1) Gesetz und Verordnung, S. 246; passim Anschütz, Ver. D. Ver. Dt. Staatsrechtslehrer 3, 49; Bade, DRZ 25, 153; Oertmann, Gesetzeszwang und Richterfreiheit, S. 17; Oppenheim, S. 104, Anm. 4.

2) Völkerrecht und Landesrecht, S. 254 Anm. 1.

3) Rechtslehre, S. 16; vgl. auch Kelsen, Naturrechtslehre, S. 28 bis 30; Ver. D. Ver. dt. Staatsrechtslehrer 3, 55.

4) Rechtslehre, S. 32.

5) Welzel, mat. Gerechtigkeit, S. 179; Binder, Rechtsbegriff und Rechtsidee, S. 212; Herrfahrdt, DRZ 49, 32; M. E. Mayer, Rechtsnormen, S. 17; Stammler, Der Richter, S. 51.

6) Georg Meyer, Staatsrecht, S. 15 und 457.

7) Georg Jellinek, S. 398 Anm. 2; Radbruch, Rechtsphilosophie 1932; Anschütz, Anm. 4 zu Art. 102 weist auf Art. 102 der Weimarer Reichsverfassung hin und spricht die Prüfungszuständigkeit dem Richter ebenfalls ab; der II. Deutsche Richtertag erklärte 1911: „Der Richter hat niemals das Recht, vom Gesetz abzuweichen." (DRZ 1911, 790).

8) Rechtslehre S. VI.

9) Radbruch, Rechtsphilosophie 1932, § 10 1.

10) Bergbohm, S. 144 und 398; passim Radbruch, Rechtsphilosophie 1932, § 10 3.

B. a) Der metaphysische Grund der Rechtsgeltung

Der Positivismus vermag das Grundproblem aller Staatsphilosophie nicht zu lösen, nämlich die Frage, woher der Gesetzgeber das Recht herleitet, Gehorsam gegen die Gesetze zu verlangen, an den Tatbestand des Ungehorsams Rechtsfolgen zu knüpfen und diese durchzusetzen. Recht wird beim Positivismus letztlich mit Macht gleichgesetzt[1]).

Es bleibt auch bei Kelsen offen, worauf die Geltung der Grundnorm, auf die bei ihm alles positive Recht aufgebaut ist, beruht. Sie wird von ihm vorausgesetzt, sie gilt nur hypothetisch, muß jedoch das ganze Gedankengebäude tragen[2]).

Die Anerkennungstheorien, die den Geltungsgrund des Rechts in der Anerkennung der Gesetze durch die Rechtsunterworfenen sehen, vermögen zwar die Umwandlung des bedingten Müssens, das aus jedem Machtspruch folgt, in ein Sollen zu erklären. Aber sie sind auf manche Spitzfindigkeit und Fiktion angewiesen, um auch gegenüber dem Rechtsbrecher die Geltung des Rechts zu erweisen[3]). Auch verschieben die Anerkennungstheorien die Frage nach dem Geltungsgrund des Rechts von dem Gesetzgeber auf den Normunterworfenen ohne sie zu beantworten. Denn es ist nunmehr zu fragen, worauf die Anerkennung der bestehenden Rechtsordnung ihrerseits zurückgeht.

Jede Revolution zeigt, daß diese Anerkennung der Rechtsordnung nicht eine Selbstverständlichkeit ist. Wenn der revolutionäre Gewaltakt aber gelungen ist, setzt der neue Machthaber im Namen der Gemeinschaft Recht und verschafft sich Anerkennung[4]). Auch ist die Grundlage wohl aller moderner Staaten der gewaltsame Bruch der alten Rechtsordnungen. Die Lehre von der „normativen Kraft des Faktischen“, mit der man die Tatsache des Gehorsams gegenüber dem neuen Machthaber und seine Befugnis zur Rechtsetzung zu begründen versuchte, weist nicht auf, warum diejenigen Kräfte, die ebenfalls Macht besitzen, ihren Machtwillen im Zaum halten und das „du mußt“ des neuen Machthabers als ein Sollen, als Recht empfinden und beachten[5]).

Es beruht, wie Klein nachgewiesen hat, der Gehorsam gegenüber den Gesetzen nicht auf einem seelischen Zwang, der auf den Gesetzesunterworfenen ausgeübt wird. Vielmehr erzeugt das ganze geistige Wesen des Menschen, die Persönlichkeit mit allen ihren geistigen Qualitäten das soziale

---

[1]) E. v. Hippel, AöR 57, 86; Reiner, ARSP 39, 36; so gibt auch Kelsen zu: „Wer den Schleier hebt und die Augen nicht schließt, dem starrt das Gorgonenhaupt der Macht entgegen.“ (Ver. d. Ver. dt. Staatsrechtslehrer 3, 55).

[2]) Mezger, Begriff der Rechtsquelle, S. 19; über die Antinomie in der reinen Rechtslehre, die ein von allem tatsächlichen Geschehen unabhängiges Normgebilde sein soll, aber selbst in der „Grundnorm“ auf eine solche Tatsächlichkeit des Geschehens gegründet ist, Larenz, Rechts- und Staatsphilosophie S. 29.

[3]) Als Vertreter der Anerkennungstheorie sei Bierling I, S. 40 ff. insbes. 47, genannt; vgl. auch Radbruch, Rechtsphilosophie 1932, § 10, 2.

[4]) Coing, S. 240.

[5]) Passim E. v. Hippel, AöR 57, 105.

Phänomen des Rechtsgehorsams[1]. So stößt man bei der Frage nach dem Geltungsgrund des Rechts auf metarechtliche und überpositive Kräfte, die Gewissensbindung des Menschen, ethische Grundsätze, religiöse Überzeugungen[2]. Es ist das Bewußtsein einer inneren Verpflichtung, eine Ordnung schaffen zu sollen, die den Anstoß zum Aufbau einer Rechtsordnung gibt[3]. Diese ethischen Kräfte lassen das Recht zur Pflicht werden. Sie wandeln das bedingte Müssen in ein Sollen. Diese Kräfte verbürgen auch die faktische Geltung einer Rechtsordnung. Erkennt man in ihnen das Wirken des Sittengesetzes, das über den Menschen steht, so ist der Grund der Geltung des positiven Rechts das Sittengesetz.

Insoweit findet sich innerhalb verschiedener Strömungen der Rechtsphilosophie eine weitgehende Übereinstimmung. Die katholische Naturrechtslehre gründet die Geltung des Rechts auf das natürliche Sittengesetz, das in dem von Gott hell erleuchteten Gewissen des Menschen erkennbar wird[4]. Für M. E. Mayer ist die Verbindlichkeit des Rechts durch seine Übereinstimmung mit den Kulturnormen, die der Mensch kennt und anerkennt, gegeben. Da er unter Kulturnormen die Summe derjenigen Gebote und Verbote, die als religiöse, moralische, konventionelle, als Forderungen des Verkehrs und des Berufs an das Individuum herantreten, versteht, ist auch bei ihm das Sittengesetz Geltungsgrund[5]. Bei Radbruch (1932) ist die Moral „einerseits Zweck des Rechts und, eben deshalb, andererseits Grund seiner verpflichtenden Geltung[6]".

Die Zusammenstellung darf nicht darüber hinwegtäuschen, daß der Begriff der Sittlichkeit, auf der das Recht beruht, bei den einzelnen Lehren verschieden ist. Es handelt sich daher mehr um eine parallele als um eine sich deckende Übereinstimmung. Aber sie zeigt der Idee nach den gleichen Gedankenverlauf.

Die Geister scheiden sich aber wieder bei der Frage, welchen Einfluß ein Widerspruch zwischen Gesetzesbefehl und Moralgebot auf die Geltung des Gesetzes hat. Die einen, wie M. E. Mayer und Gierke, weisen der-

---

[1] S. 20.
[2] S. 35.
[3] Hannes, JR 49, 457.
[4] Cathrein, I, S. 472, 577 mit Schrifttumsnachweisen S. 576; Lehmkuhl, S. 314; Rommen, S. 360.
[5] Rechtsnormen, S. 17; passim Goldschmidt, S. 247; E. Schmidt, Lehrkommentar, S. 212, Nr. 396, spricht von der höheren sozialen Wertwelt; bei Kohler ist Geltungsgrund die Grundlage der Kultur (§ 3).
[6] Rechtsphilosophie 1932, S. 43, aber auch Rechtswissenschaft, S. 20; passim Julius Binder, Grundlegung, S. 160, aber auch Philosophie des Rechts, S. 264; Buse, JR 49, 363; Coing, S. 241; Esser, S. 4, sagt „Recht ist die geistige Macht der Überzeugung vom richtigen Zusammenleben"; Gierke, Privatrecht I, S. 116; E. v. Hippel, AÖR 57, S. 109 und 113; Kägi, S. 170; Laun, Recht und Sittlichkeit, S. 21 und 96, und Menschenrecht, S. 15; Roemer, SJZ 46, 9; Stoll, S. 202 (aber nur formal); aber auch, cum grano salis Rehfeldt, S. 15 und 56, der Vergeltungstrieb sei „die Grundlage unserer gesamten Rechtsordnung"; in seinem scharf pointierten Realismus dürfte er über den richtigen Kern seiner Erkenntnisse hinausschießen.

artige Gesetze entschieden zurück und sagen ihnen nur einen kurzen Bestand voraus. Sie zweifeln aber nicht an deren juristischer Verbindlichkeit[1]).

Die anderen, vor allem die Naturrechtslehren, sprechen diesen Gesetzen die Verbindlichkeit ab[2]). Dieser Schritt erscheint zwingend, da die Geltungsgrundlage des positiven Rechts, das Sittengesetz, überschritten ist. Das Sittengesetz macht es den Rechtsunterworfenen zur Pflicht, Untertan der Obrigkeit zu sein und ihre Befehle zu beachten. Das Sittengesetz ist daher die dem positiven Gesetz übergeordnete Norm[3]). Im Widerstreit zwischen beiden Normgebilden müßte daher dem Sittengesetz der Vorzug gegeben werden[4]).

b) Der realistische Grund der Rechtsgeltung

Wenn man sich auf diese Erwägungen beschränkt, vereinfacht man aber das Problem. Man übersieht, daß sich der Durchschnittsmensch, wenn auch widerwillig, der Obrigkeit fügt. Er tut dies selbst dann, wenn er sie nicht als rechtens anerkennt und nicht anerkennen kann. Er ist bereit, sich auch unsittlichen Befehlen zu beugen, wenn der staatliche Machtapparat hinter ihnen steht. Boehmer stellt fest, „weniger die Freiheit als ein Minimum an spießbürgerlicher wirtschaftlicher Geborgenheit ist im Werturteil weiter Volkskreise das höchste Gut, dem die Freiheit bedenkenlos oder resigniert geopfert wird[5])."

Von der Schwäche, Angst, Feigheit und Bequemlichkeit, aber auch der Ohnmacht des Einzelnen angesichts der Staatsgewalt, die zu dieser Haltung führen können, soll hier nicht gesprochen werden. Tatsache aber ist, daß auch noch die verwerflichste Rechtsordnung ein Minimum an Schutz gewährt. Sie schafft eine Ordnung, verhindert den zügellosen Kampf aller gegen alle. Um dieser Funktion willen hat auch sie einen Wert und eine sittlich verpflichtende Kraft ohne Rücksicht auf ihren Inhalt[6]). Denn die höheren Kulturwerte können nur erblühen, wenn die elementaren Voraussetzungen dafür geschaffen sind, wenn Leben, Freiheit, Eigentum gesichert werden[7]).

---

[1]) M. E. Mayer, Rechtsnormen, S. 26; Gierke, Privatrecht I, S. 118; Gierke gestattet nicht einmal die Prüfung von Gesetzen auf ihre materiale Verfassungsmäßigkeit, aaO. S. 136 Anm. 38; Esser, S. 21; unmißverständlich erklärt auch Thoma, Grundbegriffe, S. 141: „Wiewohl eine Legislative von Rechts wegen keine ungerechten, unsittlichen, unvernünftigen Normen erlassen darf, so kann sie es doch"; anscheinend auch Sauer, Sozialphilosophie, S. 246, aber anders anscheinend aaO. S. 236 u. S. 248 und Methodenlehre, S. 283.

[2]) Cathrein I, S. 463; Coing, S. 243; Lehmkuhl, S. 314 und 405; Roemer, SJZ 46, 9; Schönfeld, Struktur der Rechtsordnung, S. 62.

[3]) Laun, S. 21.

[4]) Coing, S. 243; Hannes, JR 49, 457; Schönfeld, aaO., S. 62; aber auch Radbruch, Rechtsphilosophie 1932, § 10 3; „Es kann Schandgesetze geben, denen das Gewissen den Gehorsam verweigert."

[5]) II 1, S. 225.

[6]) Welzel, Rechtspositivismus, S. 289; aber auch Rommen, S. 206, es bestehe die „Forderung an die Untergebenen, das hohe Gut der Ordnung selbst dann zu wahren, wenn ein einzelnes Gesetz vor der Vernunft nicht ganz zu rechtfertigen ist."

[7]) Hartmann, S. 384.

Daher lebt auch in jeder Rechtsgemeinschaft die Vorstellung von der Notwendigkeit einer gesellschaftlichen Ordnung, welchen Inhalt sie auch haben möge. Auch Hartmann hat erkannt: „Der Wille zum Rechten ist als solcher wertvoll, unabhängig von der jeweiligen Werthöhe dessen, was er fördert, schützt oder sichert. Er besteht auch dann noch zu Recht, wenn die Intention objektiv irregeleitet, der Sachverhaltswert des Rechts mißverstanden ist[1]." Den Wert des positiven Rechts als Ordnungsmacht anerkennt man als Achtung vor dem Gesetz oder Achtung vor dem Gesetzgeber, dessen Majestät „von Gottes Gnaden" ist[2]. Recht ist nicht nur verflichtender Wert, es ist auch schützende Macht[3]. Um dieser Schutzaufgabe gerecht zu werden, ist es mit Zwangsgewalt umkleidet. Es kann unmißverständlich anordnen, was hier und jetzt geschehen soll. Den Geboten des Sittengesetzes fehlen beide Eigenschaften letztlich. Ihre Befolgung wird der Idee nach anheimgestellt[4].

Wohl gibt es eindeutige und allen Menschen gewärtige sittliche Gebote. Aber was hier und jetzt zu tun ist, gilt es, wie Hartmann bestätigt, „in jedem Fall neu zu erschauen[5]". Über den sittlichen Charakter einer Handlung muß der Mensch sich in seinem Gewissen ein Urteil bilden[6]. Weil das subjektive Erlebnis der Werte, deren Verwirklichung das Sittengesetz fordert, der einzige Zugang zu sittlicher Erkenntnis ist, kann Subjektives niemals vollkommen ausgeschlossen werden[7].

Die Gehorsamspflicht gegenüber der Rechtsordnung kann aber nicht allein auf ihrer Übereinstimmung oder Vereinbarkeit mit dem Sittengesetz beruhen, so wie es der Einzelne in persönlicher Sicht erlebt[8]. Sie wäre in das subjektive Vermögen oder Unvermögen des Einzelnen, die Normen des Sittengesetzes zu erkennen, gestellt. Zudem wäre bei der Schwierigkeit, das Erlebnis sittlicher Entscheidung nachzuprüfen, subjektiver Willkür Tür und Tor geöffnet.

Noch einen weiteren Unterschied zwischen Recht und Sittlichkeit gilt es zu beachten, auf den Welzel hingewiesen hat. Alle ethischen Forderungen und Gebote können ungebrochen von idealer Richtigkeit sein, weil sie als irreale Wesenheiten bestehen. In der Wirklichkeit dieser Welt aber sind sie ungebrochen nicht realisierbar[9]. Das Recht hat die Lebenswirklichkeit zu gestalten. Das kann es nur, wenn es den Ausgleich der Gegensätze versucht[10].

---

1) S. 385.
2) Herrfahrdt, Revolution, S. 48; Stoll, S. 205; Würtenberger, Legalität, S. 619 und 623; Stahl, S. 543, der aber S. 550 erkennt, daß die Gehorsamspflicht „irgendeine" Grenze habe; Staffel, DRiZ 1911, 729.
3) Welzel, Rechtspositivismus, S. 293.
4) Klein, S. 36.
5) S. 3.
6) Cathrein I, S. 470.
7) Coing, S. 108.
8) Passim Heck, AcP 122, 235.
9) Rechtspositivismus, S. 288.
10) M. E. Mayer, Rechtsphilosophie, S. 79; vgl. auch Ritter, S. 1.

Es hat erst dann einen Wert, wenn es auch eine wirklichkeitsgestaltende Kraft entfaltet. Es muß daher seine Befehle begrenzen, brechen[1]). Das Verbot, einen Menschen zu töten, kann als sittliche Forderung ungebrochen bestehen. Das Recht muß diese Norm brechen und für den Scharfrichter und den Soldaten Ausnahmen schaffen, will es die Ordnung in dieser Welt gestalten. Weil das Recht als schützende Macht wirken soll, kann es sittlichen Postulaten niemals voll gerecht werden. Es muß voluntativ entscheiden, welche Lebensgüter zu schützen sind und in welcher Rangfolge dies zu geschehen hat. Ungerechtigkeiten lassen sich nicht ausschalten[2]). Das Recht kann seine Ordnungsaufgabe aber nur erfüllen, wenn der Einzelne um der Ordnung willen Ungerechtigkeiten in Kauf nimmt und auch dann Gehorsam leistet, wenn er die Berechtigung eines staatlichen Gebotes oder Verbotes nicht anerkennen kann. Denn der Einzelne muß sich dem Ganzen unterordnen.

C. Die Grenzen der Gehorsamspflicht

Auch darüber besteht im Schrifttum Einverständnis. Umstritten sind aber die Grenzen der Gehorsamspflicht. Die Diskussion geht um die Werte Rechtssicherheit und Gerechtigkeit.

a) Der Relativismus

Der wissenschaftliche Relativismus sieht in der Rechtssicherheit den einzigen Wert, der erweislich ist, während alle anderen Werte unbeweisbar bleiben. Sie müssen daher hinter den Wert der Rechtssicherheit zurücktreten[3]).

Radbruch sah die Rechtsidee, die aus dem Streben nach Zweckmäßigkeit, Rechtssicherheit und Gerechtigkeit gebildet war, zugleich als konstitutives Prinzip und als Wertmaßstab für die Rechtswirklichkeit an[4]). Die Rechtsidee aber war rein formal und inhaltsleer, da sich inhaltserfüllte Sollenssätze nach Radbruch mit Sicherheit nicht erweisen ließen. Da der Rechtsidee Sollenssätze entsprächen, diese aber nicht induktiv auf Seinsfeststellungen, sondern wiederum nur deduktiv auf andere Sollenssätze gegründet werden könnten, sei mit wissenschaftlicher Methode nicht zu bestimmen, welches Sollen der Rechtsidee entspräche[5]). Es gäbe daher, entsprechend den großen politischen Parteiprogrammen, drei verschiedene Wertsysteme, auf die man die Fülle der sozialen Ideologien zurückführen könne. Nur das Gewissen könne die Entscheidung für eines dieser denkbaren Wertsysteme treffen[6]).

---

1) Welzel aaO.

2) Boehmer II, 1 S. 187; Esser, S. 15; M. E. Mayer, Rechtsphilosophie, S. 82: Wer „Normen sät, kann keine Gerechtigkeit ernten".

3) Radbruch, Rechtsphilosophie 1932, S. 83; über den Begriff des Relativismus Herrfahrdt, Revolution, S. 25.

4) Rechtsphilosophie 1932, § 1.

5) aaO. § 2.

6) E. v. Hippel, SJZ 50, 469.

Wenn es wissenschaftlicher Erkenntnis möglich wäre, das richtige Recht zu ermitteln, müßte dieses gelten. Da diese Möglichkeit aber nicht bestehe, vielmehr die Frage nach dem Zweck des Rechts nur durch die Aufzählung der mannigfaltigen Parteimeinungen zu beantworten sei, müßten eindeutige Regelungen geschaffen werden, um eine Ordnung des Zusammenlebens herbeizuführen. „Nur aus dieser Unmöglichkeit eines Naturrechts kann die Geltung des positiven Rechts begründet werden." Die Ordnung des Zusammenlebens könne nicht den Rechtsanschauungen der Einzelnen überlassen bleiben, sie müsse vielmehr durch eine überindividuelle Stelle geregelt werden. „Da aber nach relativistischer Ansicht Vernunft und Wissenschaft diese Aufgabe nicht . . . erfüllen . . . können, . . . muß Wille und Verstand sie übernehmen. Vermag niemand festzustellen, was gerecht ist, so muß jemand festsetzen, was rechtens sein soll. . . . Der Relativismus, bisher nur die Methode unserer Betrachtung, geht an dieser Stelle selbst als Bauglied in unser System ein[1])."

Während der Einzelne durch „Schandgesetze" – die es bei Radbruch trotz der Inhaltsleere der Rechtsidee gibt – nicht verpflichtet wird, ist der Richter nicht nur rechtlich, sondern auch in seinem Gewissen verpflichtet, diese Schandgesetze anzuwenden. „Für den Richter ist es Berufspflicht, den Geltungswillen des Gesetzes zur Geltung zu bringen, das eigene Rechtsgefühl dem autoritativen Rechtsbefehl zu opfern, nur zu fragen, was rechtens ist und niemals, ob es auch gerecht sei. Man möchte freilich fragen, ob diese Richterpflicht selbst, dieses sacrificium intellectus, diese Blankohingabe der eigenen Persönlichkeit an eine Rechtsordnung, deren künftige Wandlungen man nicht einmal ahnen kann, sittlich möglich sei. Aber wie ungerecht das Recht seinem Inhalt nach sich immer gestalten möge – es hat sich gezeigt, daß es einen Zweck stets, schon durch sein Dasein, erfüllt, den der Rechtssicherheit[2])."

Wie der Relativismus stützen alle, die eine Prüfungszuständigkeit des Richters ablehnen, ihre Entscheidung auf den Wert der Rechtssicherheit. Diese sei durch die Prüfungszuständigkeit gefährdet[3]).

b) Die Notwendigkeit klarer Abgrenzungen

Man hat dieser hohen Bewertung der Rechtssicherheit das Schlagwort „Unrechtssicherheit" entgegengestellt[4]). Man versucht, eine Abgrenzung zu finden zwischen Gesetzen, die zwar ungerecht, aber noch verbindlich sind,

---

1) Radbruch aaO. § 10, 3.   2) Radbruch aaO. § 10, 3.

3) Herrfahrdt, DRZ 49, 33, a. A. noch in Revolution, S. 125; Darmstädter, DRiZ 51, 172; Walter Jellinek, Ver. d. Ver. Dt. Staatsrechtslehrer 2, 40; Karger, DJZ 24, 135; Kern, MDR 49, 138; Kiesselbach, MDR 47, 2; Magnus, JW 30, 2; Matthiesen, DRZ 24, 40; M. E. Mayer, Rechtsphilosophie, S. 84; Nöldecke, MDR 49, 538; Peters, S. 36; Rümelin, AcP 122, 266; Schwinge, Methodenstreit, S. 25; Stoll, S. 202 und 205; aber auch E. Brunner, Gerechtigkeit, S. 110.

4) Darmstädter, SJZ 50, 791; der idealistische Grundsatz „Recht muß Recht bleiben" wirkt sich hier aus, Herrfahrdt, Revolution, S. 48; Gierke, Privatrecht I, S. 118; Roemer, SJZ 46, 9; wie dieser Grundsatz auch das Widerstandsrecht der Monachomarchen getragen hat, Wolzendorff, S. 520.

und Gesetzen, denen wegen ihres Unwertes keine Geltung zukommt. Dadurch glaubt man, der unabweislichen Forderung nach Rechtssicherheit Genüge getan zu haben. Man gibt dem Richter eine Generalklausel an die Hand, auf Grund deren er die Entscheidung, ob dem Gesetz der Gehorsam zu versagen ist, treffen soll. Man spricht von einer „Vermutung" für die Gültigkeit des Gesetzes[1]).

Zu der Feststellung, ein Gesetz sei wegen eines Verstoßes gegen das Sittengesetz nichtig, bieten sich zwei Wege an: die rationale Bestimmung der Grenzen der Staatsgewalt oder die Entscheidung des Richters auf Grund eines in seinem Rechtsgefühl und Gewissen gebildeten Urteils. Auf beiden Wegen hat man versucht, einen Ausgleich zwischen den widerstreitenden Belangen der Rechtssicherheit und Gerechtigkeit zu finden.

Auf rationalem Wege sollen die Grenzen der Staatsgewalt durch die Verfassung, vor allem durch die Grundrechte bestimmt werden. Wenn diese Bestimmungen nicht ausreichen – und das kann vorliegend der Fall sein, weil auch Verfassungsnormen unsittlich sein können oder unsittliche Gesetze ermöglichen können –, müssen andere Unterscheidungsmerkmale gefunden werden.

Diesen Merkmalen werden wir unsere ganz besondere Aufmerksamkeit zuwenden müssen. Denn nur, wenn sich eindeutige Kriterien feststellen lassen, um die Unverbindlichkeit eines Gesetzes festzustellen, kann der Gedanke von der Unverbindlichkeit unsittlicher Normen fruchtbar werden.

Jedes Gesetz, das faktisch in Kraft ist, erhebt einen Geltungsanspruch. Es verlangt vom Untertan und vom Richter Beachtung. Das unsittliche Gesetz erhebt den gleichen Geltunganspruch wie die sittlich einwandfreie Norm. Bei dem Gedanken, dieser Geltungsanspruch sei, weil ja das Gesetz nichtig sei, unbeachtlich, können wir uns nicht beruhigen. Es hieße in ein Denken der Begriffsjurisprudenz zurückfallen, wollte man aus der „Nichtigkeit" des Gesetzes ohne weitere Überlegung ableiten, dieses Gesetz sei in jeder Beziehung unbeachtlich.

Der Richter muß sich bei seiner Entscheidung mit der unsittlichen Norm auch dann auseinandersetzen, wenn sie nicht verbindlich ist. Selbst wenn er so urteilt, als wäre das Gesetz nicht erlassen, ist es nur ein Handeln „als ob", eine Fiktion. Ob ausdrücklich in den Gründen des Urteils, ob zwischen den Zeilen durch eine Pseudo-Auslegung des fraglichen Gesetzes oder eine spontane Entschließung, stets muß sich der Richter über den Geltungsanspruch der unsittlichen Norm hinwegsetzen[2]).

Jede Entscheidung gegen das Gesetz erfordert Mut, weil sie eine Auflehnung gegen den Gesetzgeber zum Inhalt hat[3]). Der Richter steht allein gegen die politische Macht. Er kann wegen seiner Entscheidung zur Rechen-

---

[1]) Lehmkuhl, S. 406; Marx, S. 11; Maurach, S. 567.

[2]) Noch weitergehend Kelsen, der den Begriff des nichtigen Staatsaktes verwirft. Auch diese Staatsakte sind nach Kelsen nur durch den konstitutiven Richterspruch und stets nur für den konkreten Einzelfall „vernichtbare" generelle Normen (Staatsgerichtsbarkeit, S. 46, 47).

[3]) Coing, SJZ 47, 64.

schaft gezogen werden. Daher kann die Entscheidung des charakterschwachen Richters anders ausfallen als die des charakterfesten. Mit dieser Schwäche einzelner Richter aber muß man rechnen und ihnen eine eindeutige Richtlinie geben, auf die sie sich berufen können.

Um nicht die Rechtssicherheit als die Stetigkeit und Regelmäßigkeit der Rechtsverwirklichung, als die Einheitlichkeit der Rechtsanschauungen und die Aufrechterhaltung der Rechtsordnung und den möglichst reibungslosen Ablauf des Staatsapparates zu gefährden, wird man klare Unterscheidungsmerkmale verlangen müssen[1]). Die unsittliche Norm steht nicht isoliert in dem Aufbau des gesamten Rechtsgefüges. Wenn eine Norm als nichtig angesehen wird, kann ein rechtsfreier Raum entstehen, der dringend einer rechtlichen Regelung bedarf. Es können auch von der unsittlichen Norm Rechte und Pflichten Dritter berührt worden sein. Das führt zu weiteren Kollisionen. Die Rechtsprechung zu verschiedenen nationalsozialistischen Gesetzen, denen man jetzt eine juristische Verbindlichkeit abzusprechen geneigt ist, zeigt in einer Reihe von Fällen die Unmöglichkeit, einfach über die unverbindliche Norm hinwegzugehen. Auch ihr muß für bestimmte Fälle zumindest eine faktische Geltung zuerkannt werden. So können unsittliche Normen mit tadelfreien und mit unentbehrlichen Normen bis zur völligen Unentwirrbarkeit verflochten sein[2]).

Jede Generalklausel hat die Tendenz zur Ausweitung. Es sei nur auf die Rechtsprechung zu § 242 BGB hingewiesen. Staudinger-Weber hat über sie in 999 Anmerkungen berichtet, eine Entwicklung, welche die Väter des BGB nicht im entferntesten geahnt haben. Der Gefahr der Ausweitung ist auch die Klausel ausgesetzt, die dem Richter gestattet, gegen das Gesetz zu entscheiden.

Die „Gewöhnung an Ungehorsam", vor der schon Aristoteles warnt[3]), könnte aber für die Rechtspflege unabsehbare Folgen haben. Darüber hinaus ist auch jede Generalklausel der Gefahr ausgesetzt, willkürlich durch politisch beeinflußte Ausfüllung und Auslegung für bedenkliche Zwecke mißbraucht zu werden[4]).

Eine Rechtsordnung kann nur aufrechterhalten werden, wenn es möglich ist, eine klare Grenze zwischen unsittlichen und daher unverbindlichen Gesetzen und verbindlichen Normen zu ziehen.

Nach Hippel ist zwar das Verlangen nach einer klaren und verbindlichen Abgrenzung verständlich nur vom Boden eines Positivismus aus, der „die Welt möglicher Rechtspostulate in Tabellen bringen möchte[5])". Dem kann aber nicht gefolgt werden. Die Sorge um die Rechtssicherheit

[1]) Über die verschiedenen Elemente der Rechtssicherheit, Herrfahrdt, Revolution, S. 23; derselbe Stud. gen. 54, 90; Sauer, JR 49, 131.

[2]) Wimmer, ARSP 40, 290; als Beispiel für die faktische Geltung auch unsittlicher nationalsozialistischer Gesetze, BGH NJW 53, 544.

[3]) E. v. Hippel, AÖR 57, 115.

[4]) Hedemann, S. 66 und 72; die Zeit des Nationalsozialismus lehrte diese Gefahr eindringlich (vgl. oben S. 34 und 36 ff.).

[5]) E. v. Hippel, AÖR 57, 117; passim Radbruch, Rechtsphilosophie 1950, S. 72, Anm. 2.

„als das zwar nicht ideale, aber nüchtern praktische Ziel der Rechtspflege[1])", ist kein typisch positivistisches Anliegen. Sie wird von den Naturrechtslehren wohl übereinstimmend geteilt.

Nur wenn man die Rechtssicherheit als das Vertrauen des Staatsbürgers in die Gleichmäßigkeit der Rechtsprechung erkennt, wäre eine solche Betrachtung vertretbar. Von diesem Begriff der Rechtssicherheit ausgehend stellt Boehmer zu Recht fest, das Vertrauen des Staatsbürgers in eine gleichmäßige Rechtsprechung auf Grund höchst ungerechter Gesetze, verdiene keinen Schutz[2]). Das Postulat der Rechtssicherheit ist aber auch verbunden mit der Forderung nach einem reibungslosen Ablauf des Staatslebens, mit der Forderung nach Ruhe und Ordnung innerhalb eines Staates.

Nach dem deutschen Rechtsempfinden wird von dem Recht eine klare und sichere Antwort verlangt, welche Pflichten und Rechte der Staatsbürger hat. Diesem Bedürfnis nach Ordnung und Sicherheit hat die Rechtsprechung und Rechtswissenschaft zu dienen[3]).

In der Rechtswissenschaft hat man sich vor allem in den letzten Jahren darum bemüht, greifbare Abgrenzungen zu entwickeln. Mit Hilfe von Formeln soll die Entscheidung getroffen werden, ob ein Gesetz noch als geltendes Recht oder aber als in Gesetzesform gekleidetes juristisches Unrecht anzusehen ist. Unter den oben aufgestellten Voraussetzungen werden die Formeln nunmehr zu untersuchen sein.

D. Die von der Rechtswissenschaft entwickelten Bestimmungen der Schranken der Gesetzgebungsgewalt

a) Die irrationalen Abgrenzungen

Ausgesprochene Tautologien, wie es müsse gegen das Gesetz entschieden werden, wenn feststehe, der Staatswille stelle ein in Gesetzesform gekleidetes Unrecht dar[4]), sollen hier nicht näher untersucht werden. Sie sprechen gegen sich selbst.

1. *Die Unerträglichkeit*

Bereits 1915 forderte Reichel die Entscheidung gegen das Gesetz, das „mit dem allgemeinen sittlichen Bewußtsein der Zeit in schreiendem Widerspruch steht". Radbruch wollte 1947 nur bei Fällen „himmelschreienden Widerspruchs" zwischen Gesetz und Gerechtigkeit eine richter-

[1]) Herrfahrdt, DRZ 49, 32.
[2]) II, 2 S. 78.
[3]) Schwinge, Irrationalismus, S. 23, 33, 68; Kern, MDR 49, 138 und 139, spricht sogar davon, der Positivismus sei die „dem modernen Staat schicksalhaft verbundene Strukturnotwendigkeit", weil das Recht in dem verwickelten modernen Leben rationalisiert sein müsse; Max Weber, unter allgemeinen „soziologischen und ökonomischen oder ethischen Räsonnements" gehe die „juristische Präzision" verloren. (S. 511).
[4]) G. W. Becker, SJZ 47, 489 unter Berufung auf Süsterhenn.

liche Prüfungszuständigkeit zubilligen[1]). Ein anderes Mal wieder ist es das „unerträgliche Maß des Widerspruchs zwischen Recht und Gerechtigkeit", weswegen „das Gesetz als ‚unrichtiges Recht' der Gerechtigkeit zu weichen hat[2])".

Die Formeln verschließen sich der logischen Ableitung. Sie appellieren an das Rechtsgefühl des Richters.

2. *Irrationalismus und Freirechtsschule*

Die irrationalistischen Strömungen in der Rechtswissenschaft haben die Bewegungen des Rechtsgefühls in den Mittelpunkt ihrer Betrachtungen gestellt. Sie sehen als Aufgabe des Richters die Entscheidung auf Grund seines Rechtsgefühls.

Während die Freirechtsschule, wenigstens bei Kantorowicz, Ehrlich, Rumpf, Stampe und Fuchs, an der Bindung des Richters an den klaren Wortlaut des Gesetzes festhält[3]), wird es bei Isay zur Frage des richterlichen Taktgefühls, wann gegen das Gesetz zu entscheiden sei. „Eine Formel, eine rational bestimmte Grenze zu finden, ist nicht möglich[4])". Auf klare Definitionen wird verzichtet[5]).

Bei Wüstendörfer wird die Entscheidung gegen das Gesetz in das sozialwissenschaftlich geklärte Rechtsgefühl des Richters gestellt[6]).

---

[1]) Reichel, S. 140; auf der Suche nach einer positiven Begründung der Entscheidung contra legem und um einer richterlichen Willkür vorzubeugen, fordert Reichel ferner S. 144, daß sich die Entscheidung als „antizipiertes Gewohnheitsrecht" darstelle. „Nur dann darf und soll der Richter entgegen der lex scripta entscheiden, wenn nicht nur er selbst für seine Person von der Pflicht so zu handeln überzeugt, sondern wenn er zudem weiter überzeugt ist, daß auch andere verständige Fachgenossen im gleichen Falle ebenso handeln würden, zum mindesten aber künftig ebenso handeln werden, wie er." Zustimmend Goldschmidt, JW 24, 247; scharf ablehnend Cathrein I, S. 554.

Radbruch, Privatissimum der Rechtspflege in Rechtsphilosophie 1950, S. 72 Anm. 2; von himmelschreiender Ungerechtigkeit spricht auch bereits Cathrein I, S. 574.

[2]) Radbruch, Gesetzliches Unrecht und übergesetzliches Recht in Rechtsphilosophie 1950, S. 353; passim Sauer, Sozialphilosophie, S. 248, er stellt aber auch fest, – obwohl Gesetze für den Richter nur Anhaltspunkte und Orientierungsmittel seien (JR 49, 129) und daher der Richter von der Bindung an das Gesetz weitgehend freigestellt sei (JR 49, 132) –, daß die Richter verpflichtet waren, auch die absolut ungerechten nationalsozialistischen Gesetze anzuwenden (Sozialphilosophie, S. 236 Anm. 104).

[3]) Kantorowicz, DRZ 1911, 260; derselbe, Kampf um die Rechtswissenschaft, S. 41, läßt Ausnahmen zu, die aber hier ohne Bedeutung sind; Staffel, DRiZ 1911, 724; für die Interessenjurisprudenz Heck, AcP 122, 224; anders dagegen Stampe, Unsere Rechts- und Begriffsbildung 1907, S. 20 ff., zit. Wüstendörfer, AcP 110, 310; gegen diese Richtung der Freirechtsschule bereits Oertmann, S. 17; Schwinge, Methodenstreit, S. 22; Max Weber, S. 511; Boehmer II, 1 S. 174 ff.

[4]) S. 225.

[5]) Z. B. Isay, S. 117; gegen Isay und Bendix: Schwinge, Irrationalismus, S. 12 ff.

[6]) AcP 110, 343; seiner Empfehlung der Pseudo-Auslegung von Gesetzen, um die Achtung vor dem Buchstaben des Gesetzes zu bewahren (aaO. S. 353), kann nicht gefolgt werden.

Für das deutsche Rechtsdenken, das nach klaren Begriffen strebt, erscheint es unannehmbar, die Entscheidung über die juristische Verbindlichkeit eines Gesetzes dem Rechtsgefühl des Richters anzuvertrauen[1]).

Das Rechtsgefühl als Gefühl für das, was Recht sein soll und das Gefühl dafür, das nur das dem Recht entsprechende geschehen soll, ist eine Erscheinungsform des ethischen Bewußtseins[2]). Es muß daher untersucht werden, ob das Rechtsgefühl uns über die Frage Auskunft geben kann, ob ein Gesetz wegen seiner Unsittlichkeit als nichtig anzusehen ist.

Wie Riezler nachgewiesen hat, ist das Rechtsgefühl kein angeborenes Gefühl. Vorhanden ist nur die Anlage, auf Grund deren ein Rechtsgefühl sich ausbildet[3]). Es steht unter dem Einfluß der historischen Entwicklung und der Lebenserfahrung. Daher ist es auch, soweit es inhaltlich bestimmt ist, historisch und empirisch bedingt[4]). Darüber hinaus ist aber auch die „Richtigkeit" des Rechtsgefühls erheblich gefährdet, weil es verbandsegoistisch motiviert und gefärbt ist, wie sich dies im Kriege, seinen Ursachen und Nachwirkungen, aber auch bei Vereins-, Partei- und Konfessionsstreitigkeiten und in der Auseinandersetzung der besitzenden Klassen mit der Abeiterschicht zeigt[5]).

Das Rechtsgefühl wird von der Gewohnheit gestützt und kann daher abstumpfen[6]). Es ist auch gegen eine nachhaltige Propaganda nicht immun[7]). Daher besteht bei Wüstendörfer die Gefahr, daß unter einem totalitären Machthaber das sozialwissenschaftlich geklärte Rechtsgefühl des Richters von einer Irrlehre aufgeklärt wird.

Das Rechtsgefühl irrt leicht ab, wenn bestimmte Interessen das Gefühlsleben und die Willensrichtung seines Trägers beherrschen und ihm eine unparteiische objektive Würdigung des Sachverhalts erschweren. Das gilt vor allem, wenn die Empfindung oder das Bewußtsein hinzutritt, daß das Unrecht zugleich vorteilhaft ist. Nicht nur das Individuum kann irren, es kann auch dieses Abirren als Massenerscheinung auftreten[8]). Das Rechtsgefühl kann sogar entarten, „wenn Gefühl und Wille von einer übermächtigen Idee beherrscht werden, die andere Gefühlsregungen und ein kühl verstandesmäßiges Abwägen nicht aufkommen läßt". Auch diese Entartung kann sich im Unterbewußtsein vollziehen[9]). Schließlich kann sich das Rechtsgefühl zu einem leidenschaftlichen Affekt steigern, wenn der Rachetrieb hinzutritt[10]).

Riezler hat auch erkannt, daß das Rechtsgefühl von dem seinsollenden Recht wiederum abhängig ist von dem Rechtsideal des Trägers des Rechtsgefühls. Es kann daher vom Rechtsgefühl nur eine relativ und subjektiv gültige Entscheidung erhofft werden[11]).

---

1) Schwinge, Irrationalismus, S. 68.
2) Riezler, S. 8 und 82.
3) S. 46.
4) S. 43.
5) S. 57, 129.
6) S. 127.
7) S. 161.
8) S. 128.
9) S. 130.
10) S. 131.
11) S. 90.

Auch Rehfeldt erkennt die Veränderlichkeit des Rechtsgefühls, das für ihn der „Reflex des Willens längst verstorbener Autoritäten" ist, der durch eine andere stärkere Autorität ersetzt werden kann[1]).

Daher wird man „das dunkle, halbbewußte, unberufen mitsprechende und inhaltlich undurchschaute" Rechtsgefühl[2]) als Grundlage einer richterlichen Entscheidung nicht anerkennen können. Man muß vielmehr von dem Richter verlangen, die auf irrationalem Wege gefundene Entscheidung in kritisch-methodischem Vorgehen auf ihre Richtigkeit zu überprüfen[3]). Auf Grund der bisher dargestellten Formeln ist dies für unsere Frage nicht möglich. Daher würde man die Rechtssicherheit ihrer Auflösung entgegenführen, wenn man das subjektive Rechtsgefühl des Einzelnen in seiner unterschiedlichen weltanschaulichen und sozialen Vorbestimmtheit zum Richtmaß machte[4]).

b) Die rationalen Abgrenzungen

1. *Das Willkürverbot*

Durch das Willkürverbot, das für den Gesetzgeber gelten solle, versucht man, eine rationale Abgrenzung zu gewinnen. Unter Willkür wird ein besonders grober Verstoß gegen den Gleichheitsgrundsatz verstanden. Die gewählten Formulierungen sind mannigfaltig. Das Gesetz dürfe, um verbindlich zu sein, nicht in besonderem Maße ungerecht sein, es sei ungültig, wenn es seinen Sinn als Ordnungsgedanken verloren habe, wenn ihm die Tendenz zum Recht verlustig gegangen sei[5]), wenn das Äquivalenzprinzip gröblich verletzt sei, so daß neue Ungleichheiten geschaffen würden[6]), oder wenn „blanke Willkür" vorliege[7]).

Das Willkürverbot könnte eine geeignete Abgrenzung sein. Man hat im Verwaltungsrecht und in der Rechtsprechung zu den Gleichheitsartikeln der Verfassungen einen einheitlichen Begriff gebildet, der allerdings nicht frei von Tautologien ist. Willkür liegt vor, wenn der Gesetzgeber gleichliegende Tatbestände, die aus der Natur der Sache heraus und unter dem Gesichtspunkt der Gerechtigkeit klar eine gleichartige Behandlung erfordern, willkürlich, d. h. ohne ausreichenden sachlichen Grund und ohne ausreichende Berücksichtigung der Erfordernisse der Gerechtigkeit ungleich

---

1) S. 62.

2) Hartmann, S. 121.

3) Schwinge, Irrationalismus, S. 20; vgl. auch Engisch, AcP 150, 79.

4) Mannzen, SJZ 48, 648.

5) Zimmermann, JR 51, 131.

6) Mannzen, SJZ 48, 650; wenn gegen den „übergesetzlichen Gleichheitssatz" in gröbster Weise verstoßen werde, BGH, Groß. Senat i. Zivils. NJW 55, 905.

7) E. v. Hippel, AÖR 57, 116; derselbe, Prüfungsrecht, S. 548; Rommen, S. 202; Merkel, S. 23; Triepel, Goldbilanzverordnung, S 25: „Zum anderen aber findet sich die Begrenzung (für die Befugnis zur Enteignung, d. Verf.) in immanenten Prinzipien der Rechtsordnung. Dahin gehört in erster Linie wieder der Satz, daß rechtliche Regelung niemals Willkür sein kann. Auch der Gesetzgeber muß sich durch sachliche Erwägungen leiten lassen."

behandelt[1]). Aber das Wilkürverbot ist für die Frage nach der Geltung eines unsittlichen Gesetzes zu eng und zu weit. Es ist ungeeignet, weil die Forderung nach Gleichheit und damit nach Gerechtigkeit nur eines der Gebote des Sittengesetzes ist. Nicht jedes Gesetz, das den Gleichheitsgrundsatz, wie er nach den heutigen Gerechtigkeitsvorstellungen verstanden wird, zu verletzen scheint, trägt den Makel des unsittlichen und daher ungültigen Gesetzes an sich. Ein Steuergesetz z. B., das für eine bestimmte Minderheit eine um einige Prozent höhere Besteuerung vorsieht, ist gewiß willkürlich. Es ist aber nicht so unsittlich, daß es als nichtig angesehen werden muß[2]). Dagegen ist ein Gesetz, das ein staatlich gelenktes und beaufsichtigtes Schwängerungsverfahren für alle Frauen, die bis zu einem bestimmten Lebensalter noch keinem Kind das Leben geschenkt haben, vorschreibt, unsittlich. Ob es aber willkürlich ist, erscheint mehr als fraglich[3]).

Es wird auch im Schrifttum nicht der einfache Verstoß gegen den Gleichheitssatz als ausreichend angesehen. Es muß sich vielmehr, wie die oben angegebenen Abgrenzungsmerkmale zeigen, um einen besonders groben Verstoß handeln. Aber auch dies führt zu keiner klaren Abgrenzung. Denn wenn man fragt, welcher Verstoß „sehr erheblich" ist, wird man vergebens nach einer Antwort suchen. Somit wird ein neuer Unsicherheitsfaktor eingeschaltet. Vermag der Richter mit einiger Sicherheit festzustellen, daß der Gleichheitsgrundsatz verletzt ist, wird er bei der weiteren Prüfung, ob dies in sehr erheblichem Umfange der Fall ist, auf unlösbare Schwierigkeiten stoßen. Will man den Begriff der blanken Willkür als Unterscheidungsmerkmal anerkennen, muß man die Gefahr auf sich nehmen, an Stelle der Willkür des Gesetzgebers die Willkür des Richters zu setzen. Denn auch in dem gutgemeinten Abweichen vom Gesetz liegt Willkür[4]).

2. Recht als der Versuch, richtiges Recht zu sein

Von der Stammlerschen Begriffsbestimmung beeinflußt, das positive Recht sei nur ein Versuch, richtiges Recht zu sein, stellt man es darauf ab, ob es der Gesetzgeber versucht hat, das Gesetz nach der Rechtsidee auszurichten. Danach ist gegen das Gesetz zu entscheiden, „wenn Gesetze

---

[1]) BGH NJW 54, 225 (228); Bayer.VerfGH, Bayer.GVBl. 1949, 33 (38); BVerfGE 1, 52; über die Verwaltungsrechtsprechung mit reichen Schrifttumshinweisen Tietz, NJW 53, 1534 ff.; über die Rechtsprechung zu Art. 2 GG Leibholz, DVBl. 51, 193 ff.; Thoma, DVBl. 51, 457 ff.

[2]) Weitere Beispiele für die feinen Unterscheidungen, die auf Grund des Gleichheitssatzes gemacht werden können, Triepel, Goldbilanzverordnung, S. 27.

[3]) Beispiel von Wimmer, ARSP 40, 287.

[4]) Stammler, S. 26; eine ganz andere Frage ist, ob ein Gesetz wegen der in ihm enthaltenen Willkür seine Ordnungsfunktion nicht mehr zu erfüllen vermag und aus diesem Grunde nicht rechtswirksam ist. Dies wird auch von Positivisten angenommen, z. B. Wimmer, ARSP 40, 291; auf diese Frage kann hier nicht eingegangen werden, weil diese Normen nicht unsittlich zu sein brauchen, unsittliche Normen wiederum eine Ordnungsfunktion haben können.

den Willen zur Gerechtigkeit bewußt verleugnen[1])", wenn der Gesetzgeber die Gleichheit bewußt verleugnet[2]), „wenn nicht einmal der Wille vorliegt, eine zweckvolle Ordnung zu schaffen, die als Versuch zur Verwirklichung der Rechtsidee gewertet werden kann, . . . wenn in zynischer Weise der bloße Nützlichkeitsstandpunkt vertreten wird . . ., wenn die Rechtsidee nicht verfehlt, sondern a priori verleugnet, der objektive Geist zu einem Irrlauf bis zur Selbstvernichtung gezwungen wird . . .[3])".

Diese Formulierungen erwecken den Eindruck, als käme es darauf an, ob der Gesetzgeber schuldhaft, vorsätzlich das unsittliche Gesetz erlassen hat. Die Heranziehung von derartigen Gesichtspunkten muß zurückgewiesen werden. Objektive Normenkollisionen lassen sich nicht durch subjektive Momente lösen.

Zwar ist eine menschliche Handlung besonders verwerflich, wenn sie vorsätzlich erfolgt, nicht aber ein Gesetz deswegen in besonderem Maße unsittlich, weil der Gesetzgeber bei Erlaß der Norm unlautere Absichten hatte. Gesetzesbefehle können mit dem Sittengesetz in Widerspruch treten, unabhängig von der Frage, ob der Gesetzgeber das gewollt, in Kauf genommen oder übersehen hat. Der Betroffene wird sich zwar besonders verletzt fühlen, wenn der Gesetzgeber absichtlich und brutal in seine Rechtssphäre eingreift. Aber dies sind wiederum subjektive Erwägungen, auf die es der Richter nicht abstellen kann. Er muß prüfen, in welchem Umfange der Betroffene tatsächlich verletzt wird. Auch nach den allgemein anerkannten Regeln für die Auslegung eines Gesetzes kommt es allein auf den objektivierten Willen des Gesetzgebers an, wie er sich aus dem Wortlaut der Gesetzesbestimmung und dem Sinnzusammenhang, in den sie gestellt ist, ergibt. Die subjektiven Vorstellungen der an der Gesetzgebung beteiligten Organe und Personen ist nicht entscheidend[4]).

Objektiv wäre zu fragen, ob ein Gesetz, vor allem ein Eingriff in die bisher geschützten Rechtsgüter noch zu rechtfertigen ist, ob er im Sinne Cathreins „notwendig" ist. Dies läuft auf die gleichen Erwägungen hinaus, die bei der Frage anzustellen sind, ob eine ungleiche Behandlung gerechtfertigt werden kann. Auch für die einschneidendsten Eingriffe in Freiheit, Leben und Eigentum werden sich Gründe anführen lassen. Der Staat wird mit seinem Propagandaapparat stets Gründe bereitstellen, um ein unsittliches Gesetz als notwendig erscheinen zu lassen. Wenn die Angehörigen des mosaischen Glaubens „Feinde des deutschen Volkes" sind, ist ein Grund gegeben, sie mit durchgreifenden Gesetzen zu bekämpfen. Wenn

---

[1]) Radbruch, Fünf Minuten Rechtsphilosophie in Rechtsphilosophie 1950, S. 356; Bachof, S. 28; bei Stammler hingegen ist der Richter auch an das unrichtige Recht gebunden (S. 85), die Begriffsbestimmung vgl. S. 51.

[2]) Radbruch, Rechtsphilosophie 1950, S. 353; aaO. S. 70 Anm. 1.

[3]) Mitteis, S. 121, seine Definition konnte nur Ausschnittweise gebracht werden; passim Levin, JW 31, 2471; Buse, JR 49, 365, gegen Buse Rudel, JR 50, 83; vgl. auch Darmstädter, oben S. 60 ff.

[4]) BVerfGE 1, 299; Schwinge, Begriffsbildung, S. 55 ff.; a. A. Reinicke, JR 51, 161 ff.; skeptisch über den Willen des Gesetzgebers als Fiktion, hinter die sich der Richter verstecke, Rehfeldt, S. 32.

die Geisteskranken eine unnütze Belastung des Staatshaushaltes, der verfügbaren Arbeitskräfte und Krankenhäuser sind, ist ein Grund gegeben, den Euthanasiebefehl zu erlassen. Wenn in Bethlehem ein zukünftiger Aufrührer, der einen Weltbrand entzünden soll, geboren worden ist, liegt ein Grund vor, alle Kinder dieses Ortes zu töten, um die Ordnung des Staates zu erhalten.

An Gründen wird es nicht fehlen. Das Problem liegt bei der Untersuchung, ob die angegebenen oder erkennbaren Gründe einer Untersuchung standhalten und ob das richtige Mittel angewendet worden ist. Darüber aber werden sich, unter dem Einfluß der weltanschaulichen und politischen Gegensätze, verschiedene Meinungen entwickeln. Entweder man nimmt es in Kauf, daß diese geistigen Auseinandersetzungen in den Gerichtssaal getragen werden oder man verzichtet auf die Verwertbarkeit der Klausel. Denn e i n Grund ist immer ersichtlich.

3. *Die Diskriminierung durch die öffentliche Meinung*

Anders scheint es zu liegen, wenn der Richter nur gegen die Gesetze zu entscheiden hat, die durch die öffentliche Meinung unter Verruf gestellt sind. Die öffentliche Meinung der Bevölkerung des Staates, der das unsittliche Gesetz erlassen hat, gibt wenig Gewähr für ein objektiv richtiges Urteil. Sie steht unter dem Einfluß der staatlichen Propaganda. Die von diesem Gesetz begünstigten oder benachteiligten Bevölkerungsteile wären zudem Richter in eigener Sache. Man stellt es daher darauf ab, ob die ganze zivilisierte Welt ein Gesetz mit Abscheu ansieht[1]). Es muß also das „Weltgewissen" gegen dieses Gesetz reagieren.

Damit ist aber wiederum ein mit rationalen Mitteln nicht erfaßbares Merkmal eingeführt. Denn das Weltgewissen ist irrational und unkontrollierbar[2]). Für die juristische Erfassung des Tatbestandes wäre die Frage zu stellen, welche Bedingungen müssen erfüllt sein, damit gesagt werden kann, die zivilisierte Welt sehe eine gesetzliche Regelung mit Abscheu an.

Sicher wird es nicht genügen, wenn dieses Gesetz von den üblichen, auch in anderen Staaten geltenden Gesetzen erheblich abweicht. Ebensowenig wird es ausreichen, wenn die von dem Gesetz betroffenen und die ihnen nahestehenden Menschen oder Verbände dieses Gesetz als Schandgesetz bezeichnen. Bei ihnen besteht die Gefahr, daß es sich nicht um ein objektives Urteil handelt. Andererseits wird man nicht eine ablehnende Äußerung von allen im geistigen Leben der zivilisierten Welt maßgeblichen Kräften verlangen dürfen. Geltung oder Nichtgeltung eines Gesetzes des Staates A kann nicht davon abhängen, ob es in dem Staate B und C bekannt und unter Verruf gestellt ist. Die Frage kann nur so lauten: Würde dieses Gesetz im Staate B oder C als unmenschlich, als Schandgesetz angesehen werden, wenn es dort zur Diskussion gestellt würde?

---

[1]) E. v. H i p p e l , AÖR 57, 118; K e r n , Gerichtsverfassungsrecht, § 15 B IV.
[2]) S a u e r , Völkerrecht, S. 269.

Die Beantwortung dieser hypothetischen Frage wird erschwert durch den Einfluß der Propaganda, deren Bedeutung in den modernen Staaten nicht unterschätzt werden darf. Die herrschenden sittlichen Anschauungen sind durch die modernen Mittel der Massenpropaganda in kurzer Zeit, wenn auch wohl nicht umzuwandeln, wie Westkamp[1]) annimmt, so doch zumindest maßgeblich zu beeinflussen. Es wird dann noch manches hingenommen, was früher mit Abscheu betrachtet worden ist. Gegen die innerstaatliche Propaganda, die ihren Apparat für die Rechtfertigung des Gesetzes einsetzen wird, können die Stimmen aus dem Ausland als Gegengewicht wirken. Aber sie können ebenfalls unter dem Einfluß einer Propaganda, nur mit umgekehrter Zielsetzung, stehen.

Der Richter wird prüfen müssen, welche Gewichte echt und welche unecht sind. Er wird dabei wiederum auf sein Gewissen und sein Rechtsgefühl angewiesen sein. Er wird feststellen, die ganze zivilisierte Welt betrachtet dieses Gesetz mit Abscheu, weil er, der Richter oder der geistige Führer, dessen Urteil er vertraut, es so ansieht. Wiederum wird die Geltung der Rechtsnorm in das subjektive Meinen des Richters gestellt.

4. *Das Völkerrecht*

Roemer will die Entscheidung gegen das Gesetz auf jeden Fall dann zulassen, „wenn die Gemeinschaft der Völker bestimmte Sätze der Moral als zu ihren Existenzgrundlagen und wesentlichsten Überzeugungen gehörig ansieht und sich daher grundsätzlich verpflichtet fühlt, gegen Verstöße seitens des Gesetzgebers eines Einzelstaates mit Mitteln der Gemeinschaft einzuschreiten[2])".

Hier liegt in der Tat ein objektives Merkmal vor. Die öffentliche Meinung soll nicht nur empört sein. Vielmehr soll die Gemeinschaft der Völker zu Gegenmaßnahmen schreiten oder wenigstens zu solchen Maßnahmen bereit sein. Das Einschreiten der Völker beurteilt sich nach dem Völkerrecht. Es ist damit die Frage aufgeworfen, ob ein Verstoß einer staatlichen Norm gegen das Völkerrecht die Geltung der Norm berührt und ob der Erlaß und die Anwendung einer völkerrechtswidrigen Norm als völkerrechtliches Delikt zu Gegenmaßnahmen berechtigt.

Bis zum zweiten Weltkrieg ist das entschieden verneint worden. Im Jahre 1899 konnte Triepel zu Recht feststellen, es herrsche in Schrifttum und Praxis Übereinstimmung, daß der Richter auch völkerrechtswidriges Landesrecht anzuwenden habe[3]). Eine positiv geregelte Ausnahme war z. B. das deutsch-polnische Genfer Abkommen vom 15. Mai 1922. Nach Art. 37 Abs. II dieses, den Schutz der Minderheiten regelnden Abkommens, hatten die Gerichte Gesetze und Anordnungen zu prüfen, ob und inwieweit sie mit den Vorschriften des Abkommens in Einklang stehen.

---

[1]) S. 129.
[2]) SJZ 47, 266.
[3]) Völkerrecht, S. 254 und 263, Anm. 3.

Erst während und nach dem zweiten Weltkrieg bahnte sich eine Entwicklung an, die den Einzelnen aus dem Völkerrecht unmittelbar berechtigt und verpflichtet und die das Primat des Völkerrechts vor dem Landesrecht in Anspruch nimmt[1]). So beruhen auch die Nürnberger Urteile auf der Grundthese, daß im Konfliktsfall das Völkerrecht dem Landesrecht vorgehe[2]).

Der Begriff des Menschlichkeitsverbrechens und die Aufstellung der Menschenrechte auf völkerrechtlicher Grundlage könnten als Merkmal des unsittlichen und zugleich völkerrechtswidrigen und daher nichtigen Gesetzes dienen. Weil aber auch die Normen des Völkerrechts mit dem Sittengesetz in Widerspruch stehen können[3]), andererseits aber Landesgesetze unsittlich sein können, ohne gegen das Völkerrecht zu verstoßen, kann dies nur eine Teillösung darstellen. Es soll daher auf das völkerrechtliche Problem, wie sich der Richter gegenüber einer völkerrechtswidrigen Norm zu verhalten hat, das über den Rahmen dieser Untersuchung hinausgreifen würde, nicht eingegangen werden. Für den Geltungsbereich des Grundgesetzes bringt Art. 25 eine Lösung[4]).

5. *Die abendländische Kultur- und Sittenordnung*

Von anderen Lehren wird auf gewisse ethische Werte verwiesen, die vom Gesetzgeber nicht angegriffen werden dürften. Uneinigkeit besteht darüber, welche Werte das sein sollen. Einmal ist es die „allgemeine sittliche Überzeugung[5])“ oder etwas genauer „die abendländische Kultur- und Sittenordnung[6])“, ein anderes Mal „die verbindlichen Grundsätze der Menschlichkeit[7])“.

Dabei wird übersehen, daß unser abendländisches Kulturbewußtsein – von den allgemeinen, zugleich aber auch inhaltsarmen gemeinschaftlichen Zügen abgesehen – nicht so einheitlich ist, wie das Kulturbewußtsein im Mittelalter noch gewesen sein mag. Die abendländische Kultur setzt sich aus verschiedenen Elementen zusammen. Aus der Verbindung christlich-katholischen Glaubens mit griechischen und germanischen Wertanschauungen ist sie entstanden. Das Erlebnis der Reformation, die Lehren der Aufklärung, des Nationalismus und Liberalismus, des Sozialismus und

---

1) Guggenheim I, S. 6 und 24; vgl. auch II, S. 516.

2) Kranzbühler, S. 236; z. B. Urteil im Nürnberger Juristenprozeß vom 3./4. 12. 1947, amtl. Übersetzung S. 40, 41.

3) Sauer, Völkerrecht, S. 258.

4) Weiteres Schrifttum: Grewe, Nürnberg als Rechtsfrage, S. 32; Haensel, DRZ 48, 40; Kempner, die Gegenwart 1948, S. 9 (Nr. 19); Kraus, Der deutsche Richter und das Völkerrecht; Krüger, Die Gegenwart 1948, S. 11 (Nr. 17); Laun, Menschenrechte, S. 18; Loewenfeld, Arch. f. VR. 51/52, 136 ff. insbes. S. 138; Strebel, Zeitschr. f. ausl. öffentl. Recht 53, 31 ff.; H. v. Weber, NJW 50, 274; ZStrW 63, 344 ff.; MDR 48, 34; MDR 49, 261.

5) Buse, JR 50, 365.

6) Boehmer, II, 1, S. 216.

7) H. v. Weber, NJW 50, 274; Schiffer, S. 192: „die Menschenrechte“; Buse aaO.: „die unveräußerlichen Grundrechte“; passim auch Schmidt, Lehrkommentar, S. 225, Nr. 416, der aber nur diese Werte anerkennt, soweit sie in der Verfassung zum Ausdruck kommen.

Materialismus sind hinzugetreten[1]). Diese Elemente haben sich nicht zu einer Einheit verbunden, sondern stehen nebeneinander und oft sogar gegeneinander. Wenn das abendländische Kulturbewußtsein eine so gesicherte Ordnung wäre, wie von den Obengenannten vorausgesetzt wird, würde man nicht von einem „Chaos der Werte" und einer „Wertanarchie" sprechen[2]). Es wäre nicht erforderlich, über die Wiedergeburt des Abendlandes aus dem christlichen Geist als aufzustellendem Ziel zu sprechen und nach Reformen, neuen Werten und neuen Gestaltungen zu suchen[3]).

Man würde von dem Richter ein Handeln wider besseres Wissen fordern, wollte man von ihm verlangen, in diesen sich überschneidenden Linien eine Einheit zu sehen, die er seiner Entscheidung zugrundelegen kann.

Nur wenn wir „den jetzigen Stand des sittlichen Bewußtseins für den Gipfel des Erreichbaren" halten dürfen, könnte der Richter dieses Kulturbewußtsein zur Grundlage seiner Entscheidung machen[4]). Wenn das Kulturbewußtsein unserer Zeit nur eine unter verschiedenen Möglichkeiten ist, die vielleicht sogar mit erheblichen Mängeln behaftet ist, fehlt dem Richter die sittliche Legitimation, unter Berufung auf das Kulturbewußtsein eine gesetzliche Regelung außer Anwendung zu setzen. Es muß aber bezweifelt werden, daß wir im gegenwärtigen Zeitpunkt den denkbar höchsten Stand des Kulturbewußtseins erreicht haben. Sonst wäre nicht das letzte halbe Jahrhundert durch zwei Weltkriege, einen latenten kalten Krieg und zahlreiche Kolonialkriege bestimmt worden. Man würde nicht Milliardenbeträge für die Herstellung von Atomwaffen ausgeben, wenn das Gebot „Du sollst nicht töten" wirklich Gegenstand des abendländischen Kulturbewußtseins wäre.

Wenn man sich dennoch im Namen dieser sittlichen Überzeugungen über das positive Recht hinwegsetzte, wäre dies eine Anmaßung, die sich in konservativer Starrheit an das Althergebrachte klammert und jeden Fortschritt hindern kann. Der Richter hat aber kein Recht, eine alte Ordnung zu verteidigen, um das Aufkommen einer neuen Ordnung, die ebenso wie die alte Fehler hat, zu verhindern. Auch den Richtern am SC, die sich unter Berufung auf die Freiheitsrechte der Verfassung gegen die neue Ordnung das New deal stemmten, wird der Vorwurf gemacht, sie seien politisch beeinflußt, konservativ und durch ihre soziologische Herkunft voreingenommen. Es fehle ihnen das Verständnis für soziale Fragen[5]).

---

[1]) Scheler, Liebesethik, S. 136; vgl. auch Wimmer, ARSP 40, 280.

[2]) Weinkauff, S. 21; Wünsch, S. 1871; E. v. Hippel, Rechtsgesetz, S. 81, spricht von einer „geistig-menschlichen Leere."

[3]) Scheler, Liebesethik, S. 201.

[4]) Verneinend Weigelin, Sitte, S. 100; die Tatsache, daß viele Einzelne in ihren Werturteilen übereinstimmen, ist noch kein Beweis für die Richtigkeit der Urteile. Schließlich hat auch eine ganze Welt geglaubt, die Sonne drehe sich um die Erde (Kelsen, Gerechtigkeit, S. 12); über die Fragwürdigkeit aller aus der Geschichte sich ergebenden materialen Gehalte, auch Welzel, Gewissen, S. 23: „Seit Hegel gibt es keine materiale Geschichtsphilosophie mehr."

[5]) Greaves, S. 164 und 167 ff.; Karstens, S. 110; vgl. auch oben S. 11 ff.

Diese Überlegungen verbieten auch, das herrschende Rechtsbewußtsein oder die unveräußerlichen Grundrechte als Prüfungsmaßstab heranzuziehen. Denn das herrschende Rechtsbewußtsein über Grundfragen dürfte bestimmt sein von dem sittlichen Bewußtsein. Die Menschenrechte erhalten ihre inhaltliche Ausgestaltung aus dem gleichen Ideenkreis[1]).

Das Rechtsbewußtsein wird ferner bestimmt durch die Rechtsordnung selbst. Diese hat aber in ihrer jeweiligen Ausgestaltung nur einen Zeitwert. Denn der Inhalt der Rechtsordnung hängt nicht nur von der Weisheit des Gesetzgebers, sondern auch ganz real von der Frage ab, welche politischen Machtmittel einer Gruppe zur Verfügung stehen, um ihre Interessen durchzusetzen. Der sich aus dem politischen Kampf der widerstreitenden Gruppen — ob er im Wahllokal und Parlament durch Abstimmung oder auf der Straße durch Revolution oder politischen Streik ausgetragen wird — ergebende Kompromiß hat einen Zufallscharakter[2]).

Jede Verfassung des vorigen und letzten Jahrhunderts gestattet, die „unveräußerlichen Menschenrechte" einzuschränken, zum Teil durch einfaches Gesetz. Ohne Einschränkung der Menschenrechte ist eine Staatsordnung nicht vorstellbar. Der verbleibende Wesenskern der Grundrechte aber hat in der Geschichte die verschiedensten Gestaltungen erfahren[3]). Jede Rechtsordnung hat die Aufgabe, einen Ausgleich zu finden zwischen dem Interesse des Einzelnen an der Bewahrung einer Freiheitssphäre und den Notwendigkeiten, die sich aus dem Gemeinschaftsleben ergeben. Aber wie weit der Staat in die Freiheitssphäre eingreifen darf, welche Eingriffe der Einzelne erdulden muß, ist gerade das Problem[4]). Eine ungelöste Frage aber ist kein Prüfungsmaßstab, den der Richter anwenden kann.

6. *Die fundamentalen Grundsätze der Kultur- und Sittenordnung*

Das hat man auch in der Rechtswissenschaft allgemein erkannt. Man beschränkt sich darauf, die Entscheidung gegen Gesetze nur dann zu fordern, wenn vom Gesetzgeber „fundamentale, auch heute noch anerkannte Grundsätze der Moral[5])", „die kardinalen Gebote des von der Rechtsgemeinschaft anerkannten ... Sittengesetzes[6])", „bestimmte als unantastbar angesehene Grundsätze des menschlichen Verhaltens, die sich bei allen

---

[1]) Natorp, ARSP 39, 583; auf das Rechtsbewußtsein verweist z. B. Weinkauff, S. 19.

[2]) Vgl. Hartmann, S. 383.

[3]) Natorp, ARSP 39, 583; auch nach den Grundsätzen, die im GG verankert sind, kann nur das allgemeine Persönlichkeitsrecht des Art. 2 mit der zu ihm gehörigen Glaubens-, Gewissens- und Bekenntnisfreiheit des Art. 4 als vorverfassungsmäßiges und daher auch durch eine Verfassungsänderung nicht aufhebbares Menschenrecht angesehen werden. Aber auch dieses Recht bedeutet keine schrankenlose Freiheit des Einzelnen gegenüber dem Staat (Apelt, JZ 54, 404).

[4]) Laun, Menschenrechte, S. 17; Wimmer, ARSP 40, 292, 293, spricht sogar von einer unlösbaren Frage.

[5]) Roemer, SJZ 46, 9; derselbe SJZ 47, 266: „Grundsätze jeglichen Rechts".

[6]) Bachof, S. 28; A. Brunner, S. 249: „Die elementaren Grundsätze der Sittlichkeit".

Kulturvölkern auf dem Boden übereinstimmender sittlicher Grundanschauungen im Laufe der Zeit herausgebildet haben und die als rechtlich verbindlich gelten", angegriffen werden[1]).

Damit wird aus den im einzelnen oftmals streitigen sittlichen Normen der wesentliche Kern, das Unstreitige herausgenommen und verselbständigt. Diese Methode wird auch in der Ethik angewendet. Man macht ihr zu Recht den Vorwurf, sie scheide willkürlich zwischen wesentlichen und unwesentlichen Bestandteilen[2]). Sie hat insoweit ihre Berechtigung, als versucht wird, doch wenigstens diejenigen Werte zu schützen, welche unzweifelhaft feststehen. Wenn es einen solchen gesicherten Bestand gibt, ist auch dem Bedürfnis nach Rechtssicherheit Sorge getragen, denn die Kenntnis oder wenigstens die Fähigkeit, sich eine derartige Kenntnis zu verschaffen, wird man von dem Richter verlangen können. Für diese Lösung spricht auch die besondere Notwendigkeit, eine Abhilfe gegen derartige Gesetze zu schaffen. Denn sie scheinen in unerträglicher Weise in die Güter des Einzelnen einzugreifen.

Trotz der sehr gewichtigen Gründe, die für diese Lösung sprechen, erweist sie sich als unbefriedigend. Der sog. Kernbereich zerfließt, wenn man ihn zu erkennen versucht, in Einzelregeln. Immer wird sich feststellen lassen, daß auch diese Regeln von dem einen oder anderen der Völker durchbrochen worden sind. „Es gibt eben kein Verhalten, das nicht bei irgend einem Volk als recht und gerecht angesehen werden könnte[3])".

Soweit man sich auf die unantastbaren Grundsätze der Kulturvölker besschränkt, trifft wiederum der Vorwurf der Überheblichkeit und Anmaßung zu. Man wird aber auch fragen müssen, welche Nationen zu den Kulturvölkern zählen. Ist z. B. Spanien ein Kulturvolk, weil der Einfluß der katholischen Kirche erheblich ist oder gehört es nicht mehr zu den Kulturnationen, weil es seit Jahrzehnten unter autoritärer Herrschaft steht und sie duldet, von der UDSSR ganz zu schweigen, deren Kulturbild durch die verschiedenen Zerrlinsen der Propaganda nur schwer zu erkennen sein dürfte.

Der Behauptung, es gäbe innerhalb dieser Kulturnationen gewisse unantastbare Grundsätze, steht der Einwand entgegen, auch diese Grundsätze würden zeitweise außer acht gelassen. Denn das Argument „so etwas tut man nicht" greift nicht mehr durch, wenn „man" es eben doch tut[4]). Der BGH hat diesen Einwand mit der Gegenbehauptung zurückzuweisen versucht, dieser Kernbereich gelte „gleichgültig, ob einzelne Vorschriften

---

[1]) BGHSt. 2, 234 (237); E. v. Hippel, AÖR 57, 118, wenn menschliche Güter verletzt werden, „an deren Ewigkeit alle Zeiten glaubten".

[2]) Weigelin, Sitte, S. 100.

[3]) Buchwald, S. 100; Beispiele bei Kelsen, Gerechtigkeit, S. 13; so auch die Ethik Hensels in Nachfolge von Kant, Welzel, Gewissen, S. 20; Mannzen, SJZ 48, 649, spricht von einer gar zu verdünnten Substanz; ablehnend auch Weigelin, ARSP 39, 114. Dennoch spricht der BGH von einer „übergesetzlichen Eigentumsgarantie" Beschl. d. Gr. Sen. in Zivilsachen vom 28. 2. 1955 NJW 55, 905.

[4]) Weskott, S. 129.

nationaler Rechtsordnungen es zu gestatten scheinen, sie zu durchbrechen". Es wird andererseits aber vom BGH auch zugegeben, daß die Grenzen flüssig seien[1]).

Damit verliert sich aber die Erkenntnis von dem unantastbaren Kernbestand allen Rechts in der Ungewißheit. Einmal sind die Grenzen des sicheren Bestandes zweifelhaft, zum anderen aber macht es nichts aus, wenn der Kernbereich allen Rechts von einzelnen Rechtsordnungen verletzt wird. Auf dieser Grundlage läßt sich eine Entscheidung nicht aufbauen.

Der BGH übernimmt daher auch die Formel Radbruchs, ohne ihn zu zitieren. „Anordnungen, die die Gerechtigkeit nicht einmal anstreben, den Gedanken der Gleichheit bewußt verleugnen und die allen Kulturvölkern gemeinsame Rechtsüberzeugung, die sich auf den Wert und die Würde der menschlichen Persönlichkeit beziehen, deutlich mißachten, schaffen kein Recht[2])." Mit dieser Formel ist nichts gewonnen, wie bereits oben[3]) dargetan.

Weinkauff sieht es als unabweisliche Aufgabe dieser Generation an, die Rechtssätze aufzufinden, welche schlechthin verbindlich sind[4]). Das bedeutet aber, daß wir sie noch nicht kennen. Daher wird man auch vom Richter diese Kenntnis nicht verlangen können. Es ist auch die „bange Frage", ob unserer Zeit eine derartige Erkenntnis gelingen wird, ob das 20. Jahrhundert fähig ist, eine communis opinio zu erleben und zu entwickeln[5]).

Auf Grund der bisher dargestellten Klauseln wird man zwar die Behauptung aufstellen können, ein Gesetz sei wegen seiner Unsittlichkeit nichtig. Aber man kann sie nicht rational und für Dritte nachprüfbar begründen. Es bleibt ein irrationaler Rest, der in der Rechtsprechung ein Fremdkörper ist.

7. Die vom Gesetzgeber anerkannten Grundsätze der Sittenordnung

Die Versuche, die Prüfungszuständigkeit durch Verpflichtung des Richters auf die leitenden Gerechtigkeitsideale einer Gemeinschaft zu beschränken, deren Bestimmung dem Gesetzgeber überlassen bleibt, wie es von Kaufmann[6]) und E. Schmidt[7]) gefordert wird, bedürfen keiner eingehenden Erörterung. Gerade die Wahl des jeweils anzuwendenden Gerechtigkeitsprinzips ist die eigentliche Frage der Gerechtigkeit. Hier können tiefgreifende Verstöße gegen die Forderungen der Sittlichkeit vorliegen. Das gibt auch Kaufmann zu. Aber gerade dann spricht er dem Richter die Prüfungszuständigkeit ab[8]). Bei Kaufmann bleibt, was eigentlich „jene

---

1) BGHSt. 2, 237.
2) BGHSt. 2, 234; Radbruch, Rechtsphilosophie 1950, S. 353.
3) S. 83 ff.
4) S. 30.
5) Fechner, DRZ 49, 103.
6) S. 19.
7) Lehrkommentar, S. 222.
8) Kaufmann, S. 21; insoweit mit Recht dagegen Isay, S. 226.

obersten Gerechtigkeitsprinzipien" sind und was „das über uns allen stehende Objektive" ist, das aus dem Richter sprechen soll, wenn er „ein reines Gefäß ist", völlig unklar[1]).

8. *Der materiale Mindestgehalt der Ethik*

Einen grundsätzlich von den bisher untersuchten Lösungen verschiedenen Weg scheint Welzel zu gehen. Wegen der „Kontingenz" der materialen Wertinhalte des Rechts und der Gebrochenheit des Rechts sei seine Positivität erforderlich. Das Recht sei nicht nur verpflichtender Wert, sondern zugleich auch schützende Macht. Als Macht zwinge das Recht und nur als Wert verpflichte es. Die verpflichtende Kraft verliere das Recht aber, wenn es ein Gut anzutasten befehle, das sittlich unter keinen Umständen verletzt werden dürfe. Ein derartiger Rechtssatz beinhalte nicht mehr eine Zwangspflicht, sondern nur noch Gewalt und Terror[2]). Dieser Fall sei gegeben, wenn der materiale Mindestgehalt der Ethik verletzt werde. Als diesen erkennt Welzel nach eingehenden Untersuchungen naturrechtlicher und ethischer Systeme die sittliche Autonomie des Menschen[3]), den Menschen als Person, als sittlichen Selbstzweck[4]).

Daher ist für Welzel eine Norm kein verpflichtendes Recht mehr, welche „die von ihr betroffenen Menschen nicht mehr als Person anerkennt, sondern zur bloßen Sache degradiert". Daraus folgert Welzel in der Untersuchung „Vom irrenden Gewissen", jedes Gesetz, das einen Zwangseingriff in die Personensphäre (Freiheit, Körper, Leben) befehle oder gestatte, verpflichte nicht, soweit es nicht als gerecht vergeltende Strafe oder als Sicherungsmaßnahme gegen gefährliche Geisteskranke oder Zustandsverbrecher gerechtfertigt sei[5]).

Damit wird die Gültigkeit einer Reihe von Gesetzen in Frage gestellt, über deren sittlichen Wert man sehr streiten kann, deren positive Verbindlichkeit aber unzweifelhaft ist. Als Beispiel soll nur an die Gesetze erinnert werden, die den Soldaten verpflichten, eine wehrlose Stadt zu bombardieren, die Gesetze, die eine Inhaftierung des nur Verdächtigen in Untersuchungshaft gestatten. Selbst der Impfzwang als Eingriff in den Körper wird problematisch[6]). Wenn man es auf die Freiheit der Person vor ungerechtfertigten Zwangseingriffen in Freiheit, Leben, Körper abstellt, verschiebt man die Frage nach der sittlichen Unantastbarkeit der Person vom sittlichen auf das physische Gebiet. Welzel hat das selbst erkannt. In „Naturrecht und materiale Gerechtigkeit", in der Auseinandersetzung

---

1) S. 12.

2) Rechtspositivismus, S. 287, 288, 293; Strafrecht, S. 396; JZ 53, 267; Gewissen S. 27.

3) JZ 53, 267.

4) Gewissen, S. 27; Strafrecht, S. 396; passim Weinkauff, S. 30; Mitteis, S. 114; auch für die philosophische Anthropologie ist die „ursprunghafte Entscheidungsfreiheit des Menschen" eigentlicher Kern der Personalität, Würtenberger, JZ 55, 4.

5) S. 28 Anm. 73.

6) Weitere Beispiele und Ausführungen bei Ritter, S. 100.

mit Kant stellt er die entscheidende Frage: „Aber was heißt dann: Die Menschheit in der Person eines jeden niemals bloß als Mittel, sondern stets auch als Endzweck brauchen?" Und Welzel antwortet, „nicht der empirische Mensch, nicht Leib, Leben, Freiheit, Eigentum usf. sind absolute Selbstzwecke, sondern allein die sittliche Person. Gerade weil dem so ist, kann die Vernichtung des empirischen Menschen die höchste Bewährung der sittlichen Person sein. Nicht der Mensch, sondern allein die autonome Person ist ethisch als unantastbares Gut (als Endzweck) zu betrachten[1])". Welzel stellt fest: „Nur die empirische Existenz des Menschen kann überhaupt als Mittel gebraucht werden. Allein die äußere, nicht die sittliche Freiheit (die Autonomie) kann von außen her vernichtet werden. Nur die Person selbst vermag die ‚Menschheit in ihr selbst', ihre sittliche Autonomie zu zerstören[2])."

Daher stellt Welzel die Formel auf, man dürfe „die Person in ihrer empirischen Existenz nur so als Mittel gebrauchen, daß ihr Tun oder Leiden die Leistung oder Verwirkung der sittlichen Person selbst ist." Diese Formel ist auch für Welzel nur Richtung und noch nicht Weg zur Lösung unserer Frage: „Aber die nähere Bestimmung dieses Gedankens, vor allem dahin, welche materialethischen Schranken sie der Staatsgewalt setzt, ist bis heute offen geblieben. Jedoch nur dann, wenn diese Aufgabe erfüllt wird, können wir hoffen, dem großen Gedanken der ‚Menschenrechte' festere Konturen zu verleihen und eine rechtlich verwendbare Struktur zu geben[3])."

Damit hat Welzel die nach dem jetzigen Stand der Erkenntnis kaum überwindbaren Hindernisse erkannt, die der praktischen Verwertung der Lehre vom materialen Mindestgehalt der Ethik entgegenstehen. Trotz dieser in „Naturrecht und materiale Gerechtigkeit" im Jahre 1951 gewonnenen Erkenntnis greift Welzel in seinem im Jahre 1954 erschienenen Strafrechtslehrbuch auf seine in „Das irrende Gewissen" entwickelte Lehre von der Unantastbarkeit der Güter Leib, Leben, Freiheit zurück[4]). Er glaubt nunmehr, aus der oben wiedergegebenen Formel die juristische Unverbindlichkeit von Gesetzen, durch welche die Sklaverei wieder eingeführt, Euthanasie und Zwangsexperimente gestattet werden, ableiten zu können. Eine nähere Begründung dieser Feststellung bringt er nicht.

Wohl ist die physische Person durch Sklaverei, Euthanasie und Zwangsexperimente zerstörbar, nicht aber die sittliche Person. Auch dieses Leiden der physischen Person kann noch „Leistung der sittlichen Person" sein. Dies beweisen die Märtyrer aller Epochen. Es ist auch nicht unbestritten, ob

1) S. 170.
2) aaO.
3) S. 171.
4) Strafrecht, S. 396; er will sogar den Richter wegen Rechtsbeugung verantwortlich machen, der ein diesen materialen Mindestgehalt verletzendes Gesetz anwendet.

die schmerzlose Tötung ethisch unbedingt verwerflich ist. Es liegen Stimmen vor, die innerhalb enger Grenzen für ein solches Vorgehen eintreten[1]).

Auch nach der Welzelschen Formel lassen sich die Schranken der Staatsgewalt nicht eindeutig umreißen. Welzel bringt keine Lösung des Problems, sondern stellt den Richter vor eine Aufgabe. Ihre Lösung ist, wie er selbst sagt, „bis heute offen geblieben[2])".

E. Die Möglichkeiten, aus der Ethik die Schranken der Gesetzgebungsgewalt zu bestimmen

Wenn der Richter gegen den Befehl des Gesetzgebers entscheiden soll, um sittlichen Forderungen gerecht zu werden, muß feststellbar sein, welche sittlichen Gebote auch unter Verletzung des positiven Rechts erfüllt werden müssen. Es gilt, um mit Welzel zu sprechen, zu klären, welchen materialen Mindestgehalt die Ethik hat. Wenn der Richter die Werte Rechtssicherheit, Gerechtigkeit und die Rechte des Einzelnen gegeneinander abwägen soll, muß er wissen, in welcher Rangordnung diese Werte stehen. Die Erklärung, es gebe einen Bereich, in den der Gesetzgeber nicht eingreifen könne, weil seine dahingehenden Befehle unwirksam seien, kann nicht ausreichen. Es gilt festzustellen, welcher Bereich das ist und wie dieser umgrenzt ist.

Die materiale Ethik hat die Aufgabe, die sittlichen Werte zu analysieren. Ihre erste Grundfrage ist: was sollen wir tun? ihre zweite Grundfrage: was ist wertvoll im Leben[3])? Die Ethik weiß um die „sittliche Not, sich im Chaos der Werte zurechtzufinden" und sucht nach einer Ordnung in diesem Chaos[4]). In der Ethik könnte man daher eine Antwort auf unsere Frage erhoffen. Auch in der Rechtsphilosophie wird gelegentlich auf die in der Ethik gewonnenen Erkenntnisse, vor allem auf die von Scheler und Hartmann entwickelte Wertethik verwiesen[5]).

Geiler ist der Ansicht, man solle die sachlichen Gehalte des „neuen Naturrechts", als ein in der Gerechtigkeit und in der Rechtsidee wurzelndes absolutes Recht dem ethischen Bereich entnehmen und geisteswissenschaftlich prüfen, welche bestimmten Gehalte sich als richtunggebende Regulative ergeben. Nach Geiler nimmt das Naturrecht dem posi-

---

[1]) Binding und Hoche, Die Freigabe der Vernichtung unwerten Lebens, ihr Maß und ihre Form, 1920; E. Meltzer, Das Problem der Abkürzung lebensunwerten Lebens, Halle, 1925, mit weiterem Schrifttum; Mikim, Heredity and Human Progress, New York, London 1900; Proceedings of the National Conference of Charities and Correction, Portland (Oregon), 1905, S. 534; V. v. Weizsäcker, Euthanasie und Menschlichkeitsversuche, Heidelberg 1947; vgl. auch Scheler, Vorwort zur 2. Aufl. am Ende; Hartmann, S. 383: „Kein Unrechtleiden berechtigt den Menschen zu seiner (des Rechts d. Verf.) Verletzung." Nicht das Recht-Genießen, sondern nur das Recht-Tun ist eine „moralische Dignität der Person". Im Recht zu sein dagegen sei nur der Sachverhaltswert, welcher der Gerechtigkeit zugrunde liege.

[2]) Mat. Gerechtigkeit, S. 171.

[3]) Hartmann, S. 1 und 4.

[4]) Wünsch, Wertethik, S. 1871.

[5]) Coing, S. 147, 149, 166; Roemer, SJZ 46, 9.

tiven Gesetz die „Legitimität“, wenn das positive Gesetz gegen das absolute Naturrecht verstoße. Bei einem klaren Verstoß brauche der Richter das Gesetz nicht anzuwenden[1]).

Von der wissenschaftlichen Ethik wird aber auch erklärt, es sei ihr nicht gelungen, inhaltlich erfüllte und für die richterliche Praxis verwendbare Grundlagen zu schaffen. Auch die Wertethik, die sich nicht auf formale Fragen beschränke, sondern die materialen Inhalte untersuche, sei „über formale Begriffshülsen und vage Allgemeinheiten“ nicht hinausgekommen[2]). Es wird daher nachzuprüfen sein, was sich für unser Problem aus der Ethik entnehmen läßt.

a) Weigelin

Die Erkenntnisse einer Wirklichkeitsethik, wie sie etwa von Weigelin entwickelt wurde, dürften nicht weiterhelfen. Gesucht wird der kritische Maßstab, die Wirklichkeitsethik aber sichtet und ordnet alles, was an sittlichen Regelungen und Urteilen sichtbar wird. Sie überprüft nicht, welche Werte den auf diese Weise konstruierten sittlichen Postulaten anhaften. Weigelin ist der Ansicht: „Aus den sittlichen Urteilen des Einzelnen und noch weniger aus seinen sittlichen Regungen läßt sich eine wissenschaftliche Ethik nicht aufbauen, vielmehr ist es notwendig, festzustellen, was der herrschenden Anschauung eines größeren Kreises entspricht und hieraus sind die sittlichen Urteile der Gesamtheit zu konstruieren, die wir als sittliche Normen bezeichnen[3])“. Weigelin spricht diesen sittlichen Normen jede eigene Existenzberechtigung ab. Sie sind für ihn „Konstruktionen, ja Fiktionen[4])“. Weil Subjekt der sittlichen Befehle nicht Gott sei, „sondern der Gesamtwille des einzelnen Volkes, in welchem das Sittengesetz herrscht“, ergibt sich für Weigelin „von selbst, daß von Allgemeingültigkeit, Unbedingtheit und Ewigkeit der sittlichen Normen keine Rede sein kann, daß sie vielmehr völkisch beschränkt, zeitlich veränderlich und durch mannigfache und oft höchst verwickelte Voraussetzungen des tatsächlichen Lebens bedingt sind[5])“. Unveränderlich sei daher nur der Begriff des Sittlichen, das Sittliche selbst dagegen sei veränderlich, wie auch das Recht veränderlich sei[6]).

Zwar hält es Weigelin für zulässig, von einer richtigen Moral im Gegensatz zur tatsächlichen Moral zu sprechen[7]), aber rechte Maßstäbe ergeben sich erst aus den Zwecken, die außerhalb der Moral lägen. Diese seien auf jeder Stufe der Entwicklung neu zu bestimmen. „Hierin zu einem letzten Abschluß zu gelangen, ist Aufgabe der Metaphysik und der Religion[8])“, also nach Weigelin gerade nicht Aufgabe der Ethik.

---

[1]) S. 16.
[2]) Welzel, Rechtspositivismus, S. 287.
[3]) S. 31.
[4]) aaO.
[5]) S. 27, 28.
[6]) S. 100.
[7]) S. 14.
[8]) S. 196.

Für die Richtigkeit eines Sittengesetzes spreche eine Vermutung. Daher sei bei der Kritik des Sittengesetzes stets eine große Vorsicht zu üben[1]). Darum sei „selbst bei so befremdlichen Sitten wie der Tempelprostitution, der Tötung von überzähligen Kindern und Greisen, von Kranken usw." anzunehmen, „daß die besonderen religiösen oder wirtschaftlichen Verhältnisse diese unser heutiges Gefühl allerdings stark verletzenden Handlungen geboten erscheinen ließen[2])". Aus diesen Gründen ist für Weigelin das, was sich im Gesellschaftsleben durchgesetzt hat[3]), was als Sittengesetz bei einem Volk oder auch nur einer Volksklasse, einem Stand, Berufskreis usw.[4]) empfunden wird, „etwas Gegebenes, das zunächst einmal hinzunehmen ist[5])".

Weil jede Sittenordnung zunächst nur durch einen Bruch der alten Ordnung abgeändert werden könne, den zunächst Einzelne vollzögen[6]), würde der Richter vor der Frage, ob er ein unsittliches Gesetz anzuwenden hat, zu prüfen haben, ob etwa der Gesetzgeber derjenige ist, der die alte Ordnung bricht. Weil der Zeitpunkt der Entstehung, inhaltlichen Veränderung und des Untergangs sittlicher Normen „kaum jemals mit Sicherheit festzustellen ist[7])" wird der Richter aus der Wirklichkeitsethik nur wenig für seine Frage Fruchtbares entnehmen können.

Noch weniger vermag Weigelin über die Rangordnung der Werte auszusagen. Zwar vermindert er die möglichen Fälle sittlicher Konflikte durch die Feststellung, es sei ein Fehler, „aus der sittlichen Ordnung zu allgemeine sittliche Forderungen herauszulesen, wie sie in Wirklichkeit nicht bestehen[8])". Aber bei Weigelin sind alle echten sittlichen Konflikte tragisch. Sie sind unlösbar[9]). Für die Frage, welche sittlichen Werte dem Wert der Rechtssicherheit und des Gehorsams vorzugehen haben, ist damit nichts gewonnen. Ausdrücklich bezeichnet sogar Weigelin den „Standpunkt, daß die Rechtspflicht hinter die sittliche Pflicht zurückzutreten habe, als willkürlich. „Die Moral hat keinen höheren Rang als das Recht[10])."

Weigelin bringt, wenn auch ungewollt, den Beweis, daß ohne einen festen Bezugspunkt allein aus dem tatsächlichen Geschehen, das als sittlich angesehen wird, eine sittliche Ordnung nicht erfaßt, geschweige denn dem Gesetzgeber eine Schranke entgegengestellt werden kann.

b) Scheler

Scheler hat den Versuch unternommen, die von Husserl in die Philosophie eingeführte phänomenologische Methode auf das Gebiet der

---

1) S. 19.
2) S. 21.
3) S. 17.
4) S. 92.
5) S. 15.
6) S. 104.
7) S. 101.
8) S. 90.
9) S. 92.
10) S. 94.

Wertethik anzuwenden[1]). Der Grundsatz der Phänomenologie, es bestehe ein Zusammenhang zwischen dem Wesen eines Gegenstandes und dem Wesen des intentionalen Erlebnisses, ist auch Schelers Ausgangspunkt[2]). Er erkennt die Werte als „unreduzierbare Grundphänomene der fühlenden Anschauung[3])".

Das Gewissen, als der Inbegriff dessen, was die eigene individuelle Erkenntnisbetätigung und sittliche Erfahrung zur sittlichen Einsicht beiträgt[4]), ist Träger sittlicher Werte[5]). Aber das Gewissen ist nur eine der „Ökonomisierungsformen" sittlicher Einsicht. Es muß mit den „Sätzen der Autorität" und den „Gehalten der Tradition" zusammenwirken. Erst die „gegenseitige Korrektur all dieser nur subjektiven Erkenntnisquellen garantiert ein Höchstmaß der subjektiven Gewinnung dieser Einsicht". Über diesen Quellen der sittlichen Einsicht steht bei Scheler aber „die Einsicht selbst", „die evidente Selbstgegebenheit dessen, was gut ist und was nicht[6])".

Scheler unterscheidet zwischen Selbst- und Konsekutivwerten, die sich gruppenweise entsprächen[7]). So stelle das Nützliche den Konsekutivwert dar des Angenehmen. Dieses sei Selbstwert. Die Konsekutivwerte hingegen hätten keinen unmittelbaren oder phänomenalen Wert[8]). Die materialen Werte (im Sinne von Selbstwerten) stehen nach Scheler mit ihren Qualitätensystemen in einer Rangordnung, die von ihm als Wertmodalität bezeichnet wird[9]).

Die Wertmodalitäten bilden das eigentlich materiale a priori seiner Wert- und Vorzugseinsicht. So unterscheidet Scheler zwischen vier Wert-Modalitäten, den sinnlichen, den vitalen, den geistigen und den religiösen. Die sinnlichen seien durch die Wertreihe angenehm und unangenehm[10]), die vitalen von dem Gegensatz edel und gemein bestimmt[11]). Die geistigen Modalitäten seien „Funktionen des geistigen Fühlens und Akte des geistigen Vorziehens und Liebens und Hassens". Wiederum scharf abgetrennt von diesen Wertmodalitäten tritt nach Scheler die religiöse Wertmodalität hervor. Sie sei durch die Werte des Heiligen und Unheiligen bestimmt[12]).

Die sinnlichen Modalitäten sind die niedersten, die darauf folgenden die jeweils höheren. „Die Werte des Edlen und Gemeinen sind eine höhere Wertreihe als die des Angenehmen und Unangenehmen; die geistige Wertreihe eine höhere Wertreihe als die vitalen Werte, die Werte des Heiligen eine höhere Wertreihe als die geistigen Werte[13])."

---

1) Hessen, S. 18.
2) S. 272.
3) aaO.
4) S. 334.
5) S. 333.
6) S. 334.
7) S. 105.
8) S. 102.
9) S. 103.
10) S. 104.
11) S. 105.
12) S. 107.
13) S. 109.

Mit dieser Einsicht hat Scheler nur die allgemeinsten Umrisse gekennzeichnet. Eine feinere Unterscheidung aber innerhalb der einzelnen Wertmodalitäten ist mit den Kriterien Schelers nicht möglich[1]). Auch Scheler gibt zu, die Vorstellung sei grundirrig, „es könnte die ganze Fülle des Wertreiches und der in ihm bestehenden Rangordnung je einem Individuum, einem Volk, einer Nation oder an einer Stelle der Geschichte auch gegeben sein[2]). Vielmehr könne die Ethik als philosophische Disziplin nur die allgemein gültigen Werte und Vorzugsgesetze erweisen und verständlich machen. Die Erkenntnis der Weisheit sei der wissenschaftlichen Ethik überlegen. Ohne sie bleibe alle unmittelbare ethische Erkenntnis aller gemeingültiger Werte wesenhaft unvollkommen.

Die sittliche Entscheidung im hier und jetzt überträgt auch Scheler dem Gewissen: „Niemals also kann Ethik, niemals soll sie das individuelle Gewissen ersetzen[3])".

c) Nicolai Hartmann

Wie für Scheler ist auch für Hartmann der Zugang zu den sittlichen Werten irrational. Es ist das „sittliche Bewußtsein", das in dem „eigenartigen Wertgefühl" besteht, das in den menschlichen Entschließungen und Gesinnungen „Gut und Böse scheidet und ihren ethischen Maßstab bildet[4])". Das sittliche Bewußtsein sei zwar verschleiert[5]) und nicht irrtumsfrei, aber es sei ein echtes Bewußtsein und genüge „für die Analyse des Phänomens, um in ihm die ethischen Wertstrukturen zu entdecken[6])". In einer inneren „Schau", in einem „Wertfühlen" werden die Werte erkannt[7]).

Die Werte sind autonome Wesenheiten. Das bedeutet, sie sind „nicht um eines andern willen, sondern rein aus sich selbst heraus und um ihrer selbst willen wertvoll[8]). Für ihren Bestand komme es nicht darauf an, ob sie verwirklicht werden[9]). „Ihr Wesen ist überzeitlich und übergeschichtlich[10])." Daher kennt Hartmann nicht einen einheitlichen Sinn des Guten. Dieser ist vielmehr bei ihm „in einen ganzen Sternhimmel von Werten aufgelöst[11])".

Die Erkenntnisfähigkeit des sittlichen Bewußtseins ist beschränkt. „Das Wertbewußtsein schneidet aus dem Reich der Werte jeweilig einen kleinen Umkreis des Erschauten heraus. Und dieser Umkreis ‚wandert' auf der idealen Ebene der Werte." Durch diese revolutionären und andauernden

---

[1]) Welzel, mat. Gerechtigkeit, S. 180.
[2]) S. 514.
[3]) S. 514.
[4]) S. 53.
[5]) S. 141.
[6]) S. 54.
[7]) S. 109.
[8]) S. 739.
[9]) S. 51.
[10]) S. 44; Werte hätten ein Ansichsein, unabhängig vom Dafürhalten des Subjekts (S. 134); Wünsch, kritisiert dieses Verdinglichen der Werte als abstraktes Spiel, Evgl. Ethik, S. 35.
[11]) S. 495.

Veränderungen des Wertbewußtseins erklärt sich für Hartmann, „daß Handlungen, Gesinnungen, Verhältnisse, die gestern für gut galten, heute verwerflich scheinen können[1])".

Zwar sind für Hartmann die Werte beständig, der Wertblick aber variabel[2]). Ob in der Werterkenntnis ein Fortschritt erzielt werde, ist ihm fraglich. Die Bewegung der Werterkenntnis mache vielmehr den Eindruck des planlosen Herumirrens, weil man die Gesetze dieser Bewegung nicht kenne[3]).

Die Werte stehen nach Hartmann miteinander in gewissen Beziehungen. Gesetzliches ließe sich allerdings wenig herauslesen. „Es fehlt ja auch die eigentliche gesetzliche Einsicht. Man gelangt höchstens zur Einsicht einer gewissen Regelhaftikeit[4])." Auf Grund dieser Regelmäßigkeiten vermag Hartmann die Werte in gewisse Ordnungen einzureihen. Zwar gebühre nach dem Gesetz des Guten dem höheren Wert der Vorrang[5]). Aber dieses Prinzip führt Hartmann nicht durch. Er reißt hier das entscheidende Problem aller ethischen Untersuchungen auf. Nicht einer der sittlichen Werte, wie Gerechtigkeit, Nächstenliebe, Fernstenliebe, Treue, Wahrhaftigkeit zeige sich als höchster Wert. Denn bis zur letzten Konsequenz geführt, seien diese Werte tyrannisch. Es gebe eine Grenze, „von der ab ihre Herrschaft im Wertbewußtsein aufhört wertvoll zu sein". „In diesem Sinne läßt sich sagen, alle sittlichen Werte haben auch ihren Widerhaken[6])." Vielmehr gehöre zur wahren Sinnerfüllung sittlicher Werte immer noch ein inhaltliches Gegengewicht. Daher verlegt Hartmann die Tugend in keines dieser einzelnen Wertelemente, sondern in die Wertsynthese. „In diesen Synthesen eben ist der Widerhaken der Werte abgebrochen, ihre Tyrannei im Wertbewußtsein paralysiert[7])."

Daher ist das „absolut Wertvolle" nicht ein bestimmter einzelner Wert an dem Sternhimmel der Werte, sondern die „höchste Synthese aller Werte[8]). Denn in dieser Synthese sei das Maximum an Inhalt wie an Wert vereinigt. Aber diese Wertsynthese übersteigt nach Hartmann die Kraft des menschlichen Wertbewußtseins. „Alle Gedanken über sie (auch die hier angedeuteten) bleiben Vermutungen. Auch von der Mannigfaltigkeit der Materien und ihrer Höhenordnung kennen wir nur einen mittleren Ausschnitt. Aber in diesem Ausschnitt wenigstens ist die Verschiebung der Skalen, deren Extreme die untere und die obere Grenze bilden müßten, deutlich erkennbar[9])."

---

1) S. 44.
2) S. 142.
3) S. 143.
4) S. 496.
5) S. 524.
6) S. 525.
7) S. 526; passim Reiner, ARSP 40, 532.
8) S. 563.
9) S. 564.

Wie aber ist die Synthese der Werte durchzuführen? Nach welchen Regeln ist zu verfahren? Diese Frage geht den Richter unmittelbar an, denn auch er muß einen Ausgleich der widerstreitenden Interessen der gegeneinanderstehenden sittlichen Forderungen finden.

Hartmann stellt den Satz auf, die niederen Werte dürften nicht verletzt, die höheren müßten dennoch realisiert werden, damit Sittlichkeit am Menschen erfüllt werde[1]). Diese Forderung wird verständlich, wenn man einen Blick auf Hartmanns Erkenntnis der Doppelschichtigkeit der Werte wirft. Sie stehen bei ihm in zweierlei Verhältnisreihen. Einmal ist es das Verhältnis der Werthöhe. Bei diesem ist nach den herkömmlichen ethischen Erkenntnissen den höheren Werten vor den niederen der Vorzug zu geben. Hartmann findet z. B. die aufsteigende Linie von Rechtlichkeit als dem niederen Wert, aufsteigend zu Wahrhaftigkeit, Nächstenliebe, blindem Glauben, Fernstenliebe, schenkender Tugend als den höheren Werten.

Zum anderen ist es das Verhältnis der Wertstärke, das dieser Linie entgegengesetzt verläuft. Nach dem Vorzugsgesetz der Wertstärke sind nach Hartmann die niederen Werte zugleich die stärkeren. Sie verlangten den Vorrang vor den höheren Werten. „Dem Hungernden oder körperlich Leidenden vergeht der Sinn für geistige Genüsse[2]).“ Da die höheren Werte auf den niederen beruhten, gehe die Erfüllung des niederen Wertes vor, „weil mit seiner Verletzung auch die höheren Werte gefährdet sind[3])“.

So entsteht eine Antinomie des Wertvorzuges[4]). Mit den oben angeführten allgemeinen Regeln kann sie auch Hartmann nicht lösen, weil die erstrebte Synthese als Ideal uns aufgegeben und nicht gegeben ist[5]). „Immer ist in Wahrheit die Synthese gefordert. Und die ist schwer zu erschauen. Schon die Enge des Wertblickes zieht ihr die Grenzen vor. Darum ist das sittliche Leben der Menschheit, geschichtlich gesehen, so wenig fortschrittlich – bei aller Lebendigkeit und allem Ernst menschlichen Sehnens und Mühens[6]).“

Auch bei Beachtung der tiefgreifenden Erkenntnis Hartmanns lassen sich klare Grenzen der Staatsgewalt nicht aufzeigen. Im Gegenteil, Hartmann hat die Grenzen menschlichen Wertbewußtseins und die Schranken menschlicher Erkenntnis- und Urteilsfähigkeit dargelegt. Sein besonderes Verdienst dürfte es gerade sein, die vielschichtigen grundsätzlich unlösbaren Widersprüche ethischer Probleme aufgewiesen zu haben.

Die von Hartmann gefundene Regel, der niedere Wert fordere als der elementare Wert den Vorzug vor dem höheren Wert, könnte sogar zur Rechtfertigung des kritischen Positivismus dienen. Wenn Radbruch 1932 sagte, die Gerechtigkeit sei die zweite große Aufgabe des Rechts, die

---

1) S. 552.
2) S. 549.
3) S. 549.
4) Welzel, mat. Gerechtigkeit, S. 181.
5) S. 524.
6) S. 557.

nächste aber die Rechtssicherheit[1]), wenn man bedenkt, daß alle durch die Rechtsordnung geschaffene Gerechtigkeit auf der Grundlage der Rechtssicherheit und des Gehorsams beruht, muß man diese Werte als die niederen, elementaren Werte anerkennen. Nach dem Gesetz der Wertstärke verdienen sie dann den Vorzug.

Aber nach dem Gesetz der Werthöhe müßte der Gerechtigkeit der Vorzug gegeben werden. Die von Hartmann erstrebte Synthese, die niederen Werte nicht zu verletzen und zugleich die höheren zu verwirklichen, ist nur möglich, wenn klare für den Richter und den Staatsbürger anwendbare Unterscheidungsmerkmale gegeben sind. Diese aber liegen nicht vor. Notwendig müssen daher der Wert der Rechtssicherheit und des Gehorsams verletzt werden, wenn die Gerechtigkeit verwirklicht werden soll.

Für das Problem, was zu geschehen hat, wenn die Synthese nicht gelingen kann, weil die widerstreitenden Werte in einem antinomischen Verhältnis stehen oder weil der Konflikt „durch die Struktur der Situation" gegeben ist, kann auch Hartmann keine grundsätzliche Lösung geben. Er entwickelt keine Regeln, er erkennt keine Gesetzlichkeiten. „Es ist ein verhängnisvoller Irrtum zu glauben, daß solche Fragen sich prinzipiell, in der Theorie, lösen lassen[2])."

Auf die Frage, was der Mensch zu tun hat, der vor den ernsten, verantwortungsvollen Konflikt gestellt ist, kann Hartmann nur eine Antwort geben. Der Mensch muß „nach bestem Gewissen" entscheiden, d. h. nach seinem eigenen lebendigen Gefühl der Werthöhe. Es sei Sache der Person, „die an sich nicht prinzipiell lösbaren Konflikte aus freiem Wertgefühl und schöpferischer Kraft Schritt für Schritt im Leben zu entscheiden". Wohl lade der Mensch, der gegen klar erschaute Werte verstoße, Schuld auf sich. Aber „die unvermeidliche Schuld gerade ist es, was allein den Menschen vor fauler Moral bewahren kann[3])". So verweist nicht nur die Rechtswissenschaft mit ihren Generalklauseln, sondern auch die Wertethik Schelers und Hartmanns auf die Entscheidung des Gewissens.

2. A. Die Gewissensentscheidung

Der Richter, der vor der Frage steht, ob er ein unsittliches Gesetz anzuwenden hat, steht in einem sittlichen Konflikt. L e h m k u h l bezeichnet ihn als eine Pflichtenkollision zwischen menschlichem und göttlichem Willen[4]). Der Richter muß gegenüber dem unsittlichen Gesetz eine Haltung gewinnen.

Sittliche Pflicht ist es, den Gesetzen des Staates zu gehorchen, auch wenn sie unbillig sind. Als Gemeinschaftsregeln tragen sie einen eigenen Wert in sich, der verwirklicht werden soll. Die persönliche Überzeugung

---

[1]) Rechtsphilosophie, § 10, 3.
[2]) S. 421.
[3]) S. 422; passim S. 270; vgl. Reiner, S. 112–121; auch M. E. M a y e r erkennt, daß die Kulturnormen Pflichtenkollisionen nicht ersparen, Rechtsnormen, S. 52.
[4]) S. 305.

von der sittlichen Berechtigung eines staatlichen Ge- oder Verbotes muß zurücktreten vor den Belangen der Gemeinschaft.

Sittliche Pflicht ist es aber auch, die als richtig erkannten Werte zu verwirklichen, vor allem die Sphäre des Dritten zu achten. Denn dem Sittengesetz geht es um die Nichtverletzung der fundamentalen Rechte des Nächsten[1]). Es kann daher als sittliche Pflicht erscheinen, einem bestimmten Gesetz den Gehorsam zu verweigern und Gott mehr zu gehorchen als den Menschen.

Wie hat der Richter diesen Konflikt zu entscheiden? Nach der katholischen Lehre ist die Kirche befugt, das Sittengesetz autoritativ auszulegen und auch den konkreten Einzelfall zu entscheiden. Nach katholischer Auffassung ist eine solche Entscheidung verbindlich[2]). Als verbindlich wird sie aber nur von denjenigen anerkannt werden können, die sich als Glied der Kirche fühlen. In einem konfessionell gespaltenen Staat aber kann die Entscheidung einer Kirche für den Staatsbürger nur als Appell wirken. Sie kann ein Mahnruf von besonderer Eindringlichkeit und Bedeutung sein. Aber der Versuch einer Rechtsphilosophie oder des Gesetzgebers, den Richter auf ein bestimmtes religiöses Bekenntnis zu verpflichten, müßte als unstatthafter Eingriff in das Recht der Gewissensfreiheit zurückgewiesen werden[3]).

In einer juristischen Untersuchung kann die Entscheidung einer Kirche daher nicht berücksichtigt werden. Erheblich wird sie erst, wenn ihr ein Richter Folge leistet. Aber dann ist es seine Entscheidung, sei es, weil er sich auf Grund seiner religiösen Überzeugung der autoritativen Feststellung beugt ohne sie nachzuprüfen, sei es, weil er sie sich auch vor seinem Gewissen zu eigen gemacht hat.

Die von der Rechtswissenschaft entwickelten Maßstäbe versagen. Das Rechtsgefühl ist zu unsicher und schwankend, als daß der Richter sich in einer solchen Lage darauf verlassen könnte.

Zwar kann der Richter seine Entscheidung nach den sittlichen Idealen, die in ihm lebendig sind, ausrichten. Diese Werte aber, ob es sich um den Dekalog handelt oder um die allgemeinen Postulate sittlicher Erkenntnis, sind nur „in allgemeinen Zügen in den Geist des Menschen geschrieben[4])".

Es ist dem Einzelnen aufgegeben, die Forderungen des Sittengesetzes inhaltlich zu erfüllen, vor allem aber im Falle des sittlichen Konfliktes die „richtige" Lösung zu finden. „Der Mensch eben kann gar nicht anders, als von Fall zu Fall – nach Maßgabe seines Werthöhenbewußtseins und seines Gefühls für die Stärke der Beteiligung verschiedener Werte in einer Situation – . . . Entscheidungen zu treffen", stellt Hartmann fest[5]).

[1]) Reiner, ARSP 40, 520.
[2]) Cathrein II, S. 107; vgl. auch oben S. 47 ff.
[3]) Ule, S. 263; Weskott, S. 130.
[4]) Cathrein I, S. 495.
[5]) S. 270.

Wenn der Richter nicht unkontrollierbaren Lust- und Unlustgefühlen folgen, d. h. willkürlich handeln will, muß er sein Gewissen befragen. Die Stimme des Gewissens, diese selbständige und selbsttätige Macht im Menschen, die dunkel, halbbewußt und ungerufen im Menschen mitspricht[1]), kann dem Richter sagen, wie er den Konflikt zwischen positivem Gesetz und Sittengesetz, der zugleich ein Konflikt zwischen widerstreitenden sittlichen Werten ist, zu entscheiden hat. Denn die Stimme des Gewissens ist „Einwirkung einer höheren Macht, eine Stimme aus einer anderen Welt[2])". So wird das Gewissen des Einzelnen zu der Instanz, die die Grenzen der Staatsgewalt feststellt. Daher sagt auch E. v. Hippel, jeder müsse in seinem Gewissen, in dem sich das Gesetz Gottes offenbare, letztlich die Frage nach der Verbindlichkeit einer Staatsordnung entscheiden[3]).

B. Die Befugnis des Richters, nach dem Gewissen zu entscheiden

Wenn das Gewissen des Einzelnen der einzige Zugang zu der Erkenntnis ist, ein Gesetz sei wegen seines Verstoßes gegen das Sittengesetz nichtig, entsteht eine neue Problematik. Denn es ist zu fragen, ob eine solche Erkenntnis noch als juristisch erheblich angesehen werden kann.

Die Gewissensentscheidung ist das im Urteil sich bestätigende Selbstbewußtsein in seiner Beziehung zu dem im Handeln zutage tretenden Wollen[4]). Weil sich die sittliche Verantwortung des Urteilenden auf das Ziel, die Mittel, die Umstände und die sonstigen Auswirkungen der Handlung erstreckt, liegt der Entscheidung die Fülle der sittlichen Werte zugrunde. Aber alle diese Verhältnisse wiegen nur so, wie der Einzelne sie in seiner beschränkten Erkenntnisfähigkeit gesehen hat. Da aber die Situation für jeden Menschen als eine besondere und einmalige in Erscheinung tritt, hat jedes Gewissensurteil einen streng persönlichkeitsbezogenen Charakter. Es besagt nichts über das Wollen eines anderen, sondern nur über das Wollen des Urteilenden[5]). Hartmann erkennt der Gewissens-

---

[1]) Hartmann, S. 121.
[2]) Hartmann, S. 122.
[3]) Einführung in die Rechtstheorie, S. 33; Kaufmann, S. 12, sieht das Gewissen als einzigen Prüfungsmaßstab für die Gerechtigkeit eines Gesetzes an; Biberstein, S. 50: „Es ist der Gott in unserer Brust . . ., der kategorisch uns das Urteil weist." Gegen Biberstein Laun, Sittlichkeit, S. 39, und Anschütz, Anm. 4 zu Art. 102; Coing bezeichnet die letzte Entscheidung über die Gerechtigkeit als eine persönliche wagende Tat (S. 148), die aus einer spontanen Äußerung des sittlichen Gefühls angesichts einer konkreten Situation erwachse (S. 249). Bemerkenswert aber sein Versuch, den Gerechtigkeitsgehalt des Grundsatzes Mark gleich Mark zu untersuchen (SJZ 48, 131 ff.).

G. W. Becker, SJZ 47, 487 sieht das Gewissen als durchaus legitime Quelle (!) des Richterspruchs neben dem Gesetz, das im Falle eines Widerspruchs zwischen Gesetz und Gewissen „logischerweise" den Vorrang haben müsse. Von dem von ihm aufgestellten Begriff der effektiven Rechtsbesserung gibt er selbst zu, er sei rein formal und inhaltsleer (AcP 150, 124).

Vgl. auch Neuy, Stud. generale 54, 104; Peters, S. 35 und Strafproz. § 17 IV.
[4]) Weskott, S. 13.
[5]) Weskott, S. 13; Reiner, ARSP 40, 524.

entscheidung wohl einen eigenen sittlichen Wert zu, aber sie bleibt auch bei ihm nur ein Lösungsversuch des Problems, der nur von Fall zu Fall Gültigkeit hat[1]).

Das Recht hingegen ist nicht Einzelwille, sondern Gesamtwille. Es muß, soll es seiner Aufgabe, Schutz zu gewähren, gerecht werden, sicher und bestimmt sein. „Rechtsanwendung und Verkehrsleben dulden keine irrationalen Reste, sie verlangen exakte Richtlinien, und diese sind . . . . nur durch begrifflich-logische Deduktion, d. h. mit der Vernunft zu gewinnen[2]).“ Die Gewissensentscheidung, bei der, wie Wimmer zutreffend feststellt, oft noch ein „Rest Unsicherheit vor dem Ethos zu überwinden sein wird[3])“, erfüllt nicht diese Voraussetzungen.

Aufgabe des Richters ist es zu finden, was rechtens ist, d. h. auszusprechen, ob und wie weit bestimmte Tatbestände unter vorgesehene rechtliche Obersätze zu subsumieren sind[4]). Stellt der Richter fest, ein Gesetz sei wegen seines unsittlichen Gehaltes nicht verbindlich, und legt er diese Entscheidung seinem Urteil zugrunde, erklärt er aber nicht, was rechtens ist. Er verleiht seiner persönlichen und individuellen Gewissensentscheidung Ausdruck. Ob diese Entscheidung richtig ist, bleibt offen.

Wenn der Richter befugt ist, nach seinem Gewissen zu entscheiden, wird Rechtsunsicherheit die notwendige Folge. Wir leben nicht mehr in einer Zeit, die in ihrem Denken und Wollen einheitlich ist, wie dies im Mittelalter der Fall war. Die vielfältigen weltanschaulichen, sozialen, klassenmäßigen und politischen Differenzen werden sich notwendig in den Urteilen des Gerichts auswirken. Auch wenn man Instanzen schafft, um richterliche Eigenwilligkeiten einzudämmen, wie G. W. Becker vorschlägt, müssen dem Richter klare Maßstäbe an die Hand gegeben werden[5]).

Dennoch könnte man dem Richter gestatten, gegen das als unverbindlich erkannte Gesetz zu entscheiden. Der Richter scheint besonders geeignet zu sein, ein Gesetz auf seine Übereinstimmung mit dem Sittengesetz zu prüfen, besser geeignet jedenfalls als ein gesetzgebendes Organ oder gar die Exekutive.

Das Urteil des Richters ist keine Entscheidung des eigenen Willens, sondern die Feststellung, ob eine Norm mit einer anderen Norm vereinbar ist. Der Richter kann in hohem Maße objektiv sein, da seine Entscheidung vom eigenen Willen, der ein bestimmtes Ergebnis erzielen will, unabhängig erfolgt oder wenigstens erfolgen sollte.

Der Gesetzgeber dagegen hat einen eigenen Willen. Der Politiker will ein bestimmtes Ziel erreichen. Das Gesetz ist für ihn Mittel zu einem

---

[1]) S. 270; auch Scheler erkennt den individuellen Charakter sittlicher Einsicht (S. 331); Kelsen, Gerechtigkeit, S. 6.

[2]) Schwinge, Irrationalismus, S. 23. [3]) ARSP 40, 286.

[4]) Baumbach-Lauterbach, Überblick 1 B vor § 300; Fischbach, S. 13.

[5]) G. W. Becker, SJZ 47, 484, er will die Kontrolle gerade dem Parlament übertragen, welches das unsittliche Gesetz erlassen hat. Damit droht die Prüfungszuständigkeit ihren praktischen Wert zu verlieren.

ganz bestimmten Zweck. Er ist daher der Gefahr ausgesetzt, sich über dem Streben nach einem bestimmten Ziel in der Wahl der Mittel zu vergreifen[1]).

Davon kann sich der Richter freimachen. Für ihn kann das Urteil nur Mittel sein, um der Gerechtigkeit zu dienen. Das persönliche Schicksal des Politikers, Erfolg, Ruhm, Geld, können davon abhängen, ob sein Wille Gesetz wird. Der unabhängige, auf Lebenszeit berufene und unabsetzbare Richter kann von der persönlichen Verantwortung für den Inhalt seiner Entscheidung freigestellt werden. Eine derartige Gestaltung des richterlichen Prüfungsrechts setzt aber die Zuständigkeit des Richters voraus, sein Gewissensurteil an die Stelle des Urteils des Gesetzgebers zu setzen.

C. Ableitung der Befugnis aus der Ethik

Aus ethischen Erwägungen läßt sich die Befugnis des Richters, nach seinem Gewissen zu entscheiden, nicht ableiten. Weil die Gewissensentscheidung dem Dritten gegenüber fremdes Wollen bleibt, ist sie für ihn unverbindlich. Sie kann dem Dritten zwar als Vorbild dienen und sein Gewissen aufwecken, aber sie verlangt nicht, daß der Dritte sie befolge. Denn auch an sein Gewissen richten sich die sittlichen Forderungen und verlangen höchstpersönliche Entscheidungen.

Weil jeder Zwang sittliches Handeln entwertet, dem Dritten die Möglichkeit zur eigenen sittlichen Tat genommen würde, was mit der Idee der freien Selbstbestimmung der Persönlichkeit unvereinbar ist[2]), darf der Urteilende seine Entscheidung nicht einem Dritten aufdrängen. Er darf ihm nicht die Schuld aufbürden, mit der die Entscheidung eines sittlichen Konflikts belastet ist. Es wäre auch Anmaßung, wollte man einen Gewissensirrtum einem Dritten aufzwingen. Daher entspricht es eher sittlicher Haltung, mit der Möglichkeit eines Gewissensirrtums zu rechnen und der gefundenen Entscheidung für sich selbst eine unbedingte, Dritten gegenüber aber nur eine relative Gültigkeit beizumessen.

Das tut der Richter, der gegen ein als unsittlich erkanntes Gesetz entscheidet, nicht. Vielmehr drängt er mit der Rechtskraft des Urteils seine Gewissensentscheidung eines sittlichen Konfliktes als Recht den Prozeßparteien und der durch den Staat verkörperten Gemeinschaft auf[3]). Denn durch das Urteil wird das zukünftige Verhalten der Prozeßparteien bestimmt. Die Parteien werden gezwungen, die Entscheidung des Richters über einen sittlichen Konflikt als rechtens anzuerkennen und dementsprechend zu handeln. Die Gewissensentscheidung wird ihnen aufgezwungen. Mit ethischen Erwägungen kann das nicht gerechtfertigt werden.

Auch die katholische Morallehre ist der Ansicht, der Richter dürfe niemals auf Grund seines Gewissens gegen das Gesetz entscheiden. Die Be-

---

1) Riezler, S. 126.
2) Cathrein I, S. 107.
3) passim Graveson, MDR 47, 280.

gründung ist, da die hier vertretene Auffassung von dem Wesen des Gewissens von der Ansicht der katholischen Morallehre abweicht, zwangsläufig eine andere[1]).

Laun stellt zu Recht fest, daß sich eine solche Ausgestaltung der richterlichen Prüfungszuständigkeit, die dem Richter die Befugnis gibt, auf Grund seines Gewissens zu entscheiden, sich rechtsphilosophisch als die allein richtige nicht erweisen lasse[2]). Solange eine Ermächtigung durch das Gesetz nicht vorliegt, folgert Laun, dem sich der Verfasser anschließt, kann, „wenn schon ein Organ die Fähigkeit haben soll, sein eigenes Rechtsgefühl heterenom dem des Volkes zu substituieren, . . . dies nur der Gesetzgeber und nicht der Richter sein[3])".

D. Ableitung der Befugnis aus dem geltenden Recht

Es ist nunmehr zu untersuchen, ob und wie der Gesetzgeber die richterliche Prüfungszuständigkeit geregelt hat, insbesondere, ob er den Richter ermächtigt hat, sein Gewissensurteil über die Entscheidung des Gesetzgebers zu erheben. Die Art. 20, Abs. II und III, 97, 98 und 100 GG, § 1 GVG und § 336 StGB beschäftigen sich mit der Stellung des Richters. Eine ausdrückliche Regelung, wie sie etwa in den Niederlanden gegeben ist[4]), liegt nicht vor.

a) Artikel 20 Grundgesetz

Durch Art. 20, Abs. III GG ist der Richter an „Gesetz und Recht" gebunden. Das bedeutet eine Änderung gegenüber der Regelung durch die Weimarer Reichsverfassung. Nach Art. 102 WRV war der Richter nur an das Gesetz gebunden. Diese Bestimmung wiederholte den § 1 GVG, der wiederum von den entsprechenden Bestimmungen der konstitutionellen Verfassungen der Einzelstaaten übernommen worden war[5]). Eine Bindung an überpositive Normen kam in keiner gesetzlichen Bestimmung zum Ausdruck. Ebensowenig war geregelt, ob der Richter ein Gesetz auf seinen Gerechtigkeitsgehalt zu prüfen hatte. Zur Zeit der konstitutionellen Monarchie glaubte man, die Freiheit des Bürgers könnte am wirksamsten gesichert werden, wenn das Parlament die Gesetze schaffe und die Gerichte unabhängig von staatlicher Weisung die Gesetze anwendeten[6]). Gesetzesstaat und Rechtsstaat erschienen eines. Die Gefahren eines Absolutismus der Mehrheit hatte man nicht gesehen. Daher war für eine richterliche Prüfungszuständigkeit kein Raum[7]).

---

1) vgl. Cathrein I, S. 573; über die Gewissenslehre: I, S. 480 ff.
2) Laun, Sittlichkeit, S. 107.
3) S. 88.
4) vgl. oben S. 16.
5) Z. B. Art. 86 der Preuß.Verf. von 1850; über die geschichtliche Entwicklung vgl. Anschütz, Anm. 1 zu Art. 102.
6) Triepel, Streitigkeiten, S. 93.
7) G. W. Becker, SJZ 47, 480 und 481; Halberkann, S. 29; Jahrreiß, NJW 50, 3; Schack, S. 45; einschränkend E. v. Hippel, Prüfungsrecht, S. 555.

In der Zeit der Weimarer Verfassung erkannte man diese Gefahr. Es wurde das Mißtrauen gegen den Gesetzgeber wach. Ein Teil der Rechtslehre und die Rechtsprechung, auch das Reichsgericht anerkannten eine richterliche Prüfungszuständigkeit bezüglich der Verfassungsmäßigkeit eines Gesetzes[1]). Die Prüfung von Gesetzen auf ihre Übereinstimmung mit überpositiven Normen lehnte die Rechtsprechung ab[2]).

Fraglich ist es, ob Art. 20, Abs. III GG diesen Zustand geändert und eine Bindung des Richters an überpositive Normen ausgesprochen hat.

Aus dem Sprachgebrauch der Worte „Gesetz" und „Recht" im Grundgesetz läßt sich nichts entnehmen, weil dieser ungenau ist, wie Jahreiß[3]) nachgewiesen hat. Auch die Gesetzesmaterialien geben keinen eindeutigen Aufschluß, was man unter diesem Doppelbegriff zu verstehen hat. In den Vorentwürfen war die Formulierung der Weimarer Verfassung übernommen worden. Die Wendung „Gesetz und Recht" ist durch den allgemeinen Redaktionsausschuß des parlamentarischen Rates eingeführt worden. Dehler sagte, es solle der rechtsstaatliche Gedanke als die Grundlage des Grundgesetzes besser gekennzeichnet werden[4]). Das würde nicht zu der Annahme berechtigen, der parlamentarische Rat habe mit dieser Wendung naturrechtliche Begriffe einführen wollen.

Einige Hinweise bieten in dieser Richtung auch die Erörterungen zu Art. 97 GG. Zwar erklärte Becker für den Rechtspflegeausschuß, unter „Gesetz" sei nicht nur das Gesetz im formellen Sinne, sondern Gesetz „in höherem Sinne" zu verstehen[5]). Dagegen aber begriff der Allgemeine Redaktionsschluß unter „Gesetz" alle Gesetze im materiellen Sinne[6]). Zinn betonte in seinem schriftlichen Bericht zum Entwurf des Grundgesetzes, man habe nicht in die Verfassung aufnehmen wollen, daß der Richter an sein Gewissen gebunden sei. Dies habe Art. 132 des Herren-Chiemsee-Entwurfes vorgesehen, auch Walter habe dies vorgeschlagen. Zinn erklärte, man hätte damit die Frage nach dem Verhältnis zwischen positivem und überpositivem Recht aufgerollt, ohne eine befriedigende Antwort erteilen zu können[7]). In gleichem Sinne sprach sich auch Dehler zu Art. 97 GG aus[8]).

---

1) RGZ 102, 161 (164); 107, 378 (379); Morstein Marx bringt S. 65 bis 69 eine Übersicht über den Streitstand im Jahre 1926, E. v. Hippel, Prüfungsrecht, S. 554 Anm. 32, 33, eine Übersicht nach dem Stand von 1932, unterscheidet aber nicht, ob das Prüfungsrecht der Verfassungsmäßigkeit und der Rechtmäßigkeit und ob dies de lege lata oder de lege ferenda gefordert wird; vgl. auch W. Jellinek, JW 25, 454; Prüfungsrecht, S. 269.

2) vgl. oben S. 30 ff.

3) NJW 50, 3 Anm. 4.

4) JÖR 1, 200.

5) JÖR 1, 717.

6) JÖR 1, 717.

7) Schriftl. Bericht zum Entwurf des GG für die Bundesrepublik Deutschland, IX, Die Rechtsprechung, zu 4, Anlage zum stenogr. Bericht der 9. Sitzung des Parlamentarischen Rates am 6. 5. 1949, Parlamentarischer Rat, Bonn 1948, S. 48.

8) JÖR 1, 717.

Aus diesen sich zum Teil widersprechenden Äußerungen geht nur hervor, daß der Begriff „Gesetz" in der herkömmlichen Weise verstanden worden ist, als Gesetz im materiellen Sinne. „Gesetz und Recht" dagegen sollte mehr bedeuten als die Summe der Gesetze im materiellen Sinne.

Was bedeutet aber nun Gebundenheit der Rechtsprechung an „Gesetz und Recht", zumal die vollziehende Gewalt in gleicher Weise gebunden ist, aber nach Art. 97 GG der Richter nur dem Gesetz unterworfen ist.

Gebunden ist die rechtsprechende Gewalt an das Gesetz, das sie anwendet. Anwenden kann das Gericht nur, was vorhanden ist. Das positive Gesetz ist vorhanden. Ob man das von einem Recht in einem überpositiven Sinne sagen kann, scheint zumindest fraglich. Auf keinen Fall ist es so gegeben, wie es beim positiven Recht der Fall ist. Es gibt ein „Rechtsgefühl des Volkes", das unsicher und schwankend ist, dessen Erforschung unübersehbare Schwierigkeiten entgegenstehen[1]). Ein Naturrecht in einer für den Richter greifbaren Gestaltung ist nicht vorhanden. Es liegen eine Reihe sich widersprechender Systeme vor, aus denen Folgerungen für das positive Recht gezogen werden sollen. Vorhanden sind ferner eine Reihe von Prinzipien, die wegen ihrer Inhaltsleere für den konkreten Fall oft nur wenig aussagen. Auch wollen sie selbst noch nicht Recht sein, sondern sollen Maßstab sein für das, was Recht sein soll[2]). Den „sachlichen Strukturprinzipien" mißt auch Welzel, der diesen Begriff geprägt hat, nur relative Gültigkeit bei[3]). Einen Anspruch auf Allgemeinverbindlichkeit wie das positive Recht können diese Systeme und Prinzipien nicht erheben. Sie sind dem Richter nicht als Rechtssätze gegeben, sondern als Richtlinien aufgegeben[4]).

Würde der Art. 20, Abs. III GG eine Entscheidung zu Gunsten eines Naturrechts bringen, hätte es wenigstens einer Andeutung bedurft, welches der Systeme als verbindlich und vorbildlich angesehen wird. Das ist z. B. in der Verfassung von Rheinland-Pfalz vom 18. 5. 1947 versucht worden. In dem Vorspruch der Verfassung wird Gott als der Urgrund des Rechts benannt. In Art. 121 Abs. I wird die Unterwerfung des Richters unter sein Gewissen ausgesprochen Ein solcher Hinweis fehlt aber im Grundgesetz.

Die Gesetzgebung ist an die verfassungsmäßige Ordnung, nach der Auffassung des Bundesverfassungsgerichtes daher an den Rechtsstaatsgedanken gebunden[5]). Es kann nicht richtig sein, die gesetzgebende Gewalt von der Bindung an ein überpositives Recht freizustellen, dagegen die anderen Gewalten daran zu binden. Es muß zwangsläufig zu Konflikten führen,

---

[1]) Laun, Sittlichkeit, S. 108.
[2]) Weigelin, ARSP 39, 114.
[3]) Rechtspositivismus, S. 239.
[4]) G. W. Becker, AcP 150, 122; Weinkauff, S. 30; E. Schmidt, Lehrkommentar, S. 222 Nr. 412, ist der Ansicht, in verantwortlicher und rechtschöpferischer Leistung könne der Richter sie sich erarbeiten; vgl. auch E. Schmidt, Rechtsbeugung, S. 72; E. v. Hippel, AÖR 57, 118, nimmt an, jene Gesetze könnten erlebt, eingesehen, begründet und schließlich auch bestritten werden; nach Würtenberger steht auch die philosophische Anthropologie noch am Anfang, JZ 55, 5.
[5]) NJW 53, 1138.

wenn man unter „Recht" etwas Überpositives, der Macht des Gesetzgebers Entzogenes versteht und unter „verfassungsmäßiger Ordnung" einen in der Positivität des Grundgesetzes ruhenden Begriff. Mangoldt allerdings sieht tatsächlich in dem Begriffspaar „Gesetz und Recht" den Hinweis auf die ewige Spannung zwischen Gesetz und Recht. „Recht" versteht er als das allgemeine Rechtsempfinden, das im Falle des Konfliktes vorzugehen habe[1]).

Es wird auch bei Mangoldt nicht dargetan, woher der Richter die Zuständigkeit zur Entscheidung gegen das Gesetz nimmt. Sie aus den Worten „Gesetz und Recht" abzuleiten, scheint bei der Vieldeutigkeit dieses Begriffspaares nicht angängig zu sein. Das gilt vor allem, weil dem Richter die Befugnis zur Entscheidung gegen das grundgesetzwidrige Gesetz durch Art. 100 GG genommen ist. Gibt man dem Richter aber auch nur in dem Falle des Konflikts die Befugnis, gegen das Gesetz zu entscheiden, wird man es ihm auch nicht verwehren können, sich über ein mit Gesetzeskraft umkleidetes Urteil des Bundesverfassungsgerichts (BuVerfG) hinwegzusetzen, das die Vereinbarkeit eines Gesetzes mit dem Grundgesetz feststellt. Weil dem BuVerfG aber eine über alle Staatsorgane hinausreichende Bedeutung beigelegt worden ist, erscheint eine derartige Lösung mit dem Grundgesetz unvereinbar.

Zwar ist der Weg denkbar, dem Richter die Kompetenz zuzusprechen, gegen das Gesetz und auch gegen ein Urteil des BuVerfG zu entscheiden. Dem Richter wird aber dann eine Macht zuerkannt, die ein großes Vertrauen voraussetzt. Das wird ihm aber nicht entgegengebracht, wie das Institut der Richteranklage nach Art. 98 Abs. II und V zeigt. Auch durch dieses Institut ist das BuVerfG über den Richter am Instanzgericht gestellt[2]).

Holtkotten zieht aus dieser überragenden Stellung des BuVerfG den Schluß, der Richter sei zur Entscheidung über die Naturrechtswidrigkeit eines Gesetzes nicht befugt. Er habe vielmehr nur ein Vorprüfungsrecht und müsse die Entscheidung des BuVerfG einholen[3]). Dann aber müßte Art. 20 GG lauten: die gesetzgebende Gewalt und das BuVerfG sind an das Recht, die Rechtsprechung an das Gesetz gebunden.

Der Doppelbegriff „Gesetz und Recht" erscheint sinnvoll, wenn sich die Bindung der vollziehenden und der rechtsprechenden Gewalt an das Recht auf diejenigen Gebiete beschränkt, die einer positiven Regelung nicht unterworfen sind. Die Konflikte lösen sich. Die vollziehende Gewalt – Regierung und Verwaltung – hat nicht nur das Gesetz auszuführen. Sie hat auch alle die Aufgaben zu erfüllen, die nicht unter die Rechtsakte der Gesetzgebung und Rechtsprechung fallen, die Regierung politische Auf-

---

1) Anm. 6 zu Art. 20.

2) Zur Problematik der Richteranklage: Kern, Geschichte, § 67 A; Krüger, NJW 49, 165; E. Schmidt, Politische Rechtsbeugung; W. Weber, S. 264; Baur, S. 38 ff.

3) Bonner Kommentar, Anm. II, 2 b zu Art. 97; Anm. II A 5 c γ zu Art. 100; über die „Kluft" zwischen BuVerfG und anderen Gerichten W. Weber, S. 267.

gaben, die Verwaltung die Gemeinschaftsaufgaben der schöpferischen Verwaltung und der Daseinsvorsorge. Die Rechtsprechung hat ebenfalls Aufgaben zu erfüllen, die nicht durch positives Gesetz erschöpfend geregelt sind. Vor allem hat sie die Gesetze auszulegen und Gesetzeslücken auszufüllen. So verstanden bestätigt Art. 20 Abs. III GG die Forderung nach sinnvoller Gesetzesanwendung und -Auslegung[1]).

Die Gesetzgebung ist an die verfassungsmäßige Ordnung, die vollziehende und die rechtsprechende Gewalt an das Gesetz gebunden. Soweit gesetzliche Regelungen aber nicht vorliegen, sind die letzteren verpflichtet, die rechtsstaatlichen Grundsätze zu beachten und ihr Handeln nach der Rechtsidee auszurichten.

Da die Gesetzgebung an die verfassungsmäßige Ordnung gebunden ist und auf Grund des Normenkontrollverfahrens durch das BuVerfG überwacht wird, scheint das Ziel des Parlamentarischen Rates, eine rechtsstaatliche Ordnung zu schaffen, erreicht. Der das Staatsleben gefährdende und hemmende Doppelbegriff „Gesetz und Recht" wäre auf einen vernünftigen Umfang beschränkt, in dem er sich segensreich auswirken kann[2]).

b) Der Richtereid

Aus dem Grundgesetz und dem GVG kann die Befugnis zur Entscheidung gegen das Gesetz auf Grund eines Gewissensurteils nicht abgeleitet werden. Sie könnte sich jedoch aus anderen Bestimmungen oder aus der Stellung des Richters im gesamten Staatsaufbau ergeben.

G. W. Becker ist der Ansicht, das richterliche Gewissen sei Quelle des Rechts neben dem Gesetz, weil der Richter auf sein Gewissen vereidigt sei[3]). Dagegen begründete Radbruch 1914 gerade die strenge Gesetzesgebundenheit des Richters auf die Ethik des Eides, „durch den der Richter es bedingungslos auf sich genommen hat, den Geltungswillen des Gesetzes zur Geltung zu bringen, das eigene Rechtsgefühl dem autoritativen Rechtsbefehl zu opfern, nur zu fragen, was rechtens ist und niemals, ob es auch

---

[1]) Jahreiß, NJW 50, 4: „Jede Herrschaftsordnung muß Raum lassen für Entscheidungen, die auf das Gewissen gestellt sind." Über die Unentbehrlichkeit transpositiver Gesichtspunkte bei der Auslegung des positiven Rechts: Schwinge, Methodenstreit, S. 10, 20 ff.; E. v. Hippel, Prüfungsrecht, S. 558; ob zum Gesetz auch noch die „hintergründigen Konstitutionsprinzipien des Verfassungssinns" (Ipsen, DV 49, 490) hinzuzurechnen sind, mag hier offen bleiben.

[2]) passim Jahrreiß, NJW 50, 6; Fischbach, S. 13; Wernike, Bonner Kommentar, Anm. II 3 e zu Art. 20, ist der Ansicht, Recht sei nur im Sinne der irdischen Positivität des GG zu verstehen. Er lehnt jede metaphysische Deutung des Begriffs Recht ab, stimmt also im Ergebnis mit der hier vertretenen Ansicht überein; passim auch E. Schmidt, Lehrkommentar, S. 225, Nr. 416, der eine Prüfung „nur auf dem historischen Boden unserer durch die Verfassungsgrundsätze bedingten gegebenen Rechtskultur" zuläßt; positivistisch Schrader, S. 84, er ist der Ansicht, Art. 20 Abs. III GG verlange im Falle des Konflikts etwas Unmögliches und sei daher dann unanwendbar und unbeachtlich; Schultz, MDR 52, 695, bezeichnet die Vorschrift in ihrer praktischen Bedeutung als unklar und zweifelhaft.

[3]) SJZ 47, 487.

gerecht sei[1])". Das ist ein Hinweis, zu welchen Abweichungen die Rechtswissenschaft gelangt, wenn sie sich auf das Gebiet des Irrationalen begibt. Auch das BuVerfG bezog sich zur Begründung seiner vielumstrittenen Entscheidung im Beamtenurteil zur Frage der Rechtsgültigkeit des Gesetzes zu Art. 131 GG auf den Eid des Beamten[2]).

Will man die Bedeutung des Richtereides erkennen, darf man sich nicht unter Berufung auf die irrationalen Elemente des Eides über sein eigentliches Wesen hinwegsetzen. Durch den Eid versichert der Richter in besonders feierlicher und würdiger Form, seine dienstlichen Obliegenheiten „gewissenhaft" zu erfüllen. Das muß jeder Beamte tun, der in den Staatsdienst eintritt. Der Richter gibt – wenn er nicht die weltliche Form des Eides vorzieht – Gott ein Versprechen ab. Nach anderer Ansicht leistet er dieses Versprechen bei Gott oder in Beziehung zu einer höheren Sittennorm[3]). Der Eid, der nur eine feierliche Bekräftigung bereits bestehender Pflichten ist und keine für das Beamtenverhältnis konstitutive Bedeutung hat, erweitert nicht die richterlichen Befugnisse[4]).

Wenn es die Absicht des Bundesgesetzgebers wäre, durch den Eid dem Richter weitere Befugnisse zu erteilen als es in den Bundesgesetzen zum Ausdruck kommt, dürfte die Abfassung des Richtereides nicht der Landesgesetzgebung überlassen bleiben[5]).

Im Falle eines Konfliktes zwischen positivem Gesetz und Gewissen kann die durch den Eid begründete ethische Pflicht, dem Gesetz Gehorsam zu leisten, entfallen. Denn der Eid schafft keine unbedingte sittliche Gehorsamspflicht. Der Ungehorsam ist in diesem Falle kein Eidbruch in ethischem Sinne[6]). Daraus folgt aber nur das Recht, eine weitere Tätigkeit für den Staat zu versagen, nicht aber das Recht, gegen den Staat vorzugehen und seine Gesetze de facto außer Kraft zu setzen. Die Berechtigung zum aktiven Widerstand gegen die Staatsgewalt leiten auch die Naturrechtslehren nicht aus dem Eid, sondern aus dem Sittengesetz ab. Sie tun das auch nur für Ausnahmesituationen, die durchaus noch nicht vorzuliegen brauchen, wenn ein unsittliches Gesetz erlassen worden ist.

c) Die gesetzlichen Verweisungen auf überpositive Grundsätze

In verschiedenen Normen wird der Richter auf außer- und überpositive Grundsätze verwiesen. Ohne Anspruch auf erschöpfende Aufzählung sei

---

1) Radbruch, Rechtsphilosophie 1914, S. 182; in der 1932 erschienenen Rechtsphilosophie hat Radbruch diesen Satz nicht mehr veröffentlicht.

2) BuVerfGE 3, 99.

3) Angermair, S. 25.

4) Reichel, S. 61; über die staats- und beamtenrechtliche Bedeutung des Eides Fischbach, Anm. 1 zu § 58; Redelberger, DÖV 54, 397, mit umfangreichen Nachweisen aus dem Schrifttum aaO. Anm. 4.

5) Über die landesrechtliche Regelung der Eidesformeln, Kern, Geschichte, § 23 B I 2, vgl. auch § 67 I.

6) Angermair, S. 25; Wolf, Widerstandsrecht, S. 28; Fritz Kern, über den mittelalterlichen Treueid, der nur unter dem Vorbehalt galt, daß auch der andere Teil seine Treupflicht halte, S. 177 ff. und S. 394.

hingewiesen auf die Generalklauseln im BGB, §§ 138, 242, 826, auf die Bestimmungen, die unlauteren Wettbewerb und Mißbrauch wirtschaftlicher Machtstellung verbieten, auf die eine Bewertung durch den Richter fordernden Begriffe des StG §§ 180 ff. und Art. 30 EGBGB[1]). Zahlreiche Begriffe und Institute der Rechtsordnung sind irrational entstanden, z. B. Ehe, Familie und Verlöbnis[2]). Die positive Rechtsordnung weist Lücken auf, die der Richter durch eigene Rechtsfindung zu schließen hat. In diesen Fällen, aber auch wenn es um die Feststellung eines zweifelhaften Tatbestandes geht, wird der Richter – wenn die rationalen Mittel der Erkenntnis erschöpft sind – nach seinem Gewissen zu entscheiden haben.

Aber auch aus diesen Verweisungen auf außer- und überpositive Grundsätze ergibt sich nicht die Befugnis des Richters, auf Grund seines Gewissens gegen das Gesetz zu entscheiden. Schwinge sieht zu Recht in jedem dieser Begriffe eine Aufgabe, scharfe Abgrenzungen, deutliche Umrisse zu schaffen „und nicht eher zu ruhen, bis alle Zweifel über seinen Inhalt und seinen Umfang beseitigt sind. Auch im Rechtsleben erhebt erst eine solche Durchdringung mit rationaler Klarheit und Bestimmtheit das Gesetzesrecht zu einem Qualitätsrecht im Sinne alter abendländischer Tradition[3])".

Die Gewissensentscheidung ist immer nur in einer Ausnahmesituation zulässig. Denn in erster Linie ist der Richter an die Wertungen des Gesetzgebers gebunden. Voraussetzung für eine solche Gewissensentscheidung ist die Ermächtigung durch den Gesetzgeber oder das Fehlen einer positiven Vorschrift. Gerade entgegengesetzt liegt der Fall, wenn der Richter auf Grund seines Gewissensurteils sich über ein Gesetz hinwegsetzen will. Denn in diesem Falle hat der Gesetzgeber erklärt, was rechtens sein soll und dem Richter eine Weisung erteilt, die eindeutig ist. Wegen dieses grundlegenden Unterschiedes kann aus der Befugnis des Richters, unter den oben bezeichneten Voraussetzungen nach seinem Gewissen zu entscheiden, nicht auf eine allgemeine Ermächtigung des Richters, sein Gewissen an die Stelle des Gesetzgebers zu setzen, geschlossen werden.

d) Die Gewaltenteilungslehre

Die Gewaltenteilungslehre, wie sie Montesquieu verstanden hat, schließt den Gedanken aus, der Richter dürfe gegen ein als unsittlich erkanntes Gesetz entscheiden. Nach Montesquieu ist die richterliche Gewalt en quelque facon nulle, der Richter ist nur die „bouche de la loi", der

---

[1]) Aus § 242 BGB leitete der Vorstand des Richtervereins beim RG die Befugnis zur Entscheidung gegen das Gesetz ab, vgl. oben S. 32 ff., zu §§ 180 ff. StGB, BGHSt. NJW 54, 766; zu Art. 30 EGBGB Becker, SJZ 47, 488.

[2]) Schwinge, Irrationalismus, S. 23.

[3]) Irrationalismus, S. 21.

Subsumtionsautomat, der auf Grund der Gesetze die Entscheidungen zu fällen hat[1]).

Nach der in den Vereinigten Staaten herrschenden Auffassung allerdings wird gerade aus der Gewaltenteilungslehre die richterliche Prüfungszuständigkeit abgeleitet. Denn der Richter habe nur gültige Gesetze anzuwenden. Aber auch wenn man es auf die gegenseitige Hemmung der Gewalten abstellt, beschränkt man sich auf die Prüfung der Verfassungsmäßigkeit eines Gesetzes[2]).

Unvereinbar mit der Gewaltenteilungslehre ist es aber, der rechtsprechenden Gewalt eine Prüfungszuständigkeit gegenüber den Gesetzen der verfassungsgebenden Gewalt zuzubilligen. Die rechtsprechende Gewalt, die ihre Befugnisse aus der Verfassung herleitet, würde sich weit über alle anderen Gewalten erheben[3]).

e) Das richterliche Charisma

Man leitet die Zuständigkeit des Richters, auf Grund seines Gewissens gegen das Gesetz zu entscheiden, auch aus dem „Wesen richterlicher Tätigkeit" ab[4]).

Wohl hatte in Rechtsordnungen jüngerer Kulturstufen die richterliche Tätigkeit einen charismatischen Charakter. Nicht die Obrigkeit als solche spricht das Recht, sondern der durch den Charisma Qualifizierte, der Priester, der Fürst, der Älteste, der Gesetzessprecher, die Rachimburgen. Es wird kein rational begründetes Urteil gesprochen. Der Urteilsspruch ist ein Orakel[5]). Zu jener Zeit entsprach das Gewissensurteil dem Wesen richterlicher Stellung. Wenn im 13. Jahrhundert Thomas von Aquin sagte, der Richter sei ein Diener Gottes, dessen Richteramt er ausübe, mag das der damaligen Stellung des Richters entsprochen haben[6]).

Im 20. Jahrhundert ist von der charismatischen Qualifikation des deutschen Richters nichts mehr zu verspüren. Nach jahrelanger, streng wissenschaftlicher Ausbildung, zwei Staatsprüfungen und einer Probezeit wird der Richter von einem Wahlausschuß, dessen wichtigste Funktionen von staatlichen Beamten wahrgenommen werden, ernannt und vom Staat besoldet. Es ist ständiger Kontrolle durch seine Vorgesetzten unterworfen[7]).

---

[1]) Montesquieu, De l'Esprit des Loix, Buch XI, Kap. 6; Ule, S. 261; W. Weber, S. 268 und weiteres Schrifttum daselbst Anm. 6. Heute wird zu Recht diese Auffassung von der Stellung des Richters im Verfassungsstaat abgelehnt. Man sieht im Richter auch den Gehilfen des Gesetzgebers, aber den untergeordneten Gehilfen (Heck, AcP 112, 22), der an die Werturteile des Gesetzgebers gebunden bleibt (Heck aaO. 225).

[2]) Triepel, Gesetzgebung, S. 536; a. A. Andreas Brunner, S. 238, über weitere Gegensätzlichkeiten im Verständnis der Gewaltenteilungslehre, E. v. Hippel, Prüfungsrecht, S. 553 Anm. 29.

[3]) Apelt, S. 11; W. Weber, S. 273.

[4]) BuVerfGE NJW 54, 66; Coing, S. 257; SJZ 47, 62.

[5]) Max Weber, S. 402 ff.

[6]) Vgl. oben S. 41; über die Stellung des Richters in der deutschen Geschichte, Kern, Geschichte, § 2 bis 4.

[7]) Baur, Justizaufsicht und richterliche Unabhängigkeit.

Er ist der Kritik der Öffentlichkeit ausgesetzt und vom Mißtrauen verschiedener Volkskreise gegen die Gerichte umgeben[1]). Wenn man, wie Coing (SJZ 47, 62), von dem „Ethos des Richterberufes" spricht, darf man an diesen Tatsachen nicht vorübergehen.

Nach heutiger Vorstellung macht die Fähigkeit, fremden Willen zu verwirklichen, den Richter wertvoll und unentbehrlich. „Nicht daß er selber wollen, sondern daß er fremdes Wollen in sich aufnehmen kann, macht in Wahrheit den Juristen[2])." Wenn der Richter das Urteil auf seine Gewissensentscheidung aufbaut, setzt er aber sein eigenes Wollen durch, das er dem Willen des Gesetzgebers entgegenstellt. Der deutsche Richter hat mit logisch einsichtigen und logisch nachprüfbaren Gründen seine Entscheidung zu rechtfertigen. Irrationale Erwägungen, Bewegungen des Rechtsgefühls, des Instinkts, der Intuition sind nur soweit statthaft, als sie der kritischen begrifflich klaren Nachprüfung des Verstandes standhalten[3]). Das kann der Richter, der mit einer sittlich wagenden Tat sich gegen das Gesetz stellt, nicht.

Daraus folgt aber, daß der Richter heute nicht Hüter einer höheren Gerechtigkeit, sondern staatlicher Beamter ist, der staatliche Aufgaben wahrzunehmen hat[4]). Der Richter, der seine Gewissensentscheidung über das Gesetz erhebt, handelt nicht mehr in Ausübung der ihm vom Volke anvertrauten Gewalt — und damit rechts- und verfassungswidrig[5]).

3. Das Urteil des Bundesverfassungsgerichts

Nachdem das BuVerfG sich für ausschließlich zuständig erklärt hat, auch das Staatsgrundgesetz an „jenen äußersten Grenzen der Gerechtigkeit" zu messen, dürfte für den derzeitigen positiv-rechtlichen Zustand kein Zweifel mehr bestehen, auch wenn die Entscheidung des BuVerfG nicht auf Grund des § 31 Abs. II BuVerfGG mit Gesetzeskraft umkleidet ist[6]).

Die Richter der Instanzgerichte sind nicht zur Entscheidung gegen das unsittliche Gesetz befugt. Sie haben nur ein Vorprüfungsrecht. Das BuVerfG hingegen entscheidet endgültig, ob ein Gesetz mit dem überpositiven Recht vereinbar ist.

a) Die Befugnis zur Gewissensentscheidung

Fraglich bleibt aber auch bei den Entscheidungen des BuVerfG, worauf es seine Prüfungszuständigkeit begründet. Es weist selbst darauf hin, daß

---

[1]) Schiffer, S. 28.
[2]) Rehfeldt, S. 39.
[3]) Schwinge, Irrationalismus, S. 39 und 33.
[4]) Darmstädter, SJZ 50, 788; Nöldecke, MDR 49, 538; W. Weber, S. 263,, 274; daß auch die katholische Morallehre diese Ansicht teilt, vgl. oben S. 42.
[5]) Nöldecke, MDR 49, 538; Weskott, S. 124.
[6]) BuVerfGE 3, 225 (232) = NJW 54, 65; über die bindende Wirkung der Entscheidungen des BuVerfG: BGH, Großer Zivilsenat, Beschluß vom 20. 5. 1954, NJW 54, 107; Mercker, S. 3.

bei der Abfassung des Art. 100 GG nicht an eine derartige Prüfung gedacht war und auch das höchste Gericht seine Funktionen unmittelbar aus der Verfassung ableite[1]).

Das BuVerfG stellt Zweckmäßigkeitserwägungen zur Begründung seiner Prüfungszuständigkeit an. Die Einsicht, es könne auch verfassungswidrige Verfassungsnormen geben, werde mangels einer Prüfungszuständigkeit praktisch weithin entwertet. Auch bestände bei einer Ablehnung der Prüfungszuständigkeit des BuVerfG die Möglichkeit, die Instanzgerichte würden selbst die Prüfung der Verfassungsnormen vornehmen und dadurch gegen den Willen der Verfassung, die Normenkontrolle beim BuVerfG zu konzentrieren, verstoßen. Wenn man von den von Bachof[2]) übernommenen Erwägungen absieht, bleibt als tragendes Element der Entscheidung eine allgemeine Feststellung. Die „Autorität der richterlichen Gewalt" sei nicht nur „äußerlich auf die Verfassung, sondern — dem Wesen ihrer Tätigkeit entsprechend — in gewisser Weise auf die Idee des Rechts selbst" gegründet[3]).

Ob aber die Idee des Rechts eine Prüfungszuständigkeit gebe, insbesondere, ob sie gebieterisch eine Entscheidung gegen das Gesetz fordere, wird nicht ausgeführt. Eine eingehendere Stellungnahme hätte man erwarten können, weil das BuVerfG wiederholt zum Ausdruck gebracht hat, es bestehe keine Generalklausel für seine Zuständigkeit. Vielmehr seien die Voraussetzungen, bei deren Vorliegen das BuVerfG angerufen werden könne, jeweils genau bezeichnet[4]).

Das BuVerfG befand sich in einer gewissen Zwangslage. Nachdem die Rechtswissenschaft weithin die richterliche Prüfungszuständigkeit anerkannt hatte, ohne klare rationale Maßstäbe zu geben, war eine erhebliche Gefahrenquelle für die Rechtssicherheit geschaffen worden. Das BuVerfG hatte das Mittel in der Hand, diese Gefahr in großem Umfange zu beheben, indem es sich für befugt erklärte, auch Verfassungsnormen zu prüfen. Das hat es getan und den Instanzgerichten die Prüfungszuständigkeit abgesprochen.

---

[1]) BuVerfGE 3, 230, 234; der Abgeordnete Arndt, der für Hessen es dem Richter zur Aufgabe macht, zu prüfen, ob Gesetze demokratisch sind (AcP 150, 87), wollte bei Schaffung des BuVerfGG diesem Gericht nur eine Prüfung auf Grund des positiven GG zubilligen (112. Sitzung des Deutschen Bundestages am 18. 1. 51, zit. DRiZ 51, 39), gegen eine Prüfungszuständigkeit auch Apelt, S. 9 und JZ 54, 401 ff.; Herrfahrdt, Stud. generale 54, 93; Ipsen, DV 49, 490; H. v. Weber, SJZ 47, 459 und Recht und Pflicht des Richters . . . S. 182; aber auch Roemer trotz seines idealistischen Standpunktes, JZ 51, 193.

Für eine Prüfungszuständigkeit des BuVerfG Geiger, Anm. 6 zu § 76 und Anm. 10 zu § 1; Krüger, AÖR 77, 55 und NJW 50, 163 ff.; Holtkotten, Anm. II A 5 c γ zu Art. 100 (Bonner Kommentar).

[2]) S. 52, 56.

[3]) BuVerfGE 3, 235; passim Bachof, S. 51.

[4]) BuVerfGE 1, 396 (408); Beschluß vom 28. 4. 54 — 1 BvL 85/53, NJW 54, 874; kritisch zur Entscheidung des BuVerfG auch Apelt, JZ 54, 404, der dem BuVerfG einen Gedankensprung zum Vorwurf macht.

b) Das zweistufige Prüfungssystem

Man wird allerdings nicht sagen können, das BuVerfG habe bisher selbst einen klaren Maßstab aufgestellt, an dem es eine Verfassungsnorm messen will. Bereits in den ersten Entscheidungen des BuVerfG wird beiläufig und ohne weitere Begründung davon gesprochen, der Verfassungsgeber sei an die jedem positiven Recht vorausliegenden überpositiven Rechtsgrundsätze gebunden, der Gesetzgeber dürfe nicht in „evidenten Widerspruch mit den alles formale Recht beherrschenden Prinzipien der Gerechtigkeit treten[1])".

In dem Urteil über die Frage der Rechtsgültigkeit des Art. 117 Abs. I GG[2]) scheint das BuVerfG ein zweistufiges Prüfungssystem anzuwenden. Auf der unteren Stufe wird gefragt, ob der Verfassungsgeber in schlechthin nicht mehr erträglichem Maß gegen eine Grundsatzentscheidung des GG verstoßen hat. Auf der oberen Stufe wird geprüft, ob die Grundsatzentscheidung selbst in unerträglichem Maße „jene letzten oder äußersten Grenzen der Gerechtigkeit[3])" überschritten habe.

Ohne die Annahme eines zweistufigen Prüfungssystems bliebe die Entscheidung des BuVerfG widerspruchsvoll. Denn in Teil B II dieses Urteils wird zunächst unter Bezugnahme auf Radbruch eine unbeschränkte Prüfungszuständigkeit angenommen[4]). In Teil B III wird aber dann unvermittelt von den „Grundsatzentscheidungen des Grundgesetzes" gesprochen. Die Gültigkeit des Art. 117 Abs. I GG wird nicht festgestellt, indem diese Vorschrift zu „jenen letzten Grenzen der Gerechtigkeit" in Beziehung gebracht wird. Das BuVerfG stellt vielmehr die Frage, ob Art. 117 Abs. I GG die Grundsätze der Gewaltenteilung und Rechtssicherheit verletze. Das könne nach Ansicht des BuVerfG nur der Fall sein, „wenn zumindest ein gewisser Kernbereich dieser Grundsätze zu den eigentlichen Gerechtigkeitswerten gehörte, die das GG in seine Grundsatzentscheidung einbezogen hat und wenn der Verfassungsgeber in Art. 117 Abs. I 2. Halbsatz GG von diesen Grundsätzen in einem schlechthin nicht mehr erträglichen Maße abgewichen wäre[5])". Das BuVerfG stellt dann fest, Rechtssicherheit sei ein wesentliches Element des rechtsstaatlichen Prinzips. Dieses ergebe sich aus einer „Zusammenschau" der verschiedenen Artikel des Grundgesetzes. Das rechtsstaatliche Prinzip gehöre nun seinerseits wiederum „zu den im GG getroffenen Grundsatzentscheidungen, die echte Gerechtigkeitspostulate verwirklichen wollen[6])".

Und so heißt dann der Leitsatz: „Die Norm einer Verfassung kann dann nichtig sein, wenn sie grundlegende Gerechtigkeitspostulate, die zu den

[1]) BuVerfGE 1, 17, Leitsatz 21 a; der BGH weist zu Recht darauf hin, dieses Urteil beruhe nicht auf der Prüfungszuständigkeit gegenüber dem überpositiven Recht. Es werde nur der Grundsatz bestärkt, daß der Gesamtinhalt der Verfassung zu berücksichtigen sei, BGHZ 10, 266 (274); BuVerfG, Urt. v. 17. 12. 53 – 1 BvR 147/52, NJW 54, 21 (24), insoweit zustimmend Bachof, DÖV 54, 33.

[2]) BuVerfGE 3, 225.

[3]) so auch Beschl. vom 5. 10. 1955 – 1 BvR 103/52, NJW 55, 1674.

[4]) aaO. S. 233.

[5]) BuVerfGE 3, 237.

[6]) aaO. S. 237.

Grundentscheidungen dieser Verfassung selbst gehören, in schlechthin unerträglichem Maße mißachtet[1])."

Während die untere Stufe dieses Prüfungssystems noch der irdischen Positivität des GG verhaftet bleibt, geschieht „der Griff in die Sterne" erst auf der oberen Stufe. Er dürfte erst erforderlich werden, wenn der Verfassungsgeber auch die Grundsatzentscheidungen des GG aufhebt und dafür andere Grundsätze aufstellt, die mit den „letzten Grenzen der Gerechtigkeit" nicht mehr vereinbar sind.

In der Hand weiser Richter am BuVerfG kann sich die Prüfung auf der unteren Stufe als zweckmäßig erweisen, verfehlte Verfassungänderungen wieder aufzuheben. Bei der Schwierigkeit der Abgrenzung, welche in einer Zusammenschau zu ermittelnden Grundsatzentscheidungen vorliegen und wann gegen diese in unerträglichem Maße verstoßen wird, hat allerdings das Gericht einen weiten Spielraum für seine Entscheidung. Daher dürfte auch die untere Prüfungsstufe nur bei einem obersten Gericht sinnvoll und segensreich sein, das die Allgemeingültigkeit seiner Entscheidungen gewährleisten kann. Es wird sich der Schwere seiner Aufgabe bewußt bleiben und große Zurückhaltung an den Tag legen müssen.

Wenn allerdings eines Tages das BuVerfG vor die Notwendigkeit gestellt sein sollte festzustellen, eine Grundsatzentscheidung des Verfassungsgebers stimme mit „jenen letzten Grenzen der Gerechtigkeit" nicht überein, dürften die Tage des Gerichts – und vielleicht auch die Tage der Richter – gezählt sein. Denn ein Verfassungsgeber, der solche Grundsatzentscheidungen trifft, wird nicht davor zurückschrecken, ein seinen Zielen hinderliches Gericht zu beseitigen. Sogar ein Roosevelt ist der Versuchung erlegen, gegen den Supreme Court vorzugehen[2]).

c) Die sich aus der Entscheidung ergebenden Folgerungen

Unabhängig von der Frage, ob der Auslegung des Art. 100 GG durch das BuVerfG beizupflichten sei oder nicht, wird man die dadurch geschaffene Rechtslage anerkennen müssen. Das BuVerfG ist als „Hüter der Verfassung"[3]) ermächtigt, das GG auszulegen. Im Rahmen dieser Ermächtigung hat es entschieden. Seine Urteile haben eine größere Tragweite als die jedes anderen Gerichtes, da sie auf Grund des § 31 BuVerfGG mit Gesetzeskraft umkleidet sind. Es wäre nicht zu verantworten, wollte man noch die ausschließliche Zuständigkeit des BuVerfG zur Prüfung eines Gesetzes auf seine Übereinstimmung mit „jenen letzten Grenzen der Gerechtigkeit", zu denen auch die Gebote des Sittengesetzes gehören, verneinen, nachdem sich beide Senate des BuVerfG für zuständig erklärt haben. Vielmehr

---

[1]) BuVerfGE 3, 225; hier wird eine Parallele zu Larenz offenbar, Rechtsgeltung, S. 35, vgl. oben S. 62 ff.; ausführlich zum Begriff der Zusammenschau BuVerfGE 2, 380 (403).

[2]) Vgl. oben S. 11 ff.

[3]) Geiger, Anm. 1 zu § 1.

gilt es, aus dem derzeitigen verfassungsrechtlichen Zustand die Folgerungen zu ziehen.

Die Instanzgerichte haben auf Grund des Art. 100 Abs. I GG, wie er vom BuVerfG ausgelegt wird, die Entscheidung des BuVerfG einzuholen, wenn sie ein Gesetz wegen eines Verstoßes gegen die äußersten Grenzen der Gerechtigkeit als unverbindlich ansehen. Da es sich nur um eine Vorprüfungspflicht handelt, mögen die Maßstäbe, die das BuVerfG aufgestellt hat, genügen, um einen solchen Verstoß festzustellen. Auch die von der Rechtswissenschaft aufgestellten Formeln können einen Anhalt geben[1]).

Wie hat sich aber der Richter zu verhalten, der sich mit einer Entscheidung des BuVerfG, ein Gesetz sei trotz aller Bedenken gültig, nicht abfinden kann? Nach der hier vertretenen Ansicht hat der Richter niemals das Recht, gegen das Gesetz zu entscheiden. Daher darf er sich auch nicht über das einem Gesetz gleichstehende Urteil des BuVerfG hinwegsetzen. Nach der anderen Ansicht steht dem Richter das Prüfungsrecht an sich zu. Aber nachdem sich das BuVerfG als ausschließlich zuständig erklärt hat, Gesetze auf ihre Übereinstimmung mit den Normen des Sittengesetzes zu prüfen, dürfte die Befugnis zur Entscheidung gegen das Gesetz dem Richter genommen sein. Denn es wird von fast allen Vertretern dieser Ansicht als wünschenswert angesehen, die Prüfungszuständigkeit nicht dem einzelnen Richter, sondern nur einem der höchsten Gerichte zu übertragen[2]). Nunmehr ist der erstrebte Zustand erreicht.

---

1) Vgl. oben S. 78 ff.

2) Bachof, S. 53; G. W. Becker, SJZ 47, 483; Dibelius, Grenzen, S. 103; Erdsiek, SJZ 48, 42; Klein, SJZ 46, 36; Hermann Marx, S. 28; Radbruch, Rechtsphilosophie 1950, S. 355; Schiffer, S. 194; Süsterhenn, zit. Peters, S. 36; H. v. Weber, Recht und Pflicht des Richters ..., S. 175; a. A. Scheuner, DVBl. 52, 614, der aber nur „ungeschriebenes Verfassungsrecht" anerkennt und vor der Verwendung des überpositiven Rechts warnt (S. 615).

Abschnitt III

Folgerungen

Mit der Übertragung der Prüfungszuständigkeit auf das BuVerfG ist unsere Frage noch nicht bis zur letzten Folgerichtigkeit beantwortet. Die Lösung hätte auch nur Gültigkeit im Geltungsbereich des GG und im Rahmen der vom BuVerfG gefundenen Auslegung des Art. 100 GG.

Muß sich der Richter, dessen Gewissen die Entscheidung des BuVerfG nicht anerkennen kann, dem autoritativen Ausspruch beugen, muß er sich bei dem Gedanken beruhigen, es sei das Menschenmögliche und im Interesse der Rechtssicherheit Verantwortbare getan, um das Gesetz an das Recht zu binden; nunmehr sei dem Gesetz Folge zu leisten? In zweifelhaften Fällen wird der Richter vor seinem Gewissen bestehen können, wenn er das Gesetz anwendet. Völlig wird sich aber das richterliche Gewissen niemals ausschalten lassen, weil die eigene Gewissensentscheidung von keinem Dritten getroffen werden kann[1]). Und was hat der Richter zu tun, der seine Bedenken wegen der Unsittlichkeit eines Gesetzes nicht dem BuVerfG zur Entscheidung übertragen kann?

1. Die Haltung des Richters

Der Richter muß gegenüber der unsittlichen Norm eine Haltung gewinnen. Dem Richter, dem das Gewissen verbietet, ein Gesetz oder ein Urteil des BuVerfG wegen seiner Unsittlichkeit einer Entscheidung zugrundezulegen, ist es nicht erlaubt, gegen dieses Gesetz oder dieses Urteil zu entscheiden. Weder das positive Gesetz noch ethische Grundsätze ermächtigen ihn, im Namen des eigenen Gewissens und nicht im Namen des Gesetzes zu sprechen[2]).

A. Die Befugnis zur Gehorsamsverweigerung

Der Richter, der sich in Gewissensnot befindet, wird vor allem von der katholischen Naturrechtslehre für befugt angesehen, seine Mitwirkung an der Entscheidung zu verweigern[3]). Wenn der Richter nicht sein Amt nieder-

---

[1]) Peters, S. 36.

[2]) Insoweit ist Kaufmann zu folgen, der es auf die staatsrechtliche Stellung des Richters abstellt. Aber es entscheidet nicht, als was sich der Richter fühlt, wie Kaufmann S. 19 annimmt, sondern in welche Funktionen er eingesetzt ist.

[3]) Cathrein I, S. 573; Peters, S. 37; aber auch Mannzen, SJZ 48, 648.

legt, sondern weiterhin den Anspruch erhebt, trotz dieser Weigerung Richter und Beamter des Staates zu sein, muß untersucht werden, ob seine Weigerung mit den richterlichen Dienstpflichten vereinbar ist[1]).

Kraft öffentlichen Rechts ist der Richter verpflichtet, den ihm geschäftsplanmäßig vorgelegten Fall unter Wahrung bestimmter Fristen und Termine – z. B. § 310 ZPO, § 268 Abs. II StPO – zu entscheiden. Tut er das nicht, kann er sich einer Rechtsbeugung nach § 336 StGB schuldig machen[2]). Der Richter, der die Akten seinem Gerichtsvorstand zurückgibt mit dem Bemerken, er könne den Fall nicht entscheiden, begeht keine Rechtsbeugung. Er handelt nicht mehr „bei Leitung oder Entscheidung einer Rechtssache." Aber der Richter verletzt seine Dienstpflichten[3]).

Man kann sich nicht mit dem Gedanken bescheiden, weil es dem Richter nicht gestattet sei, ein unsittliches Gesetz anzuwenden – denn täte er es, würde er bei einer vom Sittengesetz verbotenen Handlung mitwirken –, sei es auch seine Pflicht, dementsprechend zu handeln. Weil dieses Gebot aus dem Bereich der Ethik stammt und nicht positiviert ist, muß geprüft werden, ob diese ethische Forderung sich in den Rahmen des deutschen Rechtssystems einfügen läßt.

a) Das Grundrecht der Gewissensfreiheit

Peters[4]) ist der Ansicht, der Richter könne sich auf das Grundrecht der Gewissensfreiheit, Art. 4 GG, berufen und seine Mitwirkung versagen, wenn ihm sein Gewissen das gebiete.

Wenn dem Richter die Berufung auf Art. 4 GG zugebilligt werden kann, ist erst ein Recht geschaffen, die Mitwirkung an der Entscheidung zu verweigern. Damit wäre nur dem einzelnen Richter geholfen. Er könnte auf diese Weise den Gewissenskonflikt für sich lösen. Bezweifelt muß aber werden, ob eine wirksame Abhilfe gegen unsittliche Gesetze geschaffen wird, wenn das Recht zur Gehorsamsverweigerung nicht zu einer Pflicht erhoben wird. Durch Art. 4 GG aber kann eine ethische Pflicht des Richters, ein unsittliches Gesetz seinem Urteil nicht zugrundezulegen, nicht zu einer Rechtspflicht verstärkt werden. Solange der Richter nur das Recht hat, seine Mitwirkung zu versagen, kann daher der richterliche Widerstand nur mittelbar bessernd wirken.

Es muß aber auch bezweifelt werden, ob der Richter überhaupt aus Art. 4 GG das Recht ableiten kann, seine Mitwirkung an einer Entscheidung zu verweigern[5]).

Unter der Forderung nach Gewissensfreiheit versteht man das Verlangen, einen seinem Gewissensurteil entsprechenden Willen in Bewegung

---

[1]) Die Niederlegung des Amtes wird vielfach als Lösung vorgeschlagen. Z. B. Wachinger, S. 518; aber auch Hermann Marx, S. 11; sogar Coing, SJZ 47, 62; ferner E. Schmidt, Lehrkommentar S. 228, Nr. 421 a.

[2]) Schönke, Anm. II 2 zu § 336; Niethammer, S. 408.

[3]) Baur, S. 31 Anm. 95.

[4]) S. 38.

[5]) Zweifelnd auch Bachof, S. 53 Anm. 107.

zu setzen[1]). So verstanden, könnte das Grundrecht der Gewissensfreiheit zu einer Auflösung des Staates führen. Dem Grundrecht der Gewissensfreiheit sind daher Grenzen gesetzt[2]). An diese Grenzen ist auch der Richter gebunden. Für ihn können sich aber noch weitere Schranken ergeben, weil er als Beamter sich in einem besonderen Gewaltverhältnis befindet[3]).

In der Rechtswissenschaft ist noch nicht geklärt, in welchem Umfange die Grundrechte in einem besonderen Gewaltverhältnis eingeschränkt werden. Von den Grundrechten der Weimarer Verfassung lehrte man, sie beständen nicht im besonderen Gewaltverhältnis, weil dort der Vorbehalt des Gesetzes nicht gelte[4]). Dagegen versuchte das Preußische OVG Abgrenzungen zu finden, inwieweit der Beamte sich auf die Grundrechte berufen dürfe[5]).

Krüger ist der Ansicht, die Grundrechte des Grundgesetzes gälten im besonderen Gewaltverhältnis im gleichen Umfange wie im allgemeinen Gewaltverhältnis zwischen Staat und Bürger. Die Staatsgewalt sei nicht durch den Zweck der Anstalt oder Körperschaft beschränkt, wie dies früher angenommen wurde[6]). Weil ein freiheitlicher Staat vor der Notwendigkeit stehe, einen Ausgleich zwischen Staatszweckverfolgung und staatsbürgerlicher Freiheit zu finden[7]) und in der Verfassung durch die Grundrechte und die Bestimmung ihrer Abänderbarkeit eine Regelung getroffen habe, dürfe sich die Gewalt der Anstalt oder Körperschaft nicht über diese Regelung hinwegsetzen. Daraus folgert Krüger: „Das Maß der Einschränkbarkeit der Grundrechte kann im besonderen Gewaltverhältnis kein anderes sein als im allgemeinen Gewaltverhältnis. Dieses Maß wird hier wie dort durch Art. 2 grundsätzlich festgelegt[8]).“

Es ist hier nicht der Ort, das Problem in seinen Grundlagen zu untersuchen. Eine einfache Überlegung zeigt, daß der Ansicht Krügers nicht in vollem Umfange gefolgt werden kann. Auf Grund des Art. 4 Abs. III GG kann niemand gezwungen werden, mit der Waffe in der Hand Kriegsdienste zu leisten. Der Berufssoldat, der sich auf dieses Grundrecht berufen würde, ist innerhalb einer Wehrmacht untragbar. Entweder er fügt sich in das besondere Gewaltverhältnis ein oder scheidet aus dem Dienst aus. Auch der Religionsdiener, der in seinem Glauben zu weit von der durch seine Kirche als richtig erkannten Lehre abweicht, muß sein Amt niederlegen, zumindest, wenn er seine Lehre predigen will.

---

1) Weskott, S. 19.
2) Sie sind inhärent, Mangoldt, Anm. 2 zu Art. 4.
3) Otto Mayer II, S. 191.
4) Z. B. Thoma, Grundrechte, S. 208; Otto Mayer I, S. 101 ff. und II, S. 189 und 286; bei Krüger, Rechtsgutachten, S. 6 Anm. 9 weitere Nachweise; aber auch Friesenhahn, DV 49, 481.
5) OVG 77, 516; 78, 455.
6) Rechtsgutachten, S. 19.
7) S. 23 Anm. 89.
8) S. 24.

Unbegrenzt ist die Gehorsamspflicht aber auch in dem besonderen Gewaltverhältnis nicht. Das zeigt bereits das Recht der Remonstration, das der Beamte hat[1]). Die Bedenken gegen die Rechtmäßigkeit eines Befehls, die den Beamten verpflichten, Gegenvorstellungen zu erheben, werden sich bei juristisch ungeschulten Beamten zunächst im Gewissen melden. Wie Welzel berichtet, sahen sich z. B. die Anstaltsärzte im Gewissen verpflichtet, dem Euthanasiebefehl Hitlers nicht zu folgen[2]).

Die Grenzen der Gewissensfreiheit im allgemeinen und im besonderen Gewaltverhältnis ergeben sich jedenfalls aus der Notwendigkeit staatlicher Ordnung. Daher kann Gewissensfreiheit nur soweit gewährt werden, wie sie mit dem staatlichen Ordnungsgefüge vereinbar ist[3]). Weil aber der Staat als Ordnungsmacht nicht gestatten kann, daß die Stimme des Einzelgewissens sich über die staatliche Ordnung erhebt, kann die Befreiung vom Gehorsam stets nur eine vorläufige sein. Der Beamte, der gegen einen Befehl „Bedenken" hat, muß den Befehl ausführen, wenn der Vorgesetzte die Durchführung des Befehls der Gegenvorstellungen ungeachtet verlangt, es sei denn, der Befehl verstoße gegen das Strafgesetz (§ 56, Abs. II BBG).

Wenn man diese Lösung auf das vorliegende Problem entsprechend anwendet, müßte auch der Richter an der Entscheidung mitwirken, wenn der Vorgesetzte es trotz der Gewissensbedenken des Richters verlangt. Dieser Ansicht ist auch Weskott. Er fügt den Gedanken hinzu, die Ordnung des Staates verlange nicht, daß gerade der Richter, der geschäftsplanmäßig den Fall abzuurteilen habe, die Entscheidung fälle. Erst wenn auch die nächsten Richter unter Berufung auf ihr Gewissen die Gesetzesanwendung verweigerten, könne der Vorgesetzte nunmehr den ersten Richter zwingen, bei der Entscheidung mitzuwirken[4]).

Die mit der Remonstrationstheorie oder den Erwägungen Weskotts begründete vorläufige Gehorsamsverweigerung vermag das vorliegende Problem nicht zu lösen. Der Vorgesetzte, an den sich der Beamte mit seinen Bedenken wendet, ist nicht nur berechtigt, sondern auch verpflichtet, den rechtswidrigen Befehl aufzuheben. Wenn der Vorgesetzte selbst durch einen Befehl gebunden ist, so ist doch derjenige Vorgesetzte, der den Befehl erteilt hat, zur Aufhebung berechtigt und verpflichtet. Der Richter aber, der seine Bedenken dem Gerichtsvorstand vorträgt, ist in einer vollkommen anderen Lage. Der Gerichtsvorstand kann das Gesetz nicht ändern. Auch der Justizminister, das Kabinett oder der Präsident des Obersten Gerichts, die als Vorgesetzte in Betracht kommen, sind machtlos. Die Remonstration des Verwaltungsbeamten kann Erfolg haben, die „Remonstration" des Richters muß scheitern, wenn nicht der Gesetzgeber, der aber nicht Vorgesetzter ist, eingreift.

---

[1]) Z. B. § 56 Abs. II Bundesbeamtengesetz; nach § 20 Militärstrafgerichtsordnung in der Fassung vom 29. 9. 1936 hat der richterliche Militärjustizbeamte das Recht, gegen eine Weisung des Gerichtsherrn Gegenvorstellungen zu erheben und seine eigene Stellungnahme in den Akten zu vermerken.

[2]) MDR 49, 375.

[3]) Weskott, S. 42.

[4]) S. 134.

Ist das Gesetz in hohem Grade unsittlich, werden auch voraussichtlich die Richter der näheren Umgebung die Entscheidung verweigern. Die Befreiung wird also gerade in derartigen Fällen ohne praktischen Nutzen sein. Fälle, in denen das Gewissen des Richters irrt oder Anforderungen stellt, denen der Staat nicht gerecht werden kann, sind aber hier ohne Bedeutung.

Würde man jedoch dem Richter gestatten, unter Berufung auf das Recht der Gewissensfreiheit die Mitwirkung an der Entscheidung endgültig zu verweigern, würde man für die Gemeinschaft Zustände herbeiführen, die mit der Ordnungsaufgabe des Staates nicht vereinbar sind. Bei dem immer erneuten Versuch der Gerichtsvorstände, einen Richter mit der Aburteilung des Falles zu beauftragen, kann Monat um Monat verstreichen. Es würde dann in ganzen Fallgruppen zu einem Stillstand der Rechtspflege kommen, bis ein Richter sich bereit findet, den Fall abzuurteilen oder bis der Gesetzgeber das Gesetz aufhebt.

Wieder fehlen die klaren Maßstäbe. Wohl ließe sich sagen, wenn ein Gesetz dem herkömmlichen Recht entspreche, sei es auch anzuwenden. Eine Verweigerung der Entscheidung würde als Verstoß gegen die Pflichten im besonderen Gewaltverhältnis und gegen die Tradition richterlicher Gehorsamsauffassung objektiv und subjektiv eine Dienstpflichtverletzung darstellen[1]). Dieser Maßstab versagt aber gegenüber allen Gesetzen, welche eine Neuerung bringen. Und gerade die Gesetze, die eine erhebliche Abweichung von der Rechtstradition enthalten, wird der Richter eher als unsittlich empfinden als die überkommenen Gesetze. Es wäre daher der richterlichen Entscheidungsfreiheit nur eine untere, an das Problem nicht heranreichende Grenze gesteckt.

Auch der von Peters aufgestellte Maßstab, die Entscheidung sei zu verweigern, wenn der Richter nicht mehr „seine Persönlichkeit mit dem dem Gesetz entsprechenden Urteilsspruch in Verbindung bringen kann, sofern er vor seinem Gewissen bestehen will[2])“, hat nur die Verweisung auf das Gewissensurteil zum Inhalt.

Wenn dem Richter die Befugnis zuerkannt wird, sich auf eine solche Formel zu berufen, die nur formal, aber nicht inhaltlich erfüllt ist, ließe sich der Inhalt des Rechts nicht objektiv, sondern nur subjektiv feststellen. Das aber widerspricht rechtlichen Grundsätzen.

Weil die Gewissensentscheidungen der Richter voneinander abweichen werden, denn sie sind durch das subjektive Erlebnis sittlicher Werte und die weltanschaulichen und religiösen Überzeugungen beeinflußt, würde man „die Gesamtheit aller politischen, sozialen, religiösen Meinungsgegensätze“ sich „unmittelbar im Gerichtssaal auswirken“ lassen. Das Richtertum würde gespalten, die Rechtsanwendung geriete „in katastrophale

---

[1]) Erdsiek, SJZ 48, 42 will diese Folge aus dem Eid des Richters herleiten; über die Unterwerfung des Richters unter die traditionellen Rechtsprinzipien, Baur, S. 46.

[2]) S. 34.

Rechtsunsicherheit[1])". Mit dem staatlichen Ordnungsgefüge ist ein derartiger Zustand nicht vereinbar. Daher kann das Recht zur Gehorsamsverweigerung nicht aus dem Grundrecht der Gewissensfreiheit, das nur im Rahmen der staatlichen Ordnung vorstellbar ist, abgeleitet werden.

b) Die Gehorsamsverweigerung und die richterlichen Aufgaben

Wenn man aus der Erkenntnis, ein Gesetz kann wegen seines Verstoßes gegen das Sittengesetz unverbindlich sein, die Folgerung ableitet, der Richter habe die Mitwirkung an der Entscheidung zu verweigern, sinnt man dem Richter eine Handlung an, für die im positiven Recht keine Stütze auffindbar ist. Man verlangt ein Verhalten, das der traditionellen Haltung deutscher Richter und der Haltung der Richter anderer Rechtsordnungen nicht entspricht.

Weil es gilt, neue Wege zu suchen, wäre dies noch kein durchgreifender Einwand. Aber er enthält den Hinweis, daß es nicht Aufgabe des Richters ist, über die Gültigkeit einer Norm, die mit dem Sittengesetz in Widerspruch steht, zu entscheiden.

Es widerstreitet richterlicher Aufgabe, auf Grund irrationaler Erwägungen, auf Grund einer Gewissensentscheidung über den Inhalt der Rechtsordnung zu befinden. Denn die Methode der Rechtsprechung und Rechtsfindung ist eine rationale und muß nach deutschen Vorstellungen vom Wesen des Rechts eine rationale bleiben.

Es widerstreitet aber auch richterlichen Aufgaben, sich gegen den Staat aufzulehnen, um den Geboten des Sittengesetzes gerecht zu werden. Die rechtsprechende Gewalt ist ein Teil der Staatsgewalt. Aber weil der einzelne Richter nur einen kleinen Bruchteil der rechtsprechenden Gewalt verkörpert, muß er sich dem Ganzen einfügen. Als einzelnes Glied der rechtsprechenden Gewalt darf er nicht Aufgaben an sich ziehen, die der gesetzgebenden Gewalt in der Geschlossenheit ihrer Organe zusteht.

Aufgabe des Gesetzgebers ist es, eine unsittliche Norm sobald als möglich aufzuheben. Ihn trifft daher die Verantwortung, wenn er die Norm schafft und wenn er es unterläßt, eine Norm, deren unsittlicher Charakter offenbar geworden ist, wieder aufzuheben.

Wenn man dem Richter die Verantwortung für den Inhalt eines Gesetzes überträgt, belastet man ihn mit der letzten und höchsten Verantwortung und weist ihm Aufgaben zu, die er nicht erfüllen kann. Denn die Rechtsprechung hat ihren Bereich nicht über, sondern neben den politischen Mächten, „weil sie nicht in der politischen Machtkonkurrenz auftritt, sondern gerade davon abgesondert ohne die Prätentionen des Kampfes und des aktiven Einflusses das gleichbleibende Leben des Volkes beschirmt[2])".

---

[1]) E. Schmidt, Lehrkommentar, S. 225.
[2]) W. Weber, S. 273.

c) Die Gehorsamsverweigerung im Disziplinarverfahren

Macht man es dennoch dem Richter zur Pflicht oder räumt man ihm wenigstens das Recht ein, seine Mitwirkung an der Entscheidung zu verweigern, kann man auch dem Staat nicht das Recht absprechen, über die äußere Einhaltung der richterlichen Dienstpflichten zu wachen. Die Überwachung obliegt der Justizverwaltung, die durch § 1 GVG nicht gehindert ist, weil es sich um die äußere Behandlung richterlicher Geschäfte handelt. Nach dem derzeitigen Rechtszustand würden die Disziplinargerichte entscheiden[1]). Sie müßten feststellen, ob ein Gesetz wegen seiner Unsittlichkeit keine juristisch verpflichtende Kraft besitzt. Denn in diesem Falle wäre es nach der hier erörterten Ansicht rechtens, wenn der Richter sich weigert, an der Entscheidung mitzuwirken. Für die Überwachung fehlt aber – genau wie dem Richter und dem Untertan – der konkrete Maßstab, um die Unverbindlichkeit des Gesetzes festzustellen. Das würde bedeuten, daß der Richter mit dem persönlichen Risiko belastet wird, ob seine Entscheidung und seine Gehorsamsverweigerung durch das Kontrollorgan gebilligt wird.

Es geht aber nicht an, auf dem Rücken des Richters die Frage auszutragen, ob ein Gesetz wegen seiner Unsittlichkeit nichtig ist. Welzel ist zwar der Ansicht, der Richter sei nicht weniger als der Soldat und der Feuerwehrmann zum Ertragen von Lebensgefahr verpflichtet[2]). Den Beweis aber für seine eigentümliche Behauptung ist Welzel schuldig geblieben. Er hat ihn – soweit ersichtlich – nicht einmal versucht. Zwischen den Gefahren, die der Soldat und der Feuerwehrmann zu ertragen hat, und den Gefahren des Richters, wegen seiner Auflehnung gegen das positive Gesetz mit Sanktionen belegt zu werden, bestehen so erhebliche Unterschiede, daß man einen eingehenden Beweis hätte erwarten dürfen. Wohl dienen Soldat, Feuerwehrmann und Richter dem Staat und der Gemeinschaft. Aber die Gefahren des Soldaten und des Feuerwehrmannes werden nicht von Organen des Staates gesetzt. Sogar den „ungerechten" Krieg pflegt man als Verteidigungskrieg zu fingieren. Die Gefahr für den Richter hingegen wird durch den Gesetzgeber verursacht, der seine Macht zum Erlaß unsittlicher Gesetze mißbraucht und den Richter in einen Konflikt hineinführt.

Das Feuer, den Feind und das unsittliche Gesetz zu bekämpfen, ist erforderlich. Zum Kampf gegen diese Gefahren für die Gemeinschaft hat der Feuerwehrmann und der Soldat die geeigneten Waffen. Der Richter kann nur mit Worten versuchen, seine Gewissensentscheidung zu begründen. Er ist daher praktisch wehrlos. Der Gesetzgeber, der durch „drei berichtigende Worte"[3]) das Problem lösen könnte, bleibt untätig.

---

[1]) Hartung bei Loewe-Rosenberg, Anm. 1 b zu § 1 GVG; über das Disziplinarverfahren Baur, S. 77, über die landesrechtliche Regelung, daselbst S. 78 Anm. 249; ferner Grünhut, Unabhängigkeit, S. 16; Nöldecke, MDR 49, 539.

[2]) Strafrecht, S. 397.

[3]) Kirchmann, S. 17.

Der Beamte, der einen strafgesetzwidrigen Befehl erhält, darf nicht aus Furcht vor Verlust oder Beeinträchtigung seiner Stellung Leben und Gesundheit anderer Personen in Gefahr bringen[1]). Es ist für ihn eine Dienstpflicht, den Gehorsam zu verweigern. Die Verletzung dieser Pflicht unterliegt disziplinarischer und strafrechtlicher Ahndung. Aber der Fall des strafgesetzwidrigen Befehls liegt wesentlich anders. Der Beamte kann mit Sicherheit auf Anerkennung seiner Gehorsamsverweigerung durch die Gerichte rechnen, weil auf Grund der Normen des StGB nachgeprüft werden kann, ob der Beamte rechtens gehandelt hat. Der Beamte kann selbst – wenn auch auf eigenes Risiko – diese Prüfung vornehmen oder sich Rat holen. Darüber hinaus kann er sich in aller Eindringlichkeit unmittelbar an denjenigen wenden, der den gesetzwidrigen Befehl erteilt hat.

Das alles ist dem Richter, der ein unsittliches Gesetz anwenden soll, verwehrt. Nicht rationale Maßstäbe entscheiden, sondern das Gewissen allein muß den Ausschlag geben. In jenem Grenzgebiet, in das der Richter vorstoßen muß, fehlt die positiv-rechtliche Normierung. Der Richter lehnt sich nicht gegen einen einzelnen Vorgesetzten, der wiederum zur Verantwortung gezogen werden kann, auf, sondern gegen den anonymen Gesetzgeber, der, von der Beschränkung durch das Sittengesetz abgesehen, allmächtig ist.

Dem Staat, der durch seine gesetzgeberischen Organe den Richter in den Konflikt hineingeführt hat, der selbst das wirksamste Mittel in der Hand hat, den Konflikt durch Aufhebung des Gesetzes zu beseitigen, kann die Befugnis nicht zuerkannt werden, vom Richter einen Widerstand gegen dieses Gesetz zu verlangen und die Verletzung dieses Gebotes mit Sanktionen zu belegen. Der Staat würde den Tatbestand des „venire contra factum proprium" verwirklichen, wenn er den Richter bestraft, der seine Gesetze angewendet hat. Einem solchen Verstoß gegen das vorhergegangene Tun ist die rechtliche Anerkennung zu versagen[2]).

Wenn der Staat aber auf die Überwachung der richterlichen Amtsführung verzichtet, wird richterlicher Willkür Tür und Tor geöffnet. Stets könnte sich der Richter darauf berufen, sein Gewissen befehle ihm, die Mitwirkung an der Entscheidung zu verweigern. Es müßte dann ausreichen, daß der Richter sorgfältig und gewissenhaft geprüft hat, gleichgültig ob die sittliche Ablehnung objektiv gerechtfertigt ist oder nicht[3]). Dann hat es die Richterschaft in der Hand, durch passiven Widerstand den Gesetzgeber zu zwingen, jedes unliebsame Gesetz wieder aufzuheben. Sie stände im Ergebnis daher über dem Gesetzgeber, was auch P e t e r s zugibt[4]). Für die Rechtssicherheit als dem ruhigen und ordnungsgemäßen Funktionieren des Staatsapparates entständen die gleichen Gefahren, als wollte man dem Richter gestatten, unter Berufung auf sein Gewissen gegen das Gesetz zu entscheiden.

---

1) RG JW 28, 2326; B r a n d , Anm. 4 d bb zu § 3.
2) W e s k o t t , S. 132.
3) So tatsächlich P e t e r s , S. 38. 4) S. 38.

B. Die Pflicht zur Anwendung der unsittlichen Norm

Der Richter ist, wie festgestellt worden ist, nicht befugt, gegen das Gesetz zu entscheiden. Ihm kann auch die Befugnis nicht zuerkannt werden, die Mitwirkung an der Entscheidung zu verweigern, wenn er nicht zugleich auch sein Richteramt niederlegen will.

Die Gemeinschaft würde sich selbst aufgeben, wenn sie verlangte, der Richter, der eine unsittliche Norm seinem Urteil zugrundelegen müßte, habe zurückzutreten. Die Rechtsprechung würde zum Stillstand kommen. Der Rücktritt darf einzig und allein in den Willen des Richters gestellt werden. Die irdischen Mächte, der Staat und die Gemeinschaft, können von dem Richter nicht verlangen, daß er sein Amt niederlege. Wenn der Richter aber im Amt bleibt, muß er auch die unsittliche Norm anwenden.

Damit verliert die Erkenntnis, ein Gesetz könne wegen eines Verstoßes gegen das Sittengesetz juristisch unverbindlich sein, ihre praktische Bedeutung. Der Grund für die Undurchführbarkeit dieser Lehre in der Praxis ist das Fehlen eines für die Rechtsprechung anwendbaren rationalen und inhaltlich erfüllten, nicht nur formalen Maßstabes. Es geht nicht an, Gültigkeit und Bestand der Rechtsordnung auf den schwankenden Boden subjektiver Entscheidungen der Einzelgewissen zu stellen.

Diese – es ist zugegeben schmerzliche – Erkenntnis führt uns zu den vom Positivismus und Relativismus gezeitigten Ergebnissen zurück. Über diese Lehren gilt es hinauszuwachsen. Denn nicht als des „reinen Juristen vornehmste Tugend[1]" ist es anzusehen, wenn er ein unsittliches Gesetz anwendet. Es ist eine schwere, verantwortungsvolle Last, die mit sittlicher Schuld verbunden sein kann.

Auch der Relativismus verbannte alle irrationalen Erwägungen aus der Rechtsprechung und gelangte zum Positivismus. Aber er machte aus der Not, das Gerechte nicht erkennen zu können, eine Tugend, und Radbruch erklärte: „Wir verehren den Richter, der sich durch sein widerstrebendes Rechtsgefühl in seiner Gesetzestreue nicht beirren läßt[2]." Gefahr und Not, die aus Relativismus und Positivismus dem Staat und dem Volk erwachsen können, hat uns die Geschichte eindringlich aufgewiesen. Trotz dieser Erfahrungen kann an die Stelle jener Lehren etwas Besseres nicht gesetzt werden.

a) Die Reformvorschläge

In der Erkenntnis der Grenzen des Positivismus hat man Reformvorschläge entwickelt. Um dem Richter die Gewissensnot abzunehmen, hat man vorgeschlagen, ihm den Übertritt in die Anwaltschaft zu erleichtern[3], einen Pensionsanspruch zuzuerkennen[4] oder ihm einen Anspruch auf Versetzung in ein anderes Amt zuzubilligen, wenn der Richter aus Gewissens-

---

1) Bergbohm, S. 398.
2) Rechtsphilosophie 1932, § 10 3.
3) Schiffer, S. 195.
4) Gesetzesvorschlag des Bayerischen Richtervereins, darüber Arndt, DRiZ 50, 149; passim Baur, S. 46.

gründen seine Aufgabe nicht mehr zu erfüllen vermag. Diese, zum Teil für den Staat kostspieligen Vorschläge sind nur durchführbar, solange der Gesetzgeber dementsprechende Regelungen duldet. Wenn sie seiner Absicht hinderlich erscheinen, wird er sie aufheben.

Um das Gesetz an das Recht zu binden, hat man vorgeschlagen, die Stellung des Richters zum Gesetz grundlegend zu wandeln[1]) oder einen Areopag einzurichten, der die Gesetze auf ihre Übereinstimmung mit dem Sittengesetz zu prüfen hat und ein Veto einlegen kann[2]). Buse hat vorgeschlagen, die Prüfung der Gesetze auf ihre Übereinstimmung mit dem Sittengesetz für den Richter zur gesetzlichen Pflicht zu machen[3]).

b) Aufgaben des Richters im Rahmen seiner Zuständigkeit

Die Reformvorschläge, die eine gesetzliche Regelung zur Voraussetzung haben, sind stets durch eine Gesetzesänderung gefährdet. Es gilt, darüber hinaus nach Wegen zu suchen, um das Gesetz an das Recht zu binden. Soweit der Richter an dieser Aufgabe mitwirken soll, kann er nur mit Obliegenheiten betraut werden, die mit seiner richterlichen Tätigkeit vereinbar sind und denen er auf Grund seiner Stellung gerecht werden kann.

Weil der Richter stets den einzelnen Fall zu entscheiden hat, kann er – soweit das positive Recht dazu Raum läßt – in dem Einzelfall zu helfen versuchen.

In Eingaben und Aktenvermerken an seine vorgesetzte Behörde und seinen Justizminister kann er darauf hinwirken, daß die erforderlichen Schritte zur Aufhebung des Gesetzes unternommen werden oder ein Gesetz nicht erlassen wird. Insoweit ist die Eingabe des Vorstandes des Richtervereins beim Reichsgericht aus dem Jahre 1924[4]) vorbildlich. Soweit sie eine Drohung dem Gesetzgeber gegenüber enthält, ist ihr Wert zumindest problematisch.

In den Staaten, in denen „die Freiheit der Feder[5])" geduldet wird, kann der Richter von dieser Befugnis Gebrauch machen. Er kann auf die Bildung der öffentlichen Meinung einwirken, die den Gesetzgeber wiederum dazu zwingen kann, die Norm aufzuheben oder abzuändern.

Der Richter hat die Möglichkeit, durch seine Mitarbeit in den Organen, welche den politischen Willen zu prägen haben, den Parteien, seinen Einfluß geltend zu machen. Dank seiner Ausbildung zur kritischen Betrachtung ist der Richter befähigt, totalitäre Bestrebungen eher zu erkennen als mancher juristisch ungeschulte Mitbürger. Er kann warnen und wehren helfen, damit diese Gruppen nicht an die Macht gelangen[6]).

---

[1]) Sauer, JR 49, 132.

[2]) Dibelius, Grenzen, S. 103; ablehnend gegenüber einer derartigen Einrichtung bereits Thoma, Grundbegriffe, S. 143.

[3]) JR 50, 366 Anm. 37.

[4]) Vgl. oben S. 32 ff.

[5]) Kant, Cass. VI, S. 388.

[6]) Über die politische Betätigung der Richter, Kern, Geschichte, § 67 A I 2, Schrifttumsnachweise aaO. S. 319.

In den Staaten, in denen das Recht der freien Meinungsäußerung nicht besteht und eine politische Willensbildung des Volkes nicht möglich ist, sind dem Wirken des Richters erhebliche Schranken gesetzt. Er wird nur noch im Einzelfalle nach seinen Kräften und im Rahmen der geltenden Gesetze auf Abhilfe bedacht sein können, kaum auf dem Dienstweg seine Bedenken vortragen dürfen. Letztlich steht er vor der Frage, ob er noch Organ eines solchen Staates sein kann oder ob es nicht seine – ethische – Pflicht ist, das Richteramt niederzulegen. Diese Entscheidung wird erschwert, weil er sich fragen wird, wer als Nachfolger in sein Amt kommen wird. Auch muß er seine Entscheidung gegenüber den von ihm abhängigen Personen, seinen Kindern, seiner Frau, verantworten.

c) Die Haltung des Richters in ethischer Sicht

Wenn der Richter das in seinen Kräften stehende, das, was mit dem geltenden Gesetz vereinbar ist, getan hat, kann es auch für ihn ethisch vertretbar sein, die unsittliche Norm anzuwenden. Es sind aber Fälle denkbar, in denen es als unabweisliche sittliche Pflicht erscheinen kann, gegen das Gesetz zu entscheiden oder die Mitwirkung an der Entscheidung zu verweigern. Das könnte der Fall sein, wenn die Entscheidung gegen das Gesetz das einzige Mittel ist, einen Menschen, der von einem unsittlichen Gesetz betroffen ist, vor dem Henkerbeil zu bewahren. Es ist auch an den Fall zu denken, daß dem Richter der aktive Widerstand gegen den Staat als unabweisbare ethische Pflicht erscheint.

Die Haltung des Richters, der dann gegen das Gesetz entscheidet, kann in höchstem Maße ethischer Anerkennung wert sein. Einer rechtlichen Normierung muß ein solcher revolutionärer Akt entzogen bleiben, will man nicht die Richtssicherheit aufs Spiel setzen. Eine Rechtfertigung kann er, wie jede Revolution, nur im Erfolg finden. Sein Erfolg wäre gegeben, wenn das Gesetz als nichtig angesehen wird und sich ein dahingehendes Gewohnheitsrecht bildet, welches das Gesetz derogiert. Setzt sich die persönliche Entscheidung des Richters nicht durch, dann ist er als Überzeugungsverbrecher anzusehen[1]).

Die sittliche Entscheidung des Richters ist, wie die Entscheidung der Frage, ob man die bestehende Staatsordnung zu verletzen berechtigt ist, mit dem vollen Risiko des Erfolges belastet[2]). Die Belastung mit dem persönlichen Risiko besteht nicht nur juristisch, sondern auch ethisch zu Recht. Denn die sittliche Entscheidung verlangt nicht Anerkennung und rechtlichen Schutz. Der Befehl des Gewissens will vollzogen sein, auch wenn damit persönliche Nachteile und Gefahren verbunden sind.

---

[1]) Dazu Erik Wolf, Verbrechen aus Überzeugung, S. 19; passim Wimmer, ARSP 40, 272.

[2]) Passim Schwinge, zu der Frage, ob der Offizier gegen einen unheilvollen Befehl verstoßen darf, Soldatischer Gehorsam, S. 21; Manigk, S. 21; Fritz Kern, S. 187.

Ethisch vorbildlich ist nach deutscher Ehrauffassung die Haltung des Mannes, der entschlossen für das eintritt, was er als das Richtige in seinem Gewissen erkannt hat, sei es auch um den Preis der eigenen Existenz[1]). Hartmann fordert, den ernsten, verantwortungsvollen Konflikt nach „bestem Gewissen" zu entscheiden, „nach dem eigenen lebendigen Gefühl der Werthöhe, und – die Folgen auf sich nehmen, die äußeren wie die inneren, einschließlich der Schuld, die in der Verletzung des einen Wertes liegt. Die Schuld soll er tragen und in seiner Tragfähigkeit mit ihr wachsen, so daß er sie mit Stolz tragen kann[2])". Auch dem Christen ist nach der Lehre beider Konfessionen geboten, Gott mehr zu gehorchen als den Menschen, die Folgen des Ungehorsams aber willig zu tragen[3]).

Diese Haltung kann die Ethik fordern, nicht aber das Recht. Denn das Recht muß, soll es sinnvoll sein, für eine seinen Normen entsprechende Handlung Schutz gewähren und die Möglichkeit zur Durchführung geben. Denn das positive Recht verlangt, im Gegensatz zur Ethik, immer nur das Mögliche und Zumutbare[4]). Daher kann die von der Ethik geforderte Haltung als eine Überforderung richterlicher Verantwortung nicht zur Rechtspflicht erhoben werden. Weil aber die richterliche Prüfung von Gesetzen nur als Prüfungspflicht, nicht aber als ein – dem persönlichen Mut des Richters überlassenes – Recht denkbar ist, hat der Richter auch nicht das Recht, gegen das Gesetz zu entscheiden oder die Mitwirkung an der Entscheidung zu verweigern.

Trotz der Hochachtung, welche die mutige Haltung eines Richters aus ethischer Sicht fordern kann, ist sie nach juristischer Betrachtung ein revolutionärer Akt. Er ist auch dann nicht zu entschuldigen, wenn er aus Überzeugung geschieht[5]).

2. Die Strafbarkeit des Richters wegen Anwendung oder Nichtanwendung unsittlicher Gesetze

A. Überblick über den Meinungsstand

In der Strafrechtswissenschaft ist bis 1945 kaum der Gedanke laut geworden, der Richter, der ein unsittliches Gesetz anwende, sei wegen Rechtsbeugung strafbar. Im Gegenteil, soweit sich die unter dem Einfluß des Positivismus stehende Strafrechtsdoktrin überhaupt mit dieser Frage beschäftigte, kam sie zu dem Ergebnis, der Richter, der sich über ein Gesetz hinwegsetze, um einer höheren Gerechtigkeit zu dienen, mache sich der Rechtsbeugung schuldig. Das gleiche sollte für den Richter gelten, der ein Gesetz aus naturrechtlichen Erwägungen als nichtig ansieht. So be-

---

1) Schwinge, Soldatischer Gehorsam, S. 25; Mannzen, SJZ 48, 648.
2) S. 422.
3) Für die katholische Lehre, Nell-Breuning, S. 118; für die protestantische Lehre, Barth III, 4 S. 538; vgl. auch oben S. 53, 54, 56.
4) Manigk, S. 19.
5) Erik Wolf, Verbrechen aus Überzeugung, S. 25.

zeichnete Binding die gemeinrechtliche Praxis, welche die harten Strafbestimmungen des gemeinen Strafrechts umging, als ein Grassieren der Rechtsbeugung[1]).

Nur Kohler war der Ansicht, es liege keine Rechtsbeugung vor, wenn der Richter aus Gründen der Gerechtigkeit ein Gesetz für unanwendbar erkläre. Es sei auch der Überzeugung des Richters anheimgegeben, ob er annehme, „daß das Gesetz in seiner Anwendung verbunden werden müsse mit ethischen Erwägungen und nur soweit zur Geltung komme, als ein aus dem Wortlaut des Gesetzes geschöpftes Ergebnis mit Treu und Glauben vereinbar sei[2])". Hölscher wirft zwar dem Richter, der von den generellen Weisungen des natürlichen Rechts abweicht, vor, er begehe einen Rechtsbruch in edlerem Sinne[3]), verbindet damit aber nicht den Gedanken an eine Strafbarkeit des Richters.

Erst seit 1945 wird von der deutschen Rechtswissenschaft und auch beiläufig von einzelnen Gerichten die Bestrafung derjenigen Richter gefordert, die unsittliche Gesetze anwenden. Sie hätten sich der Rechtsbeugung schuldig gemacht oder sie seien für die durch das gefällte Urteil bewirkten Erfolge, vor allem also Tötung und Freiheitsberaubung, verantwortlich.

Die ersten Äußerungen nach dem Zusammenbruch des Jahres 1945 standen erkennbar unter dem Einfluß der seelischen und geistigen Erschütterung, die der zweite Weltkrieg und sein Ende verursacht hatten[4]). Aber auch in jüngster Zeit wird die gleiche Forderung erhoben und mit rechtsphilosophischen Erwägungen begründet[5]).

Aus naturrechtlichen Erwägungen verneint dagegen Coing die Strafbarkeit des Richters[6]). Im Leipziger Kommentar wird auch noch in der Auflage aus dem Jahre 1951 die Ansicht vertreten, Rechtsbeugung liege

---

[1]) Binding, Lehrbuch, S. 556, Anm. 2; passim Oppenheim, S. 102, 104 Anm. 4; positivistisch auch Berner, S. 671, Rechtsbeugung sei die gesetzwidrige Benachteiligung oder Begünstigung des Beschuldigten; Meves, S. 979; Grünhut, Unabhängigkeit, S. 12; aber auch Rohde-Ziegler in Leipziger Kommentar 1951, Anm. 4 zu § 336; das RG war der Ansicht: „Rechtsbeugung kann auch darin liegen, wenn der Richter versucht, dem Recht, wie er es erkannt hat, zum Siege zu verhelfen" (RGSt. 57, 31 [33]).

[2]) Kohler, DJZ 1904, 613; Strafrecht § 118 II 1; vgl. auch Rechtsphilosophie, S. 38 ff.; Goldt A 54, 17; Kohler erkennt das Recht der Persönlichkeit als Schranke der Staatsgewalt an, Universalrechtsgeschichte S. 9.

[3]) I § 26 VI.

[4]) Vor allem Radbruch, Rechtsphilosophie 1950, S. 353; J. U. Schroeder, Generalstaatsanwalt des Landes Sachsen, Tägliche Rundschau vom 14. 2. 1946, zit. Radbruch, SJZ 46, 105; Andreas Brunner, S. 252: „Auch wenn der Grundsatz nulla poena sine lege u. U. verletzt werden muß", über Brunner oben S. 60; anscheinend auch Mitteis, S. 121; H. v. Weber, NJW 50, 274.

BGHSt. vom 29. 5. 1952, MDR 52, 695; OGHSt. 1, 273; OLG Bamberg vom 27. 7. 49, DRZ 50, 302.

Bedenken gegenüber dieser Richtung äußern Buchwald, S. 31; Lange, DRZ 47, 200; Kiesselbach, MDR 47, 2.

[5]) Welzel, Strafrecht, S. 396; Sauer, Strafrecht, S. 519; Schönke, Anm. II, 2 zu § 336; E. Schmidt, Lehrkommentar, S. 221.

[6]) SJZ 47, 62.

vor, wenn der Richter aus allgemeinen sittlichen Erwägungen sich über ein Gesetz hinwegsetze[1]).

B. Der Begriff der Rechtsbeugung in § 336 StGB

Die allgemeine Beweisführung, weil ein unsittliches oder naturrechtswidriges Gesetz nichtig sei, lege der Richter, der es desungeachtet anwende, seiner Entscheidung eine ungültige Norm zugrunde, beuge mithin das Recht, erscheint logisch unangreifbar[2]). Denn die Unterstellung eines Sachverhaltes unter einen Nicht-Rechtsatz, den der Richter als Rechtsatz behandelt, ist ein typischer Fall der Rechtsbeugung[3]).

Es wird aber nicht geprüft, ob der Begriff „das Recht beugen" in § 336 StGB diesen Tatbestand überhaupt erfaßt. Man beschränkt sich auf die Feststellung, unter „Recht" sei auch das überpositive Recht zu verstehen. Seit Bindings Abhandlungen, die unter dem Einfluß des Positivismus stehen, fehlt es an einer eingehenden Auseinandersetzung mit dem Begriff der Rechtsbeugung[4]). Im Rahmen dieser Untersuchung ist das nachzuholen.

a) „Recht" als subjektives Recht

Binding versteht unter dem Recht, das der Richter beugt, die subjektiven Rechte und subjektiven Pflichten der Parteien. Denn es ergehe die Entscheidung des Richters über subjektive Rechte oder subjektive Pflichten. Die Entscheidung beuge bezüglich ihrer das Gesetz unter den Willen des Richters, wenn sie nach des Gesetzes Willen bestehende Rechte und Pflichten für nicht existent und umgekehrt, nicht bestehende als gesetzlich gewährleistet behandele oder erkläre[5]). Ebenso bezeichnet Meves als Rechtsbeugung jede Handlung des berufenen Beamten, „durch welche behufs Benachteiligung oder Begünstigung eines Dritten vorsätzlich die für die Leitung oder Entscheidung von Rechtsangelegenheiten vorgeschriebenen Gesetze verletzt und das durch sie gegebene Recht der Absicht des Täters dienstbar gemacht wird[6])". Auch Kohler entwickelt den Begriff der Rechtsbeugung nicht aus dem objektiven Recht, sondern aus den subjektiven Rechten. Rechtsbeugung liege vor, wenn ein Richter wissentlich widerrechtlich einen Anspruch oder ein subjektives Recht als vorhanden oder nicht vorhanden erkläre[7]).

Da diese Lehren nur diejenigen subjektiven Rechte und Pflichten anerkennen, welche durch die Gesetze gewährleistet sind, muß eine Rechtsbeugung notwendig auch eine Entscheidung gegen das Gesetz sein[8]).

---

1) Rohde-Ziegler, Anm. 4 zu § 336.
2) Für viele, Welzel, Strafrecht, S. 395.
3) Binding, Strafrecht, S. 559.
4) E. Schmidt, Rechtsbeugung, S. 70.
5) S. 559.
6) S. 978.
7) Kohler, DJZ 04, 613, 614; passim Oppenheim, S. 92 bis 94.
8) Binding, S. 559.

Geht man dagegen von der Ansicht aus, der Mensch habe angeborene Rechte, über die ein Gesetzgeber nicht verfügen könne, wäre die Entscheidung, der ein aus rechtsphilosophischen Gründen als nichtig anzusehendes Gesetz zugrunde liegt, ein Fall der Rechtsbeugung. Denn der Richter „beugt" das angeborene Recht auf Leben, Freiheit, Eigentum, Gleichbehandlung usw. unter seinen Willen. Das darf er nicht, wenn das Gesetz nichtig ist.

Wenn man unter „Recht" des § 336 StGB die subjektiven Rechte und Pflichten verstand, so entsprach das der damaligen Auffassung vom Wesen der subjektiven Rechte[1]). Die neueren Erläuterungen zu § 336 StGB weisen darauf hin, daß unter „Recht" die gesamte Rechtsordnung zu begreifen ist[2]).

b) Das Rechtsgut des § 336 StGB

Dem Wort „Recht" läßt sich nicht entnehmen, ob nur das positivierte Gesetzesrecht unter Einschluß des Gewohnheitsrechtes unter Strafschutz gestellt ist oder aber auch das Recht in einem idealistischen Sinne, das mit dem positiven Gesetz in Widerstreit steht. Es wird gesagt, der Begriff des Rechts habe, weil man sich vom Positivismus gelöst habe, einen anderen Inhalt erhalten[3]). Das läßt sich nicht damit erweisen, daß man das Wort „Recht" des § 336 StGB dem Wort „Gesetz" in § 1 GVG gegenüberstellt, wie es z. B. Maurach tut[4]).

Diese beiden Worte haben sich schon immer gegenüber gestanden. Der Positivismus hat aber daraus keine Folgerungen abgeleitet. Aber auch unter dem Wort „Gesetz" versteht man heute nicht jede positive Norm des Gesetzgebers, sondern nur „das staatliche Befehlen, was gemessen an der apriorischen Rechtsidee als Ausfluß der Gerechtigkeit gewertet werden darf[5])".

Um die Tragweite des § 336 StGB zu ermitteln, muß das Tatbestandsmerkmal „das Recht beugen" zu dem Schutzobjekt der Norm in Beziehung gebracht werden. Es muß dann gefragt werden, was erforderlich ist, damit die Vorschrift des § 336 StGB, die ihr vom Gesetz zugewiesene Rechtsschutzaufgabe erfüllen kann[6]).

Rechtsbeugung ist ein Amtsverbrechen. Das geschützte Rechtsgut der Amtsverbrechen ist nach h. M. die Treupflicht des Amtsträgers gegenüber dem Staat nach innen und die Reinhaltung des Staatswillens vor Verfälschungen

---

[1]) So noch Enneccerus, Lehrbuch des bürgerlichen Rechts, Marburg 1913, Bd. I, § 65.

[2]) Maurach, S. 567; Niethammer, S. 408; Rohde-Ziegler in Leipziger Kommentar Anm. 4 zu § 336; Hartung in Loewe-Rosenberg, StPO, Anm. 4 b zu § 1 GVG; Fischbach, S. 13; Sauer, Strafrecht, S. 519; RGSt. 57, 31 (33).

[3]) H. v. Weber, NJW 50, 274.

[4]) S. 567.

[5]) E. Schmidt, Rechtsbeugung, S. 69.

[6]) Schwinge, Begriffsbildung, S. 22, 23.

durch pflichtwidriges Verhalten seiner Organe nach außen[1]). Als Amtsdelikt richtet sich die Norm des § 336 StGB an den Beamten.

Zwar ist auch der Schiedsrichter in diese Vorschrift mit einbezogen. Darin liegt aber eine besondere Problematik. Die Tätigkeit des Schiedsrichters ist nicht auf ein Amt, sondern auf den Schiedsvertrag, also eine privatrechtliche Vereinbarung gegründet (§ 1025 ZPO). Der Schiedsrichter ist nicht an das positive Recht gebunden, wenn es die Parteien wünschen[2]). Der Aufgabenbereich des Schiedsrichters unterscheidet sich daher so wesentlich von dem des Richters, daß er bei den hier anzustellenden Erörterungen nicht zu berücksichtigen ist[3]).

In seiner Eigenschaft als Beamter ist der Richter dem Staat zum Gehorsam verpflichtet. Er darf sich weder nach innen gegen den Staat auflehnen, noch nach außen durch pflichtwidriges Verhalten den Staatswillen verfälschen, wenn ein geordnetes Staatsleben aufrechterhalten werden soll.

Die Treupflicht des Richters nach innen ist durch § 336 StGB nicht geschützt, denn strafbare Rechtsbeugung liegt erst vor, wenn sie zum Vor- oder Nachteil einer Partei geschieht. Aber der Staat hat sein Interesse an der Reinerhaltung des von ihm in Gesetzesform gekleideten Willens vor Verfälschungen durch pflichtwidriges Verhalten seiner Richter geschützt. Weil das Urteil Staatsakt ist, muß der Staat verlangen, daß das Urteil in Übereinstimmung mit seinen Gesetzen ergeht. Dieses Interesse des Staates an einer pflichtgemäßen Ausübung der richterlichen Gewalt – d. h. eine den positiven Gesetzen entsprechende Verfahrensleitung und Urteilsfällung, frei von richterlicher Willkür – ist durch § 336 StGB zum Rechtsgut erhoben worden.

Geschütztes Rechtsgut könnte auch das Interesse der Gemeinschaft an einer dem überpositiven Recht entsprechenden Rechtspflege sein, zumal wenn man annimmt, der § 314 des Preuß. Strafgesetzbuches von 1851 sei ohne materielle Änderung in das Strafgesetzbuch übernommen worden[4]). Dort hieß es aber:

> Ein Beamter, welcher bei der Leitung oder Entscheidung einer Rechtssache vorsätzlich zur Begünstigung oder Benachteiligung einer Partei sich einer Ungerechtigkeit schuldig macht, wird mit Zuchthaus bis zu 5 Jahren bestraft.

---

[1]) R. v. Hippel, Lehrbuch, S. 309; Sauer, Strafrecht, S. 504: Schutzobjekt der Amtsdelikte sei das Vertrauen des Staates und des Staatsvolkes in die rein sachliche Erfüllung von Amts- und Berufspflichten, unberührt durch nicht sachliche Interessen; Maurach, S. 557, kennt zwei denkbare Ansichten über das bei Amtsdelikten geschützte Rechtsgut, den internen Angriff gegen den Staatsorganismus und das Vertrauen der Allgemeinheit in die Reinheit der Amtsführung; vgl. auch Hälscher, S. 1072: „Rechtsgut ist . . . nur das Interesse des Staates und der Gesellschaft an der dem Gesetz und Recht entsprechenden Ausübung der Amtsgewalt."

[2]) Baumbach-Lauterbach, Einf. 2 vor § 1034.

[3]) Dazu Binding, S. 564; Oppenheim, S. 205.

[4]) Über die Geschichte des § 336 StGB, Oppenheim, S. 35; auf die historische Entwicklung und den Wortlaut des § 314 stützt sich auch H. v. Weber, NJW 50, 273.

Dieses Interesse kann aber nicht die Triebkraft gewesen sein, die den Gesetzgeber veranlaßt hat, die Norm des § 336 StGB zu schaffen. Denn er hat keinen Beweggrund gehabt, die Gemeinschaft vor sich, dem Gesetzgeber, zu schützen und einen Fall des venire contra factum proprium zu setzen[1]. Wenn der Gesetzgeber sich zur Aufgabe gemacht hat, ein der Rechtsidee entsprechendes Recht zu setzen, kann er diese Aufgabe selbst durchführen. Er hat die Macht, Gesetze zu erlassen und, wenn sie sich als verfehlt erweisen, wieder aufzuheben. Er ist nicht darauf angewiesen, daß die Richter von sich aus die Unverbindlichkeit derartiger Gesetze feststellen. Wenn der Gesetzgeber aber sich für allmächtig ansieht und sich für berechtigt hält, auch Gesetze zu erlassen, die der Rechtsidee widerstreiten, würde er seine eigene Macht untergraben, wenn er das Interesse der Gemeinschaft an einer dem überpositiven Recht entsprechenden Urteilsfällung zum strafrechtlich geschützten Rechtsgut erhebt. Auch zum Schutz der Gemeinschaft vor einer Tyrannis hat der Gesetzgeber den § 336 StGB nicht geschaffen. Dem Gesetzgeber von 1851 und 1871 war diese Gefahr, der die Gemeinschaft ausgesetzt ist, unbekannt. Weil er unter dem Einfluß des Positivismus stand, hätte er auch eine Berufung auf das Naturrecht zum Kampf gegen eine Tyrannis zurückgewiesen. Auch der Gesetzgeber in der Zeit der Weimarer Verfassung und der Bundesgesetzgeber, der diese Gefahren erkannt hatte, ist andere Wege gegangen, um die Gemeinschaft vor Übergriffen der Gesetzgebung zu schützen. In der Verfassung sind Grundrechte aufgestellt worden und Verfahrensvorschriften erlassen worden, die diesem Zweck dienen sollen.

Darüber hinaus hätte der Gesetzgeber eine nicht unerhebliche Gefährdung der Rechtssicherheit in Kauf nehmen müssen. Die Entscheidung gegen das Gesetz erscheint als die gerechtere, die billige Entscheidung. Das bildet einen Anreiz, sich über das Gesetz hinwegzusetzen. Tritt die Gefahr hinzu, mit Zuchthaus bestraft zu werden, wenn ein fragwürdiges Gesetz angewendet wird, verstärkt sich die Neigung, gegen das Gesetz zu entscheiden und der Überzeugung von der Unverbindlichkeit der Norm Ausdruck zu verleihen. Das wäre aber eine höchst unerwünschte Entwicklung der Rechtsprechung. Denn die Entscheidung gegen das Gesetz soll nach übereinstimmender Ansicht all derer, die aus rechtsphilosophischen Erwägungen eine solche Entscheidung fordern, nur die ultima ratio sein.

Dem Gesetzgeber, der im Jahre 1871 den § 336 StGB schuf und das Rechtsgut bestimmte, das durch diese Norm geschützt werden sollte, ging es um die Beachtung des positiven Rechts. Aufgabe der Rechtsprechung ist es, einen Tatbestand unter vorgesehene rechtliche Regelungen zu subsumieren[2]. Die pflichtgemäße Erfüllung dieser Aufgabe sollte unter Strafschutz gestellt werden. Der „Normalfall", welcher dem § 336 StGB zugrunde liegt, ist der Richter, der in einem Parteienprozeß die Waagschale der

[1]) Vgl. oben S. 125.

[2]) Fischbach, S. 13.

Gerechtigkeit bewußt zum Nachteil einer Partei in die Luft schnellen läßt[1]). Welche Gewichte aber auf die Waagschale der Gerechtigkeit zu legen sind, bestimmte nach den damaligen Vorstellungen nicht der Richter, sondern das Gesetz.

Das durch § 336 StGB geschützte Rechtsgut ist daher die Erfüllung der Amtspflicht und damit die Gesetzmäßigkeit der Rechtsprechung.

Welcher Begriffsinhalt des Wortes „Recht" wird nun der Rechtsschutzaufgabe des § 336 StGB am besten gerecht[2])? Nach der hier gefundenen Bedeutung des der Norm zugrunde liegenden Rechtsgutes ist unter „Recht", das der Richter beugt, der gesamte Bestand an rechtlichen Wertungsmöglichkeiten, der sich für ein an der Idee der Gerechtigkeit orientiertes Denken ergibt, zu verstehen. Insoweit stimmt der hier gefundene Begriff mit der herrschenden Lehre überein[3]).

Weil aber das Interesse der Gemeinschaft an einer Rechtsprechung, die die den Vorrang des Sittengesetzes vor der staatlichen Gesetzgebung beachtet, nicht zum Rechtsgut erhoben, vielmehr das staatliche Interesse an dem richterlichen Gehorsam in den Vordergrund gestellt worden ist, muß der oben gefundene Begriff des „Rechts" eingeschränkt werden. Er erfaßt in § 336 StGB nur den Normenbestand, der mit den positiven Gesetzen des Staates, gleich welchen Inhalt sie haben, übereinstimmt[4]). Insoweit unterscheidet sich die hier gefundene Begriffsbestimmung von der neuerdings vorherrschenden Lehre.

Der Vorwurf, es werde die fragwürdige positivistische Auffassung wiederholt, kann der hier gefundenen Begriffsbestimmung nicht gemacht werden, weil sie aus dem Zweck des § 336 StGB entwickelt worden ist. Wenn heute behauptet wird, nach der neuen Auffassung vom Recht müsse auch der Begriff der Rechtsbeugung einen anderen Inhalt erhalten[5]), wird die Rechtsschutzaufgabe des § 336 StGB verkannt. Wohl muß die Auslegung der Tatbestandsmerkmale den Zeitverhältnissen und den Änderungen der wirtschaftlichen und sozialen Verhältnisse angepaßt werden[6]). Aber die Grenze für die Auslegung bildet nicht nur der mögliche Wortsinn einer Vorschrift[7]), sondern auch das durch die Norm geschützte Rechtsgut.

C. a) Die Strafbarkeit wegen Tötung und Freiheitsberaubung

Dem Richter, der ein wegen seiner Unsittlichkeit nichtiges Gesetz anwendet, wird nicht nur der Vorwurf der Rechtsbeugung, sondern darüber hinaus, in Tateinheit der Vorwurf der Freiheitsberaubung und Tötung in mittelbarer Täterschaft gemacht, falls der Urteilsspruch zu einer Festsetzung

---

1) Binding, S. 556.
2) Schwinge, Begriffsbildung, S. 48.
3) E. Schmidt, Rechtsbeugung, S. 71; Schönke, Anm. II 2 zu § 336.
4) Passim Schultz, MDR 52, 695.
5) E. Schmidt, Lehrkommentar, S. 222.
6) Schönke, Anm. VI 1 zu § 2 mit weiteren Nachweisen.
7) Schwinge, Begriffsbildung, S. 42.

oder Hinrichtung des Abzuurteilenden führt[1]). Vom Tatbestand der §§ 239, 211 ff. StGB aus gesehen, trifft das für jeden Urteilsspruch zu. Das rechtmäßige Urteil aber rechtfertigt die Handlung des Richters, dessen Amt es ist, Freiheitsstrafen zu verhängen und Todesurteile zu fällen.

Die Rechtfertigung greift aber noch weiter. Auch das unrichtige Urteil, selbst wenn es auf einer fehlsamen Gesetzesanwendung beruht, ist nicht rechtswidrige Tötung oder Freiheitsberaubung. Das gilt jedenfalls dann, wenn nicht der subjektive Tatbestand der Rechtsbeugung erfüllt ist. Das folgt aus den Vorschriften über die Rechtskraft eines Urteils. Das rechtskräftige Urteil kann, wenn es auf einer fehlerhaften Gesetzesanwendung beruht, auch zu Gunsten des Verurteilten nur unter den Voraussetzungen des § 359 Ziff. 3 StPO aufgehoben werden, also vor allem, wenn sich der Richter einer Rechtsbeugung schuldig gemacht hat. Darüber hinaus aber würde die Bestrafung des Richters z. B. wegen fahrlässiger Tötung – weil er fahrlässig das Gesetz falsch angewendet hat – in das Richterprivileg eingreifen[2]).

Nach der hier vertretenen Ansicht begeht der Richter keine Rechtsbeugung, wenn er ein wegen seines unsittlichen Gehaltes nichtiges Gesetz anwendet. Daher kann er auch wegen Tötung oder Freiheitsberaubung nicht zur Verantwortung gezogen werden. Die Urteilsfällung war rechtmäßig, weil das Urteil an der Rechtskraft teilhat. Es kann auch mit den Wiederaufnahmegründen des § 359 Ziff. 3 StPO nicht angegriffen werden, weil der Richter nicht das durch § 336 StGB geschützte Rechtsgut verletzt hat. Man wendet dagegen ein, der Richter verletze aber die durch die §§ 239, 211 ff. StGB geschützten Rechtsgüter Freiheit und Leben. Die Befugnis zu diesem Eingriff leite sich aus dem Gesetz her, auf das der Urteilsspruch gestützt werde. Wenn dieses Gesetz nicht verbindlich sei, fehle dem Richter die Rechtfertigung. Er erfülle mithin den Tatbestand dieser Delikte rechtswidrig. Dann muß man aber jeden Urteilsspruch als einen ausnahmsweise gerechtfertigten Mord oder eine ausnahmsweise gerechtfertigte Freiheitsberaubung ansehen. Man verkennt dann die besondere Stellung des Richters im Staatsaufbau[3]).

b) Die Strafbarkeit wegen Verstoßes gegen das Naturrecht

Gegenüber der Auffassung, der Richter mache sich einer Rechtsbeugung schuldig, wenn er ein unsittliches Gesetz anwende, weist Coing zu Recht darauf hin, die Fälle ließen sich rein von der Tatbestandsseite nicht lösen. Hinter dem Problem stehe die grundsätzliche Frage, ob der Staat berufen sei, Verstöße gegen die Sittlichkeit und das Naturrecht im Strafverfahren abzuurteilen. Denn im Grunde werde dem Richter ein Verstoß gegen das Naturrecht zum Vorwurf gemacht. Man könne nicht sagen, das Naturrecht

---

[1]) Radbruch, Rechtsphilosophie 1950, S. 356; E. Schmidt, Lehrkommentar, S. 223; Welzel, Strafrecht, S. 397.

[2]) Welzel, Strafrecht, S. 397. [3]) Coing, S. 62.

beseitige hier nur einen Rechtfertigungsgrund für die Handlung des Richters. In Wahrheit liege nach positivem Recht ein Strafurteil im Vollzuge des Gesetzes, nach Naturrecht ein Mord durch Anwendung eines ungerechten Gesetzes vor. Das Naturrecht allein begründe daher die Strafbarkeit. Die Forderung aber, der Bindung des positiven Rechts an sittliche Grundsätze durch Strafsanktionen Nachdruck zu verleihen, gehe nicht an. Denn sittliche Werte begründeten niemals die Forderung nach Strafbarkeit[1]).

Auch weil die „Normsituation"[2]) grundsätzlich eine andere ist, wenn der Richter ein unsittliches Gesetz anwendet, als wenn er willkürlich die Waagschale der Gerechtigkeit zu Gunsten einer Partei in die Höhe schnellen läßt, bestehen Bedenken gegen seine Strafbarkeit. Der Richter glaubt sich verpflichtet, auch das unsittliche Gesetz anwenden zu müssen, oder es fehlt ihm der Mut, sich gegen den Staat aufzulehnen. Wenn der Richter gegen das Gesetz entscheidet, muß er sich dem Staat gegenüber rechtfertigen. Er steht als Einzelner allein gegen die politische Ordnung[3]). Zur Rechtfertigung seiner Entscheidung kann er sich nur auf die allgemeinen Formeln, deren Zuverlässigkeit und Brauchbarkeit bezweifelt werden muß[4]), und auf sein Gewissen berufen. Weil er sich mit dem Odium des Rechtsbrechers belastet, handelt er auf eigene Gefahr[5]). Er steht daher in einer völlig anderen Situation als jener Richter, der die Wahl hat zwischen einem gerechten, dem Gesetz entsprechenden Urteil und einer ungerechten Entscheidung, die gegen das geltende Recht verstößt.

Das deutsche Rechtssystem ist in einer Zeit des Positivismus aufgebaut. Wenn man sich heute auf überpositive Grundsätze besinnt und ihnen einen Einfluß auf das positive Recht einräumt, kann es zu Konflikten kommen. Die Gesetze aus neuerer Zeit schaffen keine Lösung der Konflikte. Sie bringen vielmehr neue Unklarheiten, wie die Erörterungen zu Art. 20 GG[6]) beweisen. Es geht aber nicht an, diese Unzulänglichkeiten auf dem Rücken des Richters auszutragen.

Wenn der Richter rechtlich verpflichtet ist, unter Einsatz seines Lebens sich gegen den Staat zu erheben, wie Welzel annimmt[7]) und wie Mitteis es unter Berufung auf den kategorischen Imperativ des Naturrechts postuliert[8]), dann ist auch jeder andere Beamte dazu verpflichtet. Eine Rechtspflicht zur Revolution für alle Staatsbeamte ist aber nicht gegeben. Zwar wird durch Art. 147 Hessische Verfassung, Art. 19 Bremer Verfassung und Art. 6 Abs. II Verfassung der Mark Brandenburg ein Widerstandsrecht und eine Widerstandspflicht begründet. Diese Normen wenden sich aber nicht nur an den Richter oder an alle Staatsbeamten,

---

1) Coing, SJZ 47, 62.
2) Jagusch, SJZ 47, 295.
3) Coing, SJZ 47, 64.
4) Oben S. 78 ff.
5) Mitteis, S. 126.
6) Oben S. 105.
7) Strafrecht S. 396.
8) S. 125.

sondern an jedermann. Auch ist nur Widerstand gegen verfassungwidrige Ausübung der Staatsgewalt Gegenstand dieser problematischen Verfassungsbestimmung. Recht und Pflicht zum Widerstand gegen verfassungsmäßige, aber dem Sittengesetz zuwiderlaufende Ausübung der Staatsgewalt ist nicht durch diese Normen geregelt[1]).

Der Richter, der ein unsittliches Gesetz anwendet, kann ethisch verwerflich handeln. Das begründet noch nicht seine Strafbarkeit. Nach naturrechtlicher Lehre gibt es wohl ein Recht und eine Pflicht zum Widerstand, die nicht unbestritten ist[2]). Aber es gibt keine Bestrafung dessen, der diesen Geboten nicht folgt[3]).

Auch in der sittlichen Sphäre gibt es keine Strafe, wie Scheler aufgewiesen hat. Vergeltung und Rache sind nicht aus der Gerechtigkeit abzuleiten[4]). Diese ordnet und regelt nur den Impuls der Vergeltung. Sie gehört der Sphäre des Rechts an[5]). Die Vergeltung hat nur einen relativen Wert, bezogen auf den Wert der Wohlfahrt einer Gemeinschaft lebendiger Wesen[6]). Vergeltung und Strafe ist keine aus der reinen Vernunftidee der Gerechtigkeit fließende Forderung, vielmehr ist sie „eine vital bedingte Forderung endlicher Art[7])".

D. Die strafrechtliche Verantwortung für die Anwendung nationalsozialistischer Gesetze

Wenn der Richter sich zum Werkzeug oder gar Komplicen eines tyrannischen Staates macht, kann er eine schwere politische Schuld auf sich laden. Das Militärtribunal III hat im Nürnberger Juristenurteil der deutschen Justiz den Vorwurf gemacht, es sei der Dolch des Mörders unter der Robe des Juristen verborgen gewesen. Die Teilnahme an dem Erlaß und der Durchführung nationalsozialistischer Gesetze sei verbrecherische Mittäterschaft bei Verbrechen gegen die Menschlichkeit und Kriegsverbrechen[8]).

Wegen der bloßen Anwendung nationalsozialistischer Gesetze ist aber keine Verurteilung erfolgt. Außer Beamten des Reichsjustizministeriums waren zwei Richter des Volksgerichtshofes und drei Vorsitzende von Sondergerichten angeklagt, ferner zwei staatsanwaltliche Beamte der Anklagebehörde des Volksgerichtshofes[9]). Die beiden Mitglieder des Volksgerichtshofes und einer der Vorsitzenden der Sondergerichtshöfe wurden freige-

---

[1]) Heyland, S. 121, erkennt den Art. 147 HV nur als „ergänzenden Naturrechtssatz", der durch das positive Recht auch abgeändert werden kann.
[2]) a. A. z. B. Neuy, Stud. generale 54, 104.
[3]) Coing, SJZ 47, 62; Figge, SJZ 47, 181.
[4]) S. 375.
[5]) S. 374.
[6]) S. 377.
[7]) S. 384.
[8]) S. 42 und S. 41 der amtl. Übersetzung des Urteils vom 3./4. 12. 1947, zit. Sonderveröffentlichung des Zentr.Justizbl. für die brit. Zone, 3, ohne Jahr und Ort, S. 42.
[9]) Behling, Arch. f. VR 50, 414.

sprochen. Die beiden anderen Richter wurden wegen willkürlicher und mißbräuchlicher Rechtsausübung verurteilt[1]).

Die verurteilten Richter – Rothaug und Oeschey – hätten ihr Verfahren und ihre Urteile anders, eher der Idee der Gerechtigkeit entsprechend einrichten können, ohne gegen die nationalsozialistischen Gesetze zu verstoßen. Sie haben aber nach den Feststellungen des Militärtribunals in grausamer und sadistischer Weise an der rassischen und politischen Verfolgung teilgenommen[2]).

Ebenso ist – soweit ersichtlich – von deutschen Gerichten kein Richter für die bloße Anwendung nationalsozialistischer Gesetze zur Verantwortung gezogen worden. Gegenstand der Verhandlungen war vielmehr die ungerechte Strafzumessung seitens einzelner Gerichte. So hat der OGH in dem bekannten Buea-Fall die Angeklagten eines Menschlichkeitsverbrechens nach KRG 10 für schuldig befunden, nicht weil sie drei Soldaten wegen Fahnenflucht verurteilten, sondern weil sie trotz der geringen Schuld der Soldaten die Todesstrafe zur Abschreckung verhängten[3]).

E. Die Strafbarkeit wegen Nichtanwendung unsittlicher Gesetze

Wenn der Richter gegen ein Gesetz, das wegen seines unsittlichen Gehaltes als nicht verbindlich erkannt wird, entscheidet, verstößt er gegen den hier entwickelten Begriff des Rechts. Denn unter „Recht" des § 336 StGB ist in erster Linie die vom Gesetzgeber gesetzte Norm zu verstehen, unabhängig von ihrem Inhalt. Über diese Norm setzt sich der Richter hinweg.

Eine Entscheidung, durch die das Recht gebeugt wird, muß objektiv falsch sein. Erst dann liegt Rechtsbeugung vor. Man könnte daher sagen, weil das fragliche Gesetz nichtig sei, der Richter es auch nicht angewendet habe, sei die Entscheidung richtig. Aber der Gesetzgeber hat sich vorbehalten zu bestimmen, was als richtig anzusehen ist. Unter diesem Blickwinkel aber ist die Entscheidung falsch. Weil der Gesetzgeber sich die Befugnis zugelegt hat zu sagen, welche Vor- und Nachteile einer Partei zukommen, ist auch dieses Tatbestandsmerkmal der Rechtsbeugung erfüllt.

Aber noch in einer weiteren Beziehung beugt der Richter, der gegen das Gesetz entscheidet, das Recht. Er setzt sich über die aus Art. 97 GG, § 1

---

[1]) Behling, aaO. S. 423.

[2]) Thiele-Fredersdorf, NJW 48, 125; die verbrecherische Handhabung der Gesetze durch diese Richter wird an einigen Fällen, die das MT dem Urteil zugrundegelegt hat, gezeigt von La Folette, S. 38; über das Nürnberger Juristenurteil ferner Haensel, DRZ 48, 40; Grewe-Küster, Nürnberg als Rechtsfrage; Behling, JR 49, 502; Kranzbühler, Nürnberg als Rechtsproblem; H. v. Weber, MDR 49, 264; auch Radbruch, SJZ 48, 57 ff.

[3]) OGHSt 1, 218; 2, 232; 2, 273; vgl. auch OGHSt 1, 246; ferner BGH vom 29. 5. 52 2 StR 45/50, MDR 52, 695 mit Anm. von Schultz; vgl. auch E. Schmidt, Lehrkommentar, 220.

Auch erfolgte die Bestrafung zum Teil auf Grund des jetzt wieder aufgehobenen KRG 10, dazu: Lange, DRZ 48, 155 und 185; Güde, DRZ 47, 111.

GVG folgende Teilung der Gewalten hinweg und erhebt sein Gewissensurteil über den Willen des Gesetzes.

Nur wenn dem unsittlichen Gesetz eine andere positive Norm entgegensteht, liegt Rechtsbeugung nicht mehr vor. Zu diesen Normen gehört auch das Gewohnheitsrecht. Wenn die Erkenntnis, ein bestimmtes Gesetz sei wegen seines Verstoßes gegen das Sittengesetz als nichtig anzusehen, die Kraft eines Gewohnheitsrechtes erlangt hat, liegt keine Rechtsbeugung mehr vor, wenn gegen dieses Gesetz entschieden wird. Aber derjenige, der den Anstoß zur Setzung von Gewohnheitsrecht gibt, begeht Rechtsbeugung[1].

Ob der Richter auch den inneren Tatbestand der Rechtsbeugung erfüllt, wenn er gegen ein unsittliches Gesetz entscheidet, ist eine Frage des Einzelfalles. Sie kann hier nicht erörtert werden. Nachdem Rechtsprechung und Rechtslehre in weitem Umfange für eine Entscheidung gegen das Gesetz eingetreten sind, wird der Richter sich mit Erfolg darauf berufen können, ihm habe das Bewußtsein der Rechtswidrigkeit seines Verhaltens gefehlt. Das wird ihn entschuldigen können, denn gerade die Anspannung seines Gewissens hat ihm auch gesagt, daß das fragliche Gesetz keine verbindliche Kraft besitzt.

---

[1]) Passim G r ü n h u t, Unabhängigkeit, S. 12.

Zusammenfassung

Cathrein ist auf seinem durch die katholische Moralphilosophie vorbestimmten Wege zu dem Ergebnis gekommen, der Richter habe seine Mitwirkung an der Entscheidung zu verweigern, wenn er ein unsittliches Gesetz seinem Urteil zugrundezulegen hätte. Ihm ist der Vorwurf gemacht worden, er habe ein „schwächliches Rezept" gegeben[1]). Dieser Vorwurf scheint auch gegen die hier vertretene Lösung nicht unberechtigt zu sein. Es wird stets unbefriedigt lassen, als Ergebnis rechtsphilosophischer Bemühungen zu erfahren, der Richter habe auch das Schandgesetz seinem Urteil zugrundezulegen und durch Aktenvermerke, Eingaben, Veröffentlichungen, durch Hilfe im Einzelfalle, die immer nur eine Hilfe am Rande sein kann, sich gegen das Gesetz zu wenden. Menschenwürde, Leben, Freiheit, Eigentum des Einzelnen, ja das Wohl des Volkes und die ethischen Werte scheinen den Launen eines Gesetzgebers preisgegeben. Der Glaube, daß unsittliche Gesetze in Deutschland nicht Wirklichkeit werden können, ist uns genommen. Eines Tages kann eine Tyrannis wiederum Ereignis werden.

Angesichts dieser Situation scheinen alle emotionalen Kräfte im Menschen zur Tat, zur Handlung, zur Entscheidung gegen das Gesetz zu rufen, um die Individualrechte zu schützen, um zum Besten des Volkes die ethischen Werte zu wahren und um durch den geschlossenen Widerstand der Richterschaft die Tyrannis handlungsunfähig zu machen.

Die Gründe, die den Verfasser bestimmt haben, dennoch für die Gebundenheit des Richters auch an die unsittliche Norm einzutreten, sollen noch einmal zusammengefaßt vorgetragen werden.

Das positive Recht gilt, weil es von den sittlichen Kräften im Menschen und in der Menschheit getragen wird. Die juristische Geltung des positiven Rechts ist aber nicht allein bedingt durch die Vereinbarkeit der positiven Normen mit dem Sittengesetz. Auch die verwerflichste Rechtsordnung hat noch einen verpflichtenden Wert. Denn auch sie gewährt noch Schutz und schafft Ordnung, wenn auch höchst unvollkommen. Daher endet die juristische Geltung eines Rechtssatzes nicht bereits, wenn er mit dem Sittengesetz in Konflikt gerät.

In welchen Fällen aber der unsittlichen Norm nicht mehr eine juristische Verbindlichkeit beigelegt werden kann, läßt sich rational nicht bestimmen. Die von der Rechtsphilosophie, insbesondere den modernen Naturrechtslehren aufgewiesenen Grenzen für den Gesetzgeber sind irrational. Das Gewissen muß entscheiden. Auch die Wertethik vermag uns keine Maß-

[1]) Ornstein, S. 177; zu Cathrein vgl. oben S. 42.

stäbe zu geben, auf Grund deren der Richter die Unverbindlichkeit der Norm bestimmen könnte. Sie kann den sittlichen Konflikt, in welchem der Richter steht, der ein unsittliches Gesetz seiner Entscheidung zugrundelegen müßte, nur im Gewissen des Einzelnen lösen.

Auf die Gewissensentscheidung des einzelnen Richters aber kann das Urteil nicht gestützt werden. Weder aus der Ethik noch aus dem geltenden deutschen Recht läßt sich die Befugnis des Richters ableiten, nicht einen Fall unter gesetzliche Regeln unterzuordnen, sondern seine Gewissensentscheidung den Parteien aufzudrängen.

Der Richter darf nicht seine Mitwirkung an der Entscheidung verweigern. Sonst wäre wiederum der Bestand des Rechts in das subjektive Meinen des Richters gestellt. Will der Richter im Amt verbleiben, hat er daher auch die unsittliche Norm seiner Entscheidung zugrundezulegen. Ob er aus seinem Amt ausscheidet, steht allein in seinem Willen. Der Staat und die Gemeinschaft kann es ihm nicht vorschreiben.

Der Richter, der die unsittliche Norm anwendet, ist weder wegen Rechtsbeugung noch wegen Tötung oder Freiheitsberaubung strafbar. Wohl aber beugt der Richter das Recht, der gegen ein unsittliches Gesetz entscheidet, weil er sich über die in Art. 97 GG, § 1 GVG gesetzte Ordnung erhebt.

Weil der Richter alle seine Befugnisse vom Staat ableitet, ist er in seiner Stellung gefährdet, wenn er sich gegen den Staat wendet. Nimmt ihm der Staat das Amt und damit die Möglichkeit zur Entscheidung gegen das Gesetz, ist er machtlos. Keine naturrechtliche oder ethische Lehre kann dem Richter das einmal verlorene Amt wiedergeben. Soll der Richter aber einen Kampf mit der Tyrannis aufnehmen, soll er Träger eines stärkeren Prinzips als des hier entwickelten werden, muß er in seiner Macht gefestigt sein. Denn richterlicher Widerstand wird dort sinnlos, wo er nur willkommenen Anlaß bietet, den objektiven und kritischen Richter durch einen gefügigen Mietling der Tyrannis zu ersetzen.

Nach dem Grundgesetz scheint die Stellung des Richters sicher und gefestigt zu sein. Dennoch kann ein Federstrich des einfachen Gesetzgebers den Richter entmachten. Nach Art. 101 Abs. II GG können durch einfaches Gesetz für besondere Sachgebiete eigene Gerichte errichtet werden. Die Materie, die in einem unsittlichen Gesetz geregelt wird, kann ein „besonderes Sachgebiet" sein. Der Gesetzgeber kann daher ein Sondergericht einrichten. Das kann vom Richterwahlausschuß mit für diesen Zweck ausgewählten willfährigen Richtern besetzt werden. Wenn das Bundesverfassungsgericht nicht eingreift, würde dann mit großer Wahrscheinlichkeit dieses Gericht dem Willen des Gesetzgebers zur Durchsetzung verhelfen.

Das ist nur ein theoretisch möglicher Fall. Es soll daher noch einmal auf die eindringlichen Erfahrungen aus der Geschichte hingewiesen werden.

In Österreich wurden im Jahre 1929 die Richter des Verfassungsgerichtshofes, die sich anläßlich der Verfassungsreform durch verschiedene Entscheidungen mißliebig gemacht hatten, abgelöst. Das Gericht wurde personell neu besetzt[1]).

In den Vereinigten Staaten von Nordamerika versuchte Franklin D. Roosevelt den Supreme Court, der ein weitgehendes Prüfungsrecht der Verfassungsmäßigkeit von Gesetzen in Anspruch nimmt, durch einfaches Gesetz mit Richtern aufzufüllen, die seiner Wirtschaftspolitik zugetan waren. Roosevelts Versuch ist gescheitert. Er kann sich – mutatis mutando – in jedem Staat wiederholen, der die richterliche Gewalt bei einem höchsten Gericht konzentriert.

Eine wesentliche Voraussetzung für die richterliche Unabhängigkeit ist für unsere Vorstellungen die Anstellung der Richter auf Lebenszeit und ihre Unabsetzbarkeit. Der Gesetzgeber hat es in der Hand, diese Voraussetzungen zu beseitigen. Nach §§ 171, 71 des Deutschen Beamtengesetzes vom 26. 1. 1937 konnte Hitler einen Richter in den Ruhestand versetzen. Aber auch nach der Verfassung der Deutschen Demokratischen Republik, Art. 126, gibt es keine Unabsetzbarkeit der Richter.

Die Machtlosigkeit deutscher Gerichte gegenüber dem Leid und der Not der Konzentrationslager während der nationalsozialistischen Zeit beruhten auf einem einzigen Paragraphen. Durch § 7 des Gesetzes über die Geheime Staatspolizei vom 10. Februar 1936[2]) wurde für Verfügungen und Angelegenheiten der Geheimen Staatspolizei der Rechtsweg ausgeschlossen. Diese Norm widerspricht dem Grundgesetz und rechtsstaatlichen Grundsätzen (Art. 19 Abs. IV, Art. 101, Art. 104 Abs. II GG). Man wird aber einer solchen Norm nicht den Vorwurf machen können, sie sei mit dem Sittengesetz unvereinbar. Erst die Art und Weise, wie die Geheime Staatspolizei von ihren Befugnissen Gebrauch machte, war verbrecherisch.

Dem Gesetzgeber, der es darauf anlegt, unsittliche Gesetze durchzusetzen, bieten sich eine Fülle von Möglichkeiten, die Macht der Gerichte zu beschneiden oder auszuschalten. Er braucht nicht einmal unmittelbar mit Zwang gegen die einzelnen Richter vorzugehen. Im Kampf mit einer energischen und zielbewußten Tyrannis muß der Richter unterliegen, wenn sie nicht durch andere Mächte gestürzt wird. Schon Thoma hat erkannt: Eine „geschlossene und zur Gewalttat entschlossene Clique würde gegebenenfalls nicht zögern, sich die lästige Kritik der Gerichte durch ein Gesetz alsbald vom Halse zu schaffen[3])". Daher erweist sich das Argument, die Verneinung der richterlichen Prüfungszuständigkeit gegenüber unsittlichen oder tyrannischen Gesetzen diene der Legalisierung jeder Willkür- und Gewaltherrschaft, die richterliche Prüfungszuständigkeit hingegen sei ein wirksamer Schutz gegen die Entartung der Staatsgewalt, als eine Illusion[4]).

Die Rechtssicherheit wird gefährdet, wenn man auch nur in Ausnahmefällen dem Richter die Entscheidung gegen das Gesetz gestattet. Es besteht

---

1) Halberkann, S. 53 Anm. 176.
2) Pr. GS, S. 21.
3) Prüfungsrecht, S. 276.
4) So auch Apelt, JZ 54, 405.

aber noch eine weitere Gefahr für die Rechtsordnung. Es hat sich die willenlose und unkritische Unterwerfung der Rechtswissenschaft und der Rechtsprechung unter eine Philosophie als unheilvoll erwiesen[1]). Nicht nur weil Rechtsprechung und -Lehre in den Strudel der systematischen Uneinigkeiten hineingezogen werden, wie Schwinge aaO. nachgewiesen hat, sondern weil sie auch den Irrlehren einer Zeit zum Opfer fallen können.

Ketzerverfolgung und Hexenverbrennung fanden in den im Mittelalter geltenden Gesetzen keine Stütze. Diese grauenvolle Justiz stütze sich auf die Weltanschauung jener Zeit[2]). Die nationalsozialistischen Machthaber gestatteten dem Richter, vom Strafgesetz abzuweichen. Sie geboten die analoge Anwendung, wenn es „das gesunde Volksempfinden" verlange, § 2a StGB in der Fassung vom 28. 6. 1935. Die Absicht, nationalsozialistische Ziele auch dann durchzusetzen, wenn die geltenden Strafnormen noch nicht ausreichten, lag auf der Hand. Daher wurde auch diese Vorschrift durch das erste Gesetz der Besatzungsmächte wieder außer Kraft gesetzt (MRG Nr. 1 Art. IV Ziff. 7). Verfemung und Verfolgung der Angehörigen der jüdischen Religion war Mittelpunkt der nationalsozialistischen Weltanschauung. Um die Judenverfolgung bereits vor Erlaß der Nürnberger Gesetze zu unterstützen, entschieden vereinzelte Gerichte gegen das Gesetz.

Es hat die Bindung des Richters an den Wortlaut des Gesetzes nicht das Unheil erzeugt als vielmehr die Ausfüllung des Gesetzes mit nationalsozialistischen Wertungen und die Entscheidung gegen das Gesetz[3]).

Gerade die gesetzestreue positivistische Haltung der deutschen Gerichte in der Zeit des Nationalsozialismus bildete ein erhebliches Hindernis für die damaligen Machthaber. Auf dieser Haltung beruhte auch der abgrundtiefe Haß Hitlers gegen die deutsche Richterschaft, der in dem Beschluß des Großdeutschen Reichstages vom 26. 4. 1942[4]) zum Ausdruck kam[5]).

Solange man die Aufgabe, das Recht vor einer Vergewaltigung durch eine rechtlose Macht zu schützen, dem Richter allein anvertrauen wollte, würde man an den „Symptomen herumkurieren[6])". In den Verfassungen hat man versucht, die Macht wirkungsvoll an das Recht zu binden. Damit nicht die Gewalt in der Hand eines Einzelnen zur Willkür entarte, unterwarf man die gesetzgebenden Akte des Souverains der Kontrolle des Parlaments. Man teilte die Gewalt in eine gesetzgebende, regierende und rechtsprechende. Auch die gesetzgebende Gewalt, das Parlament, kann absichtlich oder unabsichtlich fehlsame Gesetze erlassen. Daher hat man die richterliche Prüfungszuständigkeit der Verfassungsmäßigkeit von Gesetzen in verschiedener Ausgestaltung geschaffen.

---

1) Schwinge, Wesensschau, S. 4 und 8; Manigk, JW 30, 234, auch praktisch sei keine Verwechselung unheilvoller gewesen als die von Recht und Sittlichkeit.
2) Vgl. oben S. 21 ff.
3) Rüdel, JR 50, 84; vgl. oben S. 34 ff.
4) RGBl. S. 247.
5) Vgl. auch Picker, S. 206, 213, 246, 259, vor allem aber S. 260.
6) Magnus, JW 30, 2.

Diese Kontrollsysteme sind auf den guten Willen des Kontrollierten angewiesen. Wenn dessen Macht groß genug ist, wenn er die Verfahrenshindernisse beseitigen kann, bleibt als letzte innerstaatliche Kontrollinstanz der, welcher nach dem Wortlaut der Verfassung der eigentliche Träger der Staatsgewalt ist, das Volk (Art. 20 Abs. II GG). Es kann durch den Druck der öffentlichen Meinung und die Ausübung seines Wahlrechts den Gesetzgeber in seine Schranken zurückweisen.

Wenn in den Staatsbürgern der Wille, eine der Rechtsidee entsprechende Ordnung zu gestalten und zu leben, stark genug ist und ihnen Gelegenheit zur Kundgebung ihres Willens durch die Wahl und das Recht der freien Meinungsäußerung gegeben ist, können sie dieser Aufgabe gerecht werden. Auf die Ausgestaltung des richterlichen Prüfungsrechts kommt es dann nicht an, wie die Gegenüberstellung der Systeme in den Vereinigten Staaten von Nordamerika und in der Schweiz zeigen[1]).

Wo diese Voraussetzungen nicht vorliegen, muß auch das richterliche Prüfungsrecht scheitern. In einem Staat, der nach einer tiefgreifenden Katastrophe wieder den Weg zu sich selbst suchen muß, kann sich das richterliche Prüfungsrecht segensreich auswirken. Denn es kann dazu beitragen, die Macht an das Recht zu binden. Weil aber das Prüfungsrecht in richterliche Willkür und Eigensinn entarten kann, bedarf es einer Begrenzung. Im Grundgesetz sind die Grenzen durch das Normenkontrollverfahren und die Grundrechte bestimmt. Diese Grenzen zu beachten ist Aufgabe des deutschen Richters.

---

[1]) Vgl. oben S. 6 und 13.

Schrifttumsverzeichnis

Angermair, Rupert, Darf ein Tyrann getötet werden? Gutachten im Remer-Prozeß, Das Parlament, Bonn 20. Juli 1952, S. 25.

Anschütz, Gerhard, Die Verfassung des Deutschen Reiches, Berlin 1929.

Apelt, Willibalt, Die Gesetzgebungstechnik, München 1950 (Heft 5 der Schriftenreihe der Hochschule für politische Wissenschaft).

— Erstreckt sich das richterliche Prüfungsrecht auch auf Verfassungsnormen? NJW 52, 1, 733 ff.

— Verfassung und richterliches Prüfungsrecht, JZ 54, 401 ff.

Thomae Aquinatis, Summa Theologica, Nicolai, Sylvii, Billuart, Driaux, Barri-Ducis, Ludovicus Guerin, 1873.

Arndt, Herbert, Gedanken von Richtern zum Richtergesetz, DRiZ 50, 149 ff.

Bachof, Otto, Verfassungswidrige Verfassungsnormen? Tübingen 1951.

— Das Bundesverfassungsgericht und die Beamtenverhältnisse, DÖV 54, 33.

Bade, Gesetz oder Rechtsgefühl als Grundlage des Richterspruchs, DRZ 1925, 142 ff.

Bar, L. v., Geschichte des deutschen Strafrechts und der Strafrechtstheorien, Berlin 1882.

Barth, Karl, Die kirchliche Dogmatik, Zürich 1953.

— Christengemeinde und Bürgergemeinde, Stuttgart 1946.

Baumbach-Lauterbach, Zivilprozeßordnung, München und Berlin 1954.

Baur, Fritz, Justizaufsicht und richterliche Unabhängigkeit, Tübingen 1954.

Beck, James M., Die Verfassung der Vereinigten Staaten von Amerika, Berlin und Leipzig 1926.

Becker, Karl-Heinz, Theologie und Rechtswissenschaft, Campulung/Mold., Rumänien 1942 (Privatdruck).

Becker, Walter G., Der richterliche Widerstand, SJZ 47, 480 ff.

— Die symptomatische Bedeutung des Naturrechts, AcP 150, 97 ff.

— Die Realität des Rechts, ARSP 40, 216 ff.

Behling, Kurt, Nürnberger Lehren, JR 49, 502 ff.

— Der Schuldausspruch im Nürnberger Juristenurteil, Archiv für Völkerrecht, 50, 412 ff.

Bergbohm, Karl, Jurisprudenz und Rechtsphilosophie, Leipzig 1892.

Berner, Alfred Friedrich, Lehrbuch des deutschen Strafrechts, Leipzig 1898.

Beyer, Wilhelm R., Recht und Rechtsordnung, Meisenheim 1951.

— Rechtsphilosophische Besinnung, Eine Warnung vor der ewigen Wiederkehr des Naturrechts, Karlsruhe 1947, zit. Besinnung.

Bieberstein, Freiherr Marschall v., Vom Kampf des Rechtes gegen die Gesetze, Akademische Rede zum Gedächtnis der Reichsgründung, gehalten am 17. 1. 1925 in Freiburg i. Br., Stuttgart 1927.

Binder, Julius, Philosophie des Rechts, Berlin 1925.

— Grundlegung der Rechtsphilosophie, Tübingen 1935, zit. Grundlegung.

— System der Rechtsphilosophie, Berlin 1937, zit. System.

Binding, Karl, Lehrbuch des Gemeinen Deutschen Strafrechts, Leipzig 1905, II. Bd., 2. Abt.

Bohatec, Josef, Calvin und das Recht, Feudingen 1934.

Boehmer, Gustav, Grundlagen der bürgerlichen Rechtsordnung, Tübingen 1951.

— Die Idee des deutschen Volksgesetzbuches, Jahrbuch der Akademie für Deutsches Recht, 1939/40, 32 ff.

Boldt, Josef, J. F. S. v. Boehmer und die gemeinrechtliche Strafrechtswissenschaft, Berlin und Leipzig 1936.

Bonner Kommentar, bearbeitet von Dennewitz, Hamburg 1951.

Brand, Arthur, Reichsdienststrafordnung, Berlin 1938.

Brunner, Andreas, Rechtsstaat gegen Totalstaat, Rechtstheoretischer Teil, Zürich 1948.

Brunner, Emil, Die reformierte Staatsauffassung, Zürich und Leipzig 1938.

— Die Christusbotschaft und der Staat, Zürich 1940.
— Gerechtigkeit, Zürich 1943.
— Die politische Verantwortung des Christen, Zürich 1944 (Kirchliche Zeitfragen, Heft 11).
Buchwald, Friedrich, Gerechtes Recht, Weimar 1947.
Buse, Felix, Gesetzespositivismus — oder lebendiges Rechtsdenken, JR 49, 361.
— Entgegnung auf die Erwiderung in Heft 3/1950, JR 50, 273.
Cardozo, Benjamin N., Lebendiges Recht (The Growth of the Law), aus dem Amerikanischen übertragen von Herbert Thiele-Fredersdorf, München 1949.
Carstens, Karl, Grundgedanken der amerikanischen Verfassung und ihre Verwirklichung, Berlin 1954.
Cathrein, Viktor, Moralphilosophie, 5. Aufl., Freiburg i. Br. 1911, 6. Aufl., Leipzig 1924 — soweit nicht besonders vermerkt, ist die 6. Aufl. benutzt.
Coing, Helmut, Grundzüge der Rechtsphilosophie, Berlin 1950.
— Zur Frage der strafrechtlichen Haftung der Richter für die Anwendung naturrechtswidriger Gesetze, SJZ 47, 61.
— Neue Züge in der nordamerikanischen Rechtsphilosophie, ARSP 38, 536 ff.
Coing und Veit, Mark gleich Mark, SJZ 48, 131 ff.
Corvin, Edward S., Revolution des Verfassungsrechts, Wiesbaden 1949.
Czapski, Georg, Verfassungsmäßigkeit von Gesetzen in der niederländischen Jurisprudenz, AÖR 78, 97 ff.
Darmstädter, Friedrich, Recht und Rechtsordnung, Berlin 1925.
— Englische und deutsche Rechtsprinzipien im Vergleich, SJZ 50, 785 ff.
— Richterliche Unabhängigkeit und Rechtsgewissen, DRiZ 51, 169 ff.
Dessauer, Friedrich, Recht, Richtertum und Ministerialbürokratie, Mannheim, Berlin, Leipzig 1928.
Dibelius, Otto, Grenzen des Staates, Tübingen 1949, zit. Grenzen.
— Vom ewigen Recht, Berlin-Spandau 1950.
Eichhorn, Bindung des Richters an das Gesetz und neuzeitliche Rechtsfindung, DRiZ 35, 321 ff.
Elert, Werner, Zwischen Gnade und Ungnade, München 1948.
Ellul, Jacques, Die theologische Begründung des Rechts (Le fondement theologique du droit), übertragen von Otto Weber, München 1948.
Engisch, Karl, Besprechung von: Riezler, Das Rechtsgefühl, AcP 150, 77 ff.
Erdsiek, Englisches Rechtsdenken, DRZ 46, 97.
— Anmerkung zu Urteil des OLG Hamburg vom 18. 6. 1947, SJZ 48, 40.
Esser, Josef, Einführung in die Grundbegriffe des Staates, Wien 1949.
Fechner, Erich, Über einige Neuerscheinungen zum Problem des Naturrechts, DRZ 49, 697 und DRZ 50, 97 ff.
Feuerbach, Anselm v., Die hohe Würde des Richteramts, in Erik Wolf, Quellenbuch zur Geschichte der deutschen Rechtswissenschaft, Frankfurt 1949, S. 279 ff.
— Blick auf die deutsche Rechtswissenschaft, in Erik Wolf, Quellenbuch zur Geschichte der deutschen Rechtswissenschaft, Frankfurt 1949, S. 296 ff.
Figge, Robert, Die Verantwortlichkeit des Richters, SJZ 47, 179 ff.
Fischbach, Oskar Georg, Bundesbeamtengesetz, Köln, Berlin 1954.
Fischl, Otto, Der Einfluß der Aufklärungsphilosophie auf die Entwicklung des Strafrechts, Breslau 1913 (Strafrechtliche Abhandlungen, Heft 169).
Fleiner-Giacometti, Schweizerisches Bundesstaatsrecht, Zürich 1949.
Frank, Jerome, Courts on Trial, New Jersey 1949.
Franzen, Hans, Gesetz und Richter, Hamburg 1935.
Friesenhahn, Der Rechtsschutz im öffentlichen Recht nach dem BGG, DV 49, 478 ff.
Fuchs, Josef, Lex naturae, Düsseldorf 1955.
Geiger, Willi, Gesetz über das Bundesverfassungsgericht, Berlin und Frankfurt 1952.
Geiler, Karl, Legalität und Legitimität, Die Gegenwart, Heft 3/4, 1947, S. 15 ff., Freiburg i. Br.
Giacometti, Die Verfassungsgerichtsbarkeit des schweizerischen Bundesgerichts, Zürich 1933.
— Demokratie als Hüterin der Menschenrechte, Rektoratsrede, Zürich 1954.
Gierke, Otto v., Deutsches Privatrecht, Leipzig 1895, I. Bd.
— Johannes Althusius und die Entwicklung der naturrechtlichen Staatstheorien, Breslau 1913, zit. Althusius.

Göhring, Martin, Weg und Sieg der modernen Staatsidee in Frankreich, Tübingen 1946.
Goldschmidt, James, Gesetzesdämmerung, JW 24, 245 ff., und Nachtrag S. 343 f.
Graveson, R. H., Der Grundsatz nulla poena sine lege und KRG Nr. 10, MDR 47, 278 ff.
Greaves, H. R. G., Die britische Verfassung, übertragen von Werner Kalisch, Frankfurt 1951.
Grewe und Küster, Nürnberg als Rechtsfrage, Eine Diskussion, Stuttgart 1949.
Grossmann, R. H., Die staats- und rechtsideologischen Grundlagen der Verfassungsgerichtsbarkeit in den Vereinigten Staaten von Amerika und in der Schweiz, Diss. Zürich 1948.
Grotius, Hugo, De Jure Belli ac Pacis libri tres in quibus jus naturae et gentium, item iuris publici praecipua explicantur, Amsterdam (I) I) CCXII.
Grünhut, Max, Anselm von Feuerbach, Hamburg 1922, zit. Feuerbach.
— Die Unabhängigkeit der richterlichen Entscheidung, Monatsschrift für Kriminalpsychologie und Strafrechtsreform, 1930, Beiheft 3, S. 1 ff., zit. Unabhängigkeit.
Güde, Die Anwendung des KRG Nr. 10 durch die deutschen Gerichte, DRZ 47, 111 ff.
Guggenheim, Paul, Lehrbuch des Völkerrechts, I. Bd., Basel 1948, II. Bd. Basel 1951.
Hachenburg, Juristische Rundschau, DJZ 24, 199.
Haensel, Carl, Das Urteil im Nürnberger Juristenprozeß, DRZ 48, 40 ff.
Haensel, Werner, Kants Lehre vom Widerstand, Berlin 1926.
Halberkann, Rolf, Das richterliche Prüfungsrecht im alten und neuen Rechtsdenken, Berlin 1938.
Hälscher, Hugo, Geschichte des Brandenburg-Preußischen Strafrechts, Bonn 1855.
Hannes, Positives Recht und Ethik, JR 49, 457.
Hartmann, Nicolai, Ethik, Berlin und Leipzig 1935.
Hatschek, Julius, Englisches Staatsrecht, Tübingen 1905, Bd. I.
Haug, Hans, Die Schranken der Verfassungsrevision, Zürich 1947.
Heck, Ph., Gesetzesauslegung und Interessenjurisprudenz, AcP 112, 1 ff.
— Das Urteil des RG vom 28. November 1923 über die Aufwertung von Hypotheken usw., AcP 122, 203 ff.
Hedemann, Justus Wilhelm, Die Flucht in die Generalklauseln, Tübingen 1933.
— Staatsgesinnung, DJZ 24, 187 ff.
Hegel, Georg Friedrich Wilhelm, Sämtliche Werke, Herausgeber Georg Lasson, Leipzig 1923.
Hegler, August, Die praktische Tätigkeit der Juristenfakultäten des 17. und 18. Jahrhunderts, Freiburg 1899.
Herrfahrdt, Heinrich, Revolution und Rechtswissenschaft, Greifswald 1930, zit. Revolution.
— Der Streit um den Positivismus in der gegenwärtigen deutschen Rechtswissenschaft, DRZ 49, 32 ff.
— Der Positivismus in der Rechtswissenschaft, Studium Generale 54, 86 ff.
Hessen, Johannes, Wertphilosophie, Paderborn, Wien, Zürich 1937.
Heyland, Carl, Das Widerstandsrecht des Volkes gegen verfassungswidrige Ausübung der Staatsgewalt im neuen deutschen Verfassungsrecht.
Hippel, Ernst v., Die Entwicklung des öffentlichen Rechts in Frankreich seit 1914, Jahrbuch des öff. Rechts XV (1927), 149 ff.
— Sind sittenwidrige Gesetze ungültig? DJZ 28, 1517 ff.
— Über die Verbindlichkeit der Gesetze, AÖR 57 (1930), 86 ff.
— Das richterliche Prüfungsrecht, in Handbuch des Deutschen Staatsrechts, herausgegeben von Anschütz und Thoma, Tübingen 1932, II. Bd., S. 546 ff.
— Einführung in die Rechtstheorie, Berlin 1932.
— Rechtsgesetz und Naturrechtsgesetz, Tübingen 1949.
— Gustav Radbruch als rechtsphilosophischer Denker, SJZ 50, 465 ff. und 574 ff.
Hippel, Robert v., Deutsches Strafrecht, Berlin 1925.
— Lehrbuch des deutschen Strafrechts, Berlin 1932.
Hölscher, Emil Erich, Sittliche Rechtslehre, München 1928.
Huber, E. R., Verfassungsrecht des Großdeutschen Reiches, Hamburg 1939.
Hübner, Friedrich, Die lebendige Gemeinde in den Ordnungen der Welt, Berlin 1952, Heft 6 der Schriftenreihe Luthertum.

Hughes, Charles Evans, Adresses and Papers, New York und London 1916.
Ihering, Rudolph v., Scherz und Ernst in der Jurisprudenz, Leipzig 1898.
Ipsen, Hans Peter, Grundgesetz und richterliche Prüfungszuständigkeit, DV 49, 486 ff.
Isay, Hermann, Rechtsnorm und Entscheidung, Berlin 1929.
Iwand, Gott mehr gehorchen als den Menschen, Gutachten im Remer-Prozeß, Das Parlament, Bonn, 20. Juli 1952, S. 27.
Jacusiel, Alfred, Ist der Richter berechtigt und verpflichtet, ein ungerechtes Gesetz außer Anwendung zu lassen? DRZ 25, 71.
Jagusch, Rechtsnorm und Normsituation, SJZ 47, 295.
Jagmetti, Der Einfluß der Lehren von der Volkssouveränität und vom pouvoir constituant auf das schweizerische Verfassungsrecht, Diss., Zürich 1920.
Jahrreiß, Hermann, Gesetz und Recht — Recht und Gesetz, NJW 50, 3 ff.
Jellinek, Georg, Gesetz und Verordnung, Freiburg i. Br. 1887.
Jellinek, Walter, Das Märchen von der Überprüfung verfassungswidriger Reichsgesetze durch das Reichsgericht, JW 25, 454 ff.
— Das richterliche Prüfungsrecht in den drei Ländern der Besatzungzone, in Laun-Festschrift, Hamburg 1948.
Kägi, Die Verfassung als rechtliche Grundordnung des Staates, Zürich 1945.
Kant, Immanuel, Immanuel Kants Werke, herausgegeben von E. Cassirer, Berlin 1922/23.
Kantorowicz, Hermann U., (Gnaeus Flavius), Der Kampf um die Rechtswissenschaft, Heidelberg 1906.
— Die Contra-Legem-Fabel, DRiZ 1911, 258 ff.
Karger, Alfred, Treu und Glauben als oberster Rechtsgrundsatz, DJZ 24, 135.
Kaufmann, Erich, Die Gleichheit vor dem Gesetz im Sinne des Art. 109 der Reichsverfassung, in Veröffentlichungen der Vereinigung der deutschen Staatsrechtslehrer, Heft 3, 2 ff.
Kelsen, Hans, Die philosophischen Grundlagen der Naturrechtslehre und der Rechtspositivismus, Berlin 1928.
— Reine Rechtslehre, Leipzig und Wien 1934.
— Diskussionsbeitrag zu Kaufmanns Referat über die Gleichheit vor dem Gesetz, Veröffentlichungen der Vereinigung der deutschen Staatsrechtslehrer, Heft 3, 53 ff.
— Wesen und Entwicklung der Staatsgerichtsbarkeit, Veröffentlichungen der Vereinigung der deutschen Staatsrechtslehrer, Heft 5, 30 ff., zit. Staatsgerichtsbarkeit.
— Die Idee des Naturrechts, ZÖR VII, 221 ff.
— Was ist Gerechtigkeit? Wien 1953, zit. Gerechtigkeit.
Kempner, R. M. W., Ein Janusgesicht, Die Gegenwart, Heft 19, 1948, S. 9 ff, Freiburg i. Br.
Kern, Eduard, Der gesetzliche Richter, Berlin 1927.
— Gerichtsverfassungsrecht, München, Berlin 1949.
— Geschichte des Gerichtsverfassungsrechts, München und Berlin 1954, zit. Geschichte.
— Die Grenzen der naturrechtlichen Rechtserneuerung in Justiz und Verwaltung, MDR 49, 137 ff.
Kern, Fritz, Gottesgnadentum und Widerstandsrecht im früheren Mittelalter, Mittelalterliche Studien, I. Bd., 2. Hälfte, Leipzig 1915.
Kiesselbach, Wilhelm, Zwei Probleme aus dem Gesetz Nr. 10 des Kontrollrats, MDR 47, 2 ff.
Kirchmann, Die Wertlosigkeit der Jurisprudenz als Wissenschaft, Berlin 1848.
Kleinschrod, Systematische Entwicklung des peinlichen Rechts nach der Natur der Sache und der positiven Gesetzgebung. Erlangen 1799, Teil II.
Kohler, Josef, Lehrbuch der Rechtsphilosophie, Berlin und Leipzig 1917.
— Leitfaden des deutschen Strafrechts, Leipzig 1912, zit. Strafrecht.
— Über den Begriff der Rechtsbeugung, DJZ 1904, 613 ff.
— Über die Amtsvergehen, Goldt A 54, 1 ff.
— Rechtsphilosophie und Universalrechtsgeschichte, in Holzendorff, Enzyklopädie der Rechtswissenschaft, München, Leipzig und Berlin 1915, Bd. I.
Koellreutter, Otto, Politische Treupflicht und Berufsbeamtentum, DÖV 51, 467.
Kranzbühler, Otto, Nürnberg als Rechtsproblem, in Kaufmann-Festgabe, Stuttgart und Köln 1950, S. 219 ff.

Kraus, Herbert, Der deutsche Richter und das Völkerrecht, in Laun-Festschrift, Hamburg 1953, S. 223 ff.
Krüger, Herbert, Das Janusgesicht der Nürnberger Prozesse, Die Gegenwart, Heft 17, 1948, S. 11 ff., Freiburg i. Br.
— Rechtsfragen zur Sozialisierung in Hessen, AÖR 77, 46 ff.
— Die Verfassungen in der Zivilrechtsprechung, NJW 49, 163 ff.
— Zur Auslegung des Art. 131 BGG, NJW 50, 161 ff.
— Rechtsgutachten über die Frage der Bestimmungsmensuren, Bonn 1953, zit. Rechtsgutachten.
Krüger, Hildegard, Die verfassungsrechtliche Bedeutung des Art. 117 GG, NJW 54, 964.
Laband, Staatsrecht des Deutschen Reiches, Tübingen und Leipzig 1901.
La Folette, Charles M., Der Nürnberger Prozeß gegen führende Juristen des Dritten Reichs, Stuttgart 1948.
Lange, Richard, Anm. zu Urteil des Kammergerichts vom 24. 8. 1946, DRZ 47, 200.
— Das Kontrollratsgesetz Nr. 10 in Theorie und Praxis, DRZ 48, 155.
— KRG 10 und deutsches Recht, DRZ 48, 185 ff.
Larenz, Karl, Das Problem der Rechtsgeltung, Berlin 1929, zit. Rechtsgeltung.
— Hegels Begriff der Philosophie und der Rechtsphilosophie in Binder, Buse, Larenz, Einführung in Hegels Rechtsphilosophie, Berlin 1931.
— Deutsche Rechtserneuerung und Rechtsphilosophie, Tübingen 1934, zit. Rechtserneuerung.
Lasson, Adolf, System der Rechtsphilosophie, Berlin und Leipzig 1882.
Landsberg, Ernst, Geschichte der deutschen Rechtswissenschaft, München, Leipzig 1898.
Lau, Franz, Luthers Lehre von den beiden Reichen, Berlin 1953, Heft 8 der Schriftenreihe Luthertum.
McLaughlin, The Courts the Constitution and Parties, Chicago 1912.
Laun, Rudolf, Recht und Sittlichkeit, Berlin 1935.
— Die Menschenrechte, Hamburg 1948.
Lehmkuhl, Aug., S. J., Der Gehorsam gegen die menschlichen Gesetze, Stimmen aus Maria-Laach, Kath. Blätter, 13. Bd., Freiburg i. Br. 1877, S. 298 ff. und 388 ff.
Levin, Besprechung zu RG JW 31, 2669, JW 31, 2471.
Liszt-Schmidt, Lehrbuch des deutschen Strafrechts, Berlin und Leipzig 1921.
Loening, Richard, Über geschichtliche und ungeschichtliche Behandlung des deutschen Strafrechts, Zeitschrift für die gesamte Strafrechtswissenschaft, III, 219 ff.
Loewe-Hellweg-Rosenberg, Die StPO für das Deutsche Reich, Berlin und Leipzig 1934.
Loewenfeld, Erwin H., Der Schutz der Menschenrechte im Rahmen der Vereinten Nationen, Arch. f. Völkerrecht, 51/52, 136 ff.
Loewenstein, Karl, Konflikte zwischen Regierung und Justiz, AÖR 78, 260 ff.
Lühr, Darf der Richter gegen das Gesetz entscheiden? DRZ 34, 33.
Luther, Martin, D. Martin Luthers Werke, Kritische Gesamtausgabe, Weimar, begonnen 1883, zit WA.
Magnus, Zum neuen Jahr, JW 30, 2.
Malblank, Jul. Friedr., Geschichte der peinlichen Gerichtsordnung Kaiser Karls V., Nürnberg 1783.
Mangoldt, Hermann v., Geschriebene Verfassung und Rechtssicherheit in den Vereinigten Staaten von Amerika, Breslau-Neukirch 1934, zit. Verfassung.
— Rechtsstaatsgedanken und Regierungsform in den Vereinigten Staaten von Amerika, Essen 1938, zit. Rechtsstaatsgedanke.
— Das Bonner Grundgesetz, Berlin und Frankfurt 1953.
Manigk, Alfred, Revolution und Aufbau des Staates, Rede zur Verfassungsfeier der Universität Marburg, 27. Juli 1930, Marburg 1930.
— Juristische Aufgaben der Rechtsphilosophie, JW 30, 234.
Mannzen, Walter, Die Bindung des Richters an Gesetz und Recht, SJZ 48, 646 ff.
Marx, Hermann, Christus, das Recht und der Richter, Augsburg 1931.
Marx, Fritz Morstein, Variationen über richterliche Zuständigkeit zur Prüfung der Rechtmäßigkeit des Gesetzes, Berlin-Grunewald 1927.
Matthiesen, Zur Erklärung des Richtervereins beim RG, DRZ 24, 41.
Maurach, Reinhard, Deutsches Strafrecht, Hannover, Darmstadt 1952.
Mausbach, J., Gehorsam (staatsbürgerlicher), in Staatslexikon, herausgegeben von Hermann Sacher, Freiburg 1927, II. Bd., Sp. 401 ff.

Mayer, Max Ernst, Rechtsnormen und Kulturnormen, Breslau 1903 (Strafrechtliche Abhandlungen, Heft 50), zit. Rechtsnormen.
— Rechtsphilosophie, Berlin 1922.
Mayer, Otto, Deutsches Verwaltungsrecht, München und Leipzig 1924.
Merkel, A., Elemente der allgemeinen Rechtslehre, in Enzyklopädie der Rechtswissenschaft, herausgegeben von Holtzendorff, Leipzig 1890, 1. Teil.
Merker, Zwei Jahre Rechtsprechung des Bundesverfassungsgerichts, Sonderabdruck des Bundesanzeiger, Köln 1953.
Messer, August, Geschichte der Philosophie im Altertum und Mittelalter, Leipzig 1912.
Meves, Die Amtsverbrechen, in Holtzendorff, Handbuch des deutschen Strafrechts in Einzelbeiträgen, Berlin 1874, III. Bd., 915 ff.
Meyer, Georg, Lehrbuch des deutschen Staatsrechtes, Leipzig 1885.
Mezger, Edmund, Strafrecht, Lehrbuch, München und Leipzig 1931.
Mitteis, Heinrich, Vom Lebenswert der Rechtsgeschichte, Weimar 1947.
Munro, William Bennett, The Government of the United States, New York 1950.
Nagler, Joh., Die Strafe, Leipzig 1918.
Natorp, Hans, Besprechung zu: Eivind Berggrav, Der Staat und der Mensch, ARSP 39, 581 ff.
Nell-Breuning, Oswald v., S. J., Zur christlichen Staatslehre, in Beiträge zu einem Wörterbuch der Politik, Heft II, S. 36 ff.
Neuy, Erich, Der Positivismus in der Rechtsphilosophie der Gegenwart, Studium Generale 54, 95 ff.
Niethammer, Emil, Lehrbuch des besonderen Teils des Strafrechts, Tübingen 1950.
Nöldecke, Wilhelm, Die Stellung des Richters zum Gesetz, MDR 49, 537 ff.
Oertmann, Paul, Gesetzeszwang und Richterfreiheit, Erlangen 1908.
Oppenheim, L., Die Rechtsbeugungsverbrechen. Leipzig 1886.
Orfield, Lester Bernhardt, The Amending of the Federal Constitution, Chicago 1942.
Ornstein, Hans, Macht, Moral und Recht, Bern 1946.
Peters, Karl, Das Gewissen des Richters und das Gesetz, in Ebers-Festschrift, Gegenwartsprobleme des Rechts, Bd. I, Paderborn 1950.
— Strafprozeß, Karlsruhe 1952.
Petraschek, Karl, System der Rechtsphilosophie, Freiburg i. Br. 1932.
Picker, Henry, Hitlers Tischgespräche im Führerhauptquartier, 1941/42, Bonn 1951.
Poetzsch, Die Verfassungsmäßigkeit der 3. Steuernotverordnung, DJZ 24, 339.
Radbruch, Gustav, Grundzüge der Rechtsphilosophie, Leipzig 1914.
— Rechtsphilosophie, Leipzig 1932, zit. Rechtsphilosophie 1932.
— Rechtsphilosophie, Stuttgart 1950, besorgt von E. Wolf, m. Anhang: Rechtsphil. Aufsätze v. G. Radbruch, zit. Rechtsphilosophie 1950.
— Einführung in die Rechtswissenschaft, durchgearbeitet von Zweigert, Stuttgart 1952.
— Des Reichsjustizministeriums Ruhm und Ende, SJZ 48, 57 ff.
Redelberger, Oskar, Der Eid des Beamten, DÖV 54, 397 ff.
Rehfeldt, Bernhard, Die Wurzeln des Rechts, Berlin 1951.
Reichel, Hans, Gesetz und Richterspruch, Zürich 1915.
Reiner, Hans, Rousseaus Idee des Contract Social und die Freiheit des Staatsbürgers, ARSP 39, 36 ff.
— Gesinnungsethik und Erfolgsethik, ARSP 40, 520 ff.
— Pflicht und Neigung, Meisenheim 1951.
Reinicke, Die Auslegungsgrundsätze des Deutschen Obergerichts und des Obersten Gerichtshofs für die brit. Zone, JR 51, 161 ff.
Riezler, Erwin, Das Rechtsgefühl. München 1946.
Ritter, Klaus, Zur Frage nach den materialen Prinzipien der Gerechtigkeit, Diss. Marburg 1951.
Roemer, Walter, Von den Grenzen und Antinomien des Rechts, SJZ 46, 9 ff.
— Anm. zu Urteil des Kammergerichts vom 29. 10. 1946, SJZ 47, 266 ff.
— Das Gesetz über das Bundesverfassungsgericht, JZ 51, 193 ff.
Rohde, Ziegler, in Ebermeyer, Lobe, Rosenberg, StGB, herausgegeben von Nagler, Berlin 1951, zit. Leipziger Kommentar.
Rommen, Heinrich, Die ewige Wiederkehr des Naturrechts, München 1947.
Rotberg, Zu einem deutschen Richtergesetz, Tübingen 1950.

R ü d e l , Gesetzespositivismus oder lebendiges Rechtsdenken, JR 50, 83.
R ü m e l i n , Gesetz, Rechtsprechung und Volksbetätigung, AcP 122, 266.
R y f f e l , Emil Brunners Buch über die Gerechtigkeit, ARSP 38, 259 ff.
S a a l f r a n k , Eugen, Die Hauptbestandteile des angloamerikanischen Rechts, JR 50, 41.
S a u e r , Wilhelm, System der Rechts- und Sozialphilosophie, Basel 1949, zit. Sozialphilosophie.
— Juristische Methodenlehre. Stuttgart 1940, zit. Methodenlehre.
— System des Völkerrechts, Bonn 1952, zit. Völkerrecht.
— System des Strafrechts, Besonderer Teil, Köln, Berlin 1954, zit. Strafrecht.
— Grundprobleme der Rechtsprechung nach deutschem und englischem Rechtsdenken, JR 49, 129 ff.
S c h a c k , Friedrich, Die Prüfung der Rechtmäßigkeit von Gesetz und Verordnung, Berlin 1918.
S c h ä f e r , Das Verhältnis zwischen Bundes- und Landesverfassungsgerichtsbarkeit, JZ 51, 199 ff.
S c h a f f s t e i n , v., Beiträge zur Strafrechtsentwicklung von der Carolina bis Carpzow, Gerichtssaal 101, 14 ff.
S c h e l e r , Max, Die christliche Liebesethik und die gegenwärtige Welt, ein Vortrag, in Vom Ewigen im Menschen, Leipzig 1921, zit. Liebesethik.
— Der Formalismus in der Ethik und die materiale Wertethik, Halle 1927.
S c h e u n e r , Ulrich, Die Rechtsprechung des Bundesverfassungsgerichts und das Verfassungsrecht der Bundesrepublik, DVBl. 52, 613 ff.
S c h i f f e r , Eugen, Die deutsche Justiz, München, Berlin 1949.
S c h l i n k , Edmund, Das theologische Problem des Naturrechts, in Festschrift für Landesbischof D. Hans Meiser, München 1951, S. 248 ff.
S c h m i d t , Eberhard, Einführung in die Geschichte der deutschen Strafrechtspflege, Göttingen 1947, zit. Geschichte.
— Politische Rechtsbeugung und Richteranklage, Sonderveröffentlichungen des Zentr.Justizbl. für die brit. Zone 4, Hamburg 1948, S. 55 ff., zit. Rechtsbeugung.
— Lehrkommentar zur StPO und zum GVG, Göttingen 1952, zit. Lehrkommentar.
S c h m i t t , Carl, Hüter der Verfassung, AöR 55, 187 ff.
S c h m o s c h e w e r , Erwiderung, DRiZ 25, 74.
S c h ö n f e l d , Walter, Die logische Struktur der Rechtsordnung, Leipzig und Berlin 1927.
— Die Geschichte der Rechtswissenschaft im Spiegel der Metaphysik, in Reich und Recht in der deutschen Philosophie, Tübingen 1943, Bd. II.
S c h ö n k e - S c h r ö d e r , Strafgesetzbuch, München und Berlin 1954.
S c h r a d e r , Hans-Wilhelm, Recht und Gesetz, in Recht, Staat und Wirtschaft, Düsseldorf 1951, 3. Bd., S. 66 ff.
S c h u l t e s , Karl, Rechtsstaat und Gerichtsbarkeit im Verfassungssystem der realen Demokratie, Neue Justiz 48, 1 ff.
S c h u l t z , Günther, Anm. z. Urteil des BGH vom 29. 5. 1952, MDR 52, 695.
S c h w i n g e , Erich, Der Methodenstreit in der heutigen Rechtswissenschaft, Bonn 1930, zit. Methodenstreit.
— Teleologische Begriffsbildung im Strafrecht, Bonn 1930, zit. Begriffsbildung.
— Soldatischer Gehorsam und Verantwortung, Marburg 1939, zit. Soldatischer Gehorsam.
— Irrationalismus und Ganzheitsbetrachtung in der deutschen Rechtswissenschaft, Bonn 1938, zit. Irrationalismus.
S c h w i n g e - Z i m m e r l , Wesensschau und konkretes Ordnungsdenken im Strafrecht, Bonn 1937, zit. Wesensschau.
S i m o n s , Das RG in Gegenwart und Zukunft, DJZ 24, 241 ff.
S o l t a u , Die souveräne richterliche Gewalt in der Verfassung, im Rechtsleben und im politischen Bilde der USA, JR 50, 485 ff.
S t a f f e l , Die Stellung des Richters gegenüber dem Gesetz, besonders im Hinblick auf die Freirechtsbewegung, DRiZ 1911, 724.
S t a h l , Friedrich Julius, Philosophie des Rechts, Tübingen, Leipzig 1878, II. Bd., 2. Abt.
S t a m m l e r , Rudolf, Der Richter, Donauwörth, Berlin 1924.
S t a u d i n g e r , Kommentar zum BGB, II. Bd., 1. Teil, Recht der Schuldverhältnisse, bearbeitet von Weber, München, Berlin 1937.
S t o c k , Ulrich, Entwicklung und Wesen der Amtsverbrechen, Leipzig 1932.

Stoll, Heinrich, Rechtsstaatsidee und Privatrechtslehre, Iherings Jahrbücher, 76, 134 ff.
Strebel, Helmut, Die strafrechtliche Sicherung humanitärer Abkommen, Zeitschr. f. ausl. öffentl. Recht u. Völkerrecht 53, 31 ff.
Stuckart, Das Reichsverwaltungsgericht, DV 41, 189.
Thiele-Fredersdorf, Das Urteil des MRG-Hofes Nr. III im Nürnberger Juristenprozeß, NJW 48, 122.
Tietz, Edwin, Anm. zu Urteil des Hess. Staatsgerichtshofes vom 4. 8. 1950, AÖR 77, 333.
— Freies Ermessen, NJW 53, 1534.
Thoma, Richard, Grundrechte und Polizeigewalt, in Festgabe für Preuß. OVG, Berlin 1925, S. 183 ff., zit. Grundrechte.
— Das richterliche Prüfungsrecht, AÖR 43, 267, zit. Prüfungsrecht.
— Grundbegriffe und Grundsätze, in Handbuch des deutschen Staatsrechts, herausgegeben von Anschütz und Thoma, Tübingen 1932, II. Bd., 108 ff., zit. Grundbegriffe.
— Ungleichheit und Gleichheit im BGG, DVBl. 51, 457 ff.
Triepel, Heinrich, Völkerrecht und Landesrecht, Leipzig 1899, zit. Völkerrecht.
Triepel, Heinrich, Streitigkeiten zwischen Reich und Ländern, in Kahl-Festschrift, Tübingen 1923, II. Bd., zit. Streitigkeiten.
— Der Weg der Gesetzgebung nach der neuen Reichsverfassung, AÖR 39, 456 ff.
Ule, Hermann, Über die Gewissensgebundenheit des Richters, Zentr.Justizbl. für die brit. Zone 48, 261.
Utz, A. F., Kommentar zu Thomas von Aquin, Recht und Gerechtigkeit, in Ausgabe der Summa Theologica der Albertus Magnus Akademie, Heidelberg, München, Graz, Wien, Salzburg, 1953, Bd. 18, 425 ff.
Vecchio, Del, Über die Rechtsphilosophie des Hugo Grotius, ARSP 38, 162 ff.
Veit, O., Die geistesgeschichtliche Situation des Naturrechts, Merkur, 1. Jahrgang, Heft 3, S. 390 ff.
Verosta, St. E., Die sittliche Rechtslehre von Hölscher, Zeitschr. f. das öff. Recht XII, 326 ff.
Wachinger, Michael, Der übergesetzliche Notstand nach der neuesten Rechtsprechung, Festgabe für Frank, I, Tübingen 1930, S. 469.
Wahl, Eduard, Rechtsgeschichtliche und rechtsvergleichende Betrachtungen zur Stellung der Gerichte, SJZ 47, 289 ff.
Weber, Hellmuth v., Die strafrechtliche Verantwortlichkeit für Handeln auf Befehl, Blechede 1948.
— Strafrechtliche Verantwortung für Handeln auf Befehl, MDR 48, 34.
— Recht und Pflicht des Richters zur Prüfung der Gültigkeit des Strafgesetzes, Vortrag auf der Tagung der deutschen Juristen, Bad Godesberg, vom 30. 9. bis 1. 10. 1947, Sonderveröff. d. Zentr. Justizbl. br. Zone 47, 163 ff.
— Das Verbrechen gegen die Menschlichkeit in der Rechtsprechung, MDR 49, 261.
— Anm. zu OGHSt 2, 269, NJW 50, 272.
— Über die Stellung des englischen Strafrichters, DRZ 50, 398.
— Die strafrechtliche Bedeutung der europäischen Menschenrechtskonventionen, Zeitschr. für die ges. Strafrechtswissenschaft 1953, 334 ff.
Weber, Max, Wirtschaft und Gesellschaft, in Grundriß der Sozialökonomik, Tübingen 1922.
Weber, Werner, Das Richtertum in der deutschen Verfassungsordnung, in Niedermeyer-Festschrift, Göttingen 1953, 261 ff.
Welzel, Hans, Vom irrenden Gewissen, Tübingen 1949, zit. Gewissen.
— Naturrecht und materiale Gerechtigkeit, Göttingen 1951, zit. mat. Gerechtigkeit.
— Naturrecht und Rechtspositivismus, in Niedermeyer-Festschrift, Göttingen 1953, 279 ff., zit. Rechtspositivismus.
— Das deutsche Strafrecht, Berlin 1954.
— Über die ethischen Grundlagen der sozialen Ordnung, SJZ 47, 409 ff.
— Anm. zu Urteil des OGHSt vom 5. 3. 1949, MDR 49, 373 ff.
— Anm. zu Beschluß des OLG Bamberg vom 27. 7. 1949, DRZ 50, 303 ff.
— Arten des Verbotsirrtums, JZ 53, 267 ff.
Weigelin, Ernst, Sitte, Recht und Moral, Berlin 1919.
— Recht und Naturrechtslehre, ARSP 39, 113 ff.
Weinkauff, Hermann, Richtertum und Rechtsfindung in Deutschland, ohne Ort und Jahr.

W e n g l e r , Die Nichtanwendung nationalsozialistischer Gesetze im Lichte der Rechtsvergleichung und der allgemeinen Rechtslehre, JR 49, 67.
W e s k o t t , Joachim, Das Grundrecht der Gewissensfreiheit, Diss. Marburg 1951.
W i m m e r , August, Kann man heute noch Rechtspositivist sein? ARSP 40, 272 ff.
W i n d e l b a n d - H e i m s o e t h , Lehrbuch der Geschichte der Philosophie, Tübingen 1950.
W o l f , Christian, Jus Naturae Methodo Scientificia ..., Halle, Magdeburg 1748, Bd. VIII.
W o l f , Erik, Verbrechen aus Überzeugung, Heidelberger Antrittsvorlesung, Tübingen 1947.
— Große Rechtsdenker, Tübingen 1951, zit. Rechtsdenker.
W o l f , Vorname unbekannt, Widerstandspflicht — nicht Widerstandsrecht, Gutachten im Remer-Prozeß, Das Parlament, Bonn 20. Juli 1952, S. 28.
W o l f f , Ernst, Freiheit und Gebundenheit des englischen Richters, Sonderveröff. des Zentr. Justizbl. brit. Zone 1947, 103 ff.
— Typische Entwicklungen im englischen Recht, SJZ 46, 133 ff.
W o l z e n d o r f f , Kurt, Staatsrecht und Naturrecht in der Lehre vom Widerstandsrecht des Volkes gegen rechtswidrige Ausübung der Staatsgewalt, in Untersuchungen zur deutschen Staats- und Rechtsgeschichte, Heft 126, Breslau 1916, S. 1 ff.
W ü n s c h , Georg, Evangelische Ethik des Politischen, Tübingen 1936, zit. Evgl. Ethik.
— Wertethik, in Die Religion in Geschichte und Gegenwart, Handwörterbuch für Theologie und Rechtswissenschaft, Tübingen 1931, Bd. V, zit. Wertethik.
W ü r t e n b e r g e r , Thomas, Wege zum Naturrecht in Deutschland, 1946 bis 1948, ARSP 38, 108.
— Neue Stimmen zum Naturrecht in Deutschland (1948—1951) ARSP 40, 576.
— Die Legalität, in Laun-Festschrift, Hamburg 1953, S. 607 ff.
— Das Naturrecht und die Philosophie der Gegenwart, JZ 55, 1.
W ü s t e n d ö r f e r , Hans, Die deutsche Rechtsprechung am Wendepunkt, AcP 110, 219.
Z e i l e r , Alois, Meine Mitarbeit, als Handschrift gedruckt, Braunschweig 1938.
— Die Geldentwertung als eine Erscheinung einheitlicher Art, JR 25, 449 ff.
— Nochmal zur Frage der Geldentwertung, JR 25, 843.
Z i m m e r m a n n , Theo, Entscheidungen gegen das Gesetz, JR 51, 131.

FSC
www.fsc.org
MIX
Papier | Fördert
gute Waldnutzung
FSC® C083411

Kolibri 360 GmbH
Ferdinand-Jühlke-Straße 7
99095 Erfurt, Deutschland
produktsicherheit@kolibri360.de